民国著名中学校长办学理念与实践研究

代小芳 著

厦门大学出版社　国家一级出版社
XIAMEN UNIVERSITY PRESS　全国百佳图书出版单位

图书在版编目(CIP)数据

民国著名中学校长办学理念与实践研究/代小芳著.—厦门:厦门大学出版社,2020.8

ISBN 978-7-5615-5914-7

Ⅰ.①民… Ⅱ.①代… Ⅲ.①中学－校长－学校管理－研究－中国－民国 Ⅳ.①G639.29

中国版本图书馆 CIP 数据核字(2020)第 112474 号

出 版 人	郑文礼
责任编辑	文慧云

出版发行 厦门大学出版社

社　　址	厦门市软件园二期望海路 39 号
邮政编码	361008
总　　机	0592-2181111　0592-2181406(传真)
营销中心	0592-2184458　0592-2181365
网　　址	http://www.xmupress.com
邮　　箱	xmup@xmupress.com
印　　刷	厦门集大印刷厂

开本　787 mm×1 092 mm　1/16
印张　13.25
字数　275 千字
版次　2020 年 8 月第 1 版
印次　2020 年 8 月第 1 次印刷
定价　69.00 元

本书如有印装质量问题请直接寄承印厂调换

厦门大学出版社
微信二维码

厦门大学出版社
微博二维码

前　言

在异族入侵、战乱不断、社会动荡不安的民国时期,中国涌现出一批著名中学,如北师大附属中学,天津南开中学,湖南明德中学,江苏扬州中学、苏州中学等,为各领域培养了大量的杰出人才,一定程度上缓解了国家在政治、经济、文化等方面对人才的需求,同时应运而生了诸多著名中学校长,如林砺儒、张伯苓、胡元倓、周厚枢、汪懋祖等,并促进了近代中学教育体制与模式的中国化,进一步推动了民国近代中学教育的转型,在我国中学教育发展史上产生了重要影响。这些中学之所以能在民国的困顿窘境中崛起并闻名于后世,与当时这些中学的著名校长的先进办学理念和卓有成效的办学举措密切关联。这些中学校长普遍采取了先进的办学理念,以高尚的教育人格、精神和科学的管理举措影响和促进中学发展。他们的办学理念与办学实践经验,既是民国著名中学发展的宝贵财富,更是当下中学治校办学、健康长效发展可资借鉴的有益经验。

然而,民国著名中学校长是如何认识中学的?形成了哪些理念?在办学实践中采取了哪些举措?这些办学举措与其办学理念有何关系?他们的办学理念与办学实践在当时产生了哪些影响?这些办学群体有何特征?他们的办学对当下有何启示?对于这些问题,当下学界的研究却明显不足。现有关于民国著名中学校长的研究或围绕教师管理、学生管理、教学管理等方面的研究,且多是集中于这些方面的某一或某几个点进行聚焦研究,很少对校长的管校办学进行整体层面的研究;或择取某一典型人物对其办学思想或办学实践进行整体研究以及择取一两个学校为典型事例展开研究。有鉴于此,我们将研究范围扩展至民国时期的著名中学校长群体,从民国时期的著名中学中择取对教育发展做出重大贡献、在中学教育发展史上具有较大影响的著名校长,对他们的掌校办学理念和举措进行群体上的研究。

本书以唯物史观的"人的社会作用"理论、校长结构理论、魅力型领导理论为理解和分析民国著名中学校长办学理念与办学实践的基础指导理论,采用文献研究法、历史研究法、图表统计法和比较研究法等研究方法,在广泛收集、整理、提炼资料的基础上,对民国著名中学校长在办学理念及其在理念指导下的办学实践进行了深入研究。

本书除绪论外,共分五个部分。

第一部分以唯物史观的"人的社会作用"理论、校长结构理论、魅力型领导理论为本研究的主要理论基础,并对三种理论在理解和分析民国著名中学校长办学理念内容和实践举措中的应用作了阐述。

第二部分主要从任职学校、任职年龄、任期时间、受教育经历、工作阅历等方面,对民国著名中学校长任职的基本信息做了深入、细致的考察,从法律地位、学校地位和社会地位对其地位做了整体上的把握,从薪俸、养老金、抚恤金、奖励、职业发展对其待遇做了归纳与梳理,发现他们主要具有以下特征:民国著名中学校长任职多在26~45岁,任期一般长达3~9年,普遍具有较高的学历和丰富的工作阅历;依法综理学校事务,大都获得良好的社会声誉;其各项待遇不断得到提高,但在1937年之后时常无法得到有效保障。

第三部分主要围绕中学办学的价值取向及办学方式、办学组织结构、办学主体素质、办学师资力量、办学目标追求、办学内容、办学资源与条件等方面,对民国著名中学校长在所任职学校的办学理念进行了考察。结合其基本情况、学校情况、所处时代可知:他们的办学理念契合了时代趋势及国家社会需求,也切合了学校发展实情,具有引领性;简洁明了,可操作性强。

第四部分主要从校长的躬身实践、组织构建与民主管理、师资建设与管理、学生管理、课程改革与管理、经费的筹措与管理、设施设备的管理、社会关系的处理等方面,对民国著名中学校长如何在所任职学校将办学理念落实到办学实践中,有何效果等进行了探讨。并由此可知:他们坚持以理念指导办学实践;管理严宽有度,充满人性关怀;注重课程改革的系统性;善用外力为办学"保驾护航"。

第五部分对以上研究做了总结,认为民国著名中学校长具有良好的办学素养、坚持先进办学理念与得力办学举措相结合促使其办学取得成功,而认识上的不足、时代的动荡、经费来源的缺乏保障和当局政府的干扰则制约了他们的办学。在当下,中学应该配置优秀校长、用好优秀校长,坚持用先进理念指导办学,做好择师、用师工作,管理学生要有"理"有"度",科学规制校内管理组织。

代小芳

2020 年 3 月

目 录

1 绪论 ……………………………………………………………………… 1
 1.1 研究的缘由 ………………………………………………………… 2
  1.1.1 民国著名中学校长办学的成就影响深远 ……………………… 2
  1.1.2 民国著名中学校长的一些办学经验值得学习和借鉴 ………… 3
  1.1.3 关于民国著名中学校长办学的研究还比较薄弱 ……………… 3
  1.1.4 研究民国著名中学校长办学现象的兴趣 ……………………… 4
 1.2 研究的意义 ………………………………………………………… 5
  1.2.1 丰富民国中学教育研究和中国教育管理史的内容体系 ……… 5
  1.2.2 引导人们客观全面地认识民国著名中学校长 ………………… 5
  1.2.3 为我国当下中学的办学实践提供借鉴 ………………………… 6
  1.2.4 从民国著名中学校长的办学史迹中汲取智慧 ………………… 6
 1.3 文献综述 …………………………………………………………… 7
  1.3.1 文献研究现状 …………………………………………………… 7
  1.3.2 文献研究述评 …………………………………………………… 23
 1.4 概念界定与相关概念辨析 ………………………………………… 24
  1.4.1 概念界定 ………………………………………………………… 24
  1.4.2 相关概念辨析 …………………………………………………… 28
 1.5 研究思路与方法 …………………………………………………… 30
  1.5.1 研究思路 ………………………………………………………… 30
  1.5.2 研究方法 ………………………………………………………… 31
 1.6 研究的重点、难点与创新点 ……………………………………… 32
  1.6.1 研究的重点 ……………………………………………………… 32
  1.6.2 研究的难点 ……………………………………………………… 32
  1.6.3 研究的创新点 …………………………………………………… 33

2 民国著名中学校长办学理念与实践研究的理论基础 …… 34
2.1 唯物史观的"人的社会作用"理论 …… 35
2.1.1 唯物史观的"人的社会作用"理论的内涵与主要观点 …… 35
2.1.2 "人民群众"的历史作用观有助于分析校长的管理理念与行为 …… 36
2.1.3 "杰出人物"的历史作用观有助于理解校长的办学作用 …… 37
2.2 校长结构理论 …… 38
2.2.1 "校长结构理论"的内涵与主要观点 …… 38
2.2.2 "校长结构理论"拓展了分析校长办学理念与实践的视角 …… 38
2.3 魅力型领导理论 …… 40
2.3.1 "魅力型领导理论"的内涵与主要观点 …… 40
2.3.2 "魅力型领导理论"对分析著名中学校长办学行为的适切性 …… 41

3 民国著名中学校长基本信息统计分析 …… 43
3.1 民国著名中学校长任职信息统计 …… 43
3.1.1 民国著名中学校长所在中学的基本情况 …… 43
3.1.2 民国著名中学历任校长的任期与任职年龄 …… 49
3.1.3 民国著名中学校长的任期与任职年龄 …… 61
3.1.4 民国著名中学校长任职前所受高等教育情况 …… 67
3.1.5 民国著名中学校长任职前的工作履历 …… 74
3.1.6 民国著名中学校长的社会声誉 …… 78
3.2 民国著名中学校长的地位考察 …… 79
3.2.1 民国著名中学校长的法律地位 …… 79
3.2.2 民国著名中学校长的学校地位 …… 81
3.2.3 民国著名中学校长的社会地位 …… 82
3.3 民国著名中学校长的待遇探析 …… 83
3.3.1 民国著名中学校长的薪俸 …… 84
3.3.2 民国著名中学校长的养老金 …… 89
3.3.3 民国著名中学校长的抚恤金 …… 93
3.3.4 民国著名中学校长的奖励 …… 96
3.3.5 民国著名中学校长的职业发展 …… 98

4 民国著名中学校长办学理念审视 …… 101
4.1 关于中学教育的根本看法 …… 101
4.1.1 认为中学是"改造中国的办法"和"教育之坚" …… 101
4.1.2 强调中学是培养有用人才的重要教育阶段 …… 104

4.1.3 主张中西兼容和独立办学 …… 106
4.2 对学校组织结构的根本看法 …… 108
　　4.2.1 主张学校管理组织建构及人员配备以精简为要 …… 108
　　4.2.2 倡导民主管理理念 …… 110
4.3 关于校长素质的看法 …… 112
　　4.3.1 认为中学校长应具有奉献和屈就精神 …… 114
　　4.3.2 提倡中学校长以身示范、严于律己 …… 116
　　4.3.3 主张中学校长应具有改革意识和及时应变能力 …… 116
　　4.3.4 主张校长要会识人用人和引导教职工进步 …… 117
4.4 对教师的根本看法 …… 118
　　4.4.1 认为"教师是决定教育成败的重要因素" …… 119
　　4.4.2 主张严格管理教师 …… 120
　　4.4.3 提倡善待教师 …… 121
4.5 对学生的根本看法 …… 122
　　4.5.1 倡导严格管理学生 …… 124
　　4.5.2 主张"宽"待学生 …… 126
4.6 对教育教学的根本看法 …… 127
　　4.6.1 倡导根据需要设置课程 …… 129
　　4.6.2 主张改革课程教学 …… 131
　　4.6.3 认为"书本子的教育是死教育" …… 133
　　4.6.4 强调"培养进步的人格,以适应进步的社会" …… 134
　　4.6.5 认为"学行并重,才可免畸形发展的弊端" …… 135
4.7 关于办学资源与条件的根本看法 …… 136
　　4.7.1 主张完善完备各种设施设备 …… 137
　　4.7.2 倡导营造良好的校园环境 …… 138
　　4.7.3 主张学校构建良好的社会关系 …… 138
4.8 民国著名中学校长办学理念的基本特征 …… 139

5 民国著名中学校长办学实践探索 …… 141
5.1 身体力行、躬身实践 …… 141
　　5.1.1 无私奉献中学教育 …… 141
　　5.1.2 严格规约自己,以德"行天下" …… 142
　　5.1.3 艰难中维系学校发展 …… 143
5.2 组织建构追求精简、注重民主管理 …… 144
　　5.2.1 组织建设求简求精 …… 145

5.2.2 建立健全民主管理组织 ··· 146
5.3 注重师资建设，管师严爱相兼 ··· 146
　　5.3.1 诚聘良师 ··· 147
　　5.3.2 严格管理教师 ··· 148
　　5.3.3 尊师爱师 ··· 149
5.4 管理学生宽严相济 ··· 151
　　5.4.1 严格管理学生 ··· 151
　　5.4.2 关爱学生 ··· 153
5.5 积极推进课程改革，助推多育并进 ····································· 156
　　5.5.1 改革课程体系 ··· 156
　　5.5.2 大力推进体育运动 ··· 158
　　5.5.3 加强思想道德教育 ··· 159
　　5.5.4 推动课外活动的开展 ··· 161
　　5.5.5 加强实践锻炼 ··· 162
5.6 积极筹措经费，科学管理，节约使用 ··································· 164
　　5.6.1 多渠道筹措经费 ··· 164
　　5.6.2 科学管理、节约使用经费 ······································· 164
5.7 完善设施设备，保障办学条件 ··· 165
　　5.7.1 完善完备教学设施设备 ··· 165
　　5.7.2 改善其他各项基础设施设备 ····································· 166
5.8 积极增进社会联络，助推学校发展 ····································· 168
　　5.8.1 积极拓展社会关系 ··· 168
　　5.8.2 充分利用社会关系为学校谋取利益 ······························· 170
　　5.8.3 努力维系社会关系 ··· 171
5.9 民国著名中学校长办学实践的基本特征 ································· 172

6 民国著名中学校长总体印象观照 ··· 174
6.1 民国著名中学校长类型归纳 ··· 174
6.2 民国著名中学校长办学的成功经验 ····································· 176
　　6.2.1 校长具有良好的办学素养 ······································· 176
　　6.2.2 坚持先进办学理念与得力办学举措相结合 ························· 178
6.3 民国著名中学校长办学的局限性 ······································· 179
6.4 民国著名中学校长办学的启示 ··· 181
　　6.4.1 加强对校长选聘、任用的管理 ··································· 181
　　6.4.2 坚持用先进理念指导学校发展 ··································· 182

6.4.3 教师管理要做好择师、用师工作 …………………………… 183
6.4.4 学生管理要有"理"有"度" …………………………………… 183
6.4.5 科学规制校内管理组织 ………………………………………… 184
6.4.6 推进中学办学多样化 …………………………………………… 184
6.5 研究的不足与展望 ………………………………………………… 185

参考文献 ……………………………………………………………………… 187
后　记 ………………………………………………………………………… 200

1 绪 论

民国,从1912年元月至1949年国民党集团退踞台湾,存在了三十八年。这个时代王纲解纽、群雄蜂起、异族入侵,充满混乱。但作为绵绵华夏历史上,尤其是坎坷中国近代史上的一段独特的历程,在这一时期,中国不仅正式开启了真正近代化尤其是教育近代化的道路,还涌现出一批著名中学,如北师大附属中学①、天津南开中学②、湖南明德中学③、江苏扬州中学④等,不仅奠基和促进了艰难中国各领域杰出人才的成长和成才,一定程度上缓解了国家对高水平精英人才的需求,还应运而生了诸多著名教育家,如林砺儒、汪懋祖等,并促生了中国特色本土化中学教育模式,促进了民国近代中学教育的较大发展。这些中学之所以能在民国的困顿窘境中崛起,不仅与当时社会各界热切期盼教育救国的时代期望有关,更与当时这些中学校长卓有成效的管理密切关联。这些中学校长普遍采取了先进的办学理念,以崇高的教育人格、精神和科学的管理举措影响和促进中学发展,他们的教育精神与管理实践经验,既是民国著名中学发展的财富,也为当下中学治校办学、健康长效发展提供可资借鉴的"素材"。

放眼当下,为了更好地推进中学课程教育改革,培养出全面发展的现代中学生,中学教育管理领域一直在不断进行改革探索,以期建立更为科学有效的管理机制。而改革的关键是校长,如:中学需要什么样的校长,校长应具有什么样的素养,又该如何科学管理中学,等等。而回溯民国著名中学的发展历史,触摸民国著名中学校长的管理史迹,考察和体悟他们的中学管理实践,对当下中学校长引领中学改革,促进中

---

① 即北京师范大学附属中学,创办于1901年,是中国最早的公立中学,是当时全国三大中学名校之一,也是迄今中国最著名的中学之一。
② 由著名爱国教育家严修和张伯苓于1904年创办,是民国期间全国首屈一指的中学,1978年被确定为全国重点中学,现为天津市教委直属中学。
③ 由我国近代著名教育家胡元倓于1903年创办,是湖南省最早的新式学堂。在民国时期,以"北有南开,南有明德"而享誉海内外。
④ 源自1902年创办的仪董学堂。民国期间,与北师大附中、天津南开中学并称为全国三大中学名校。

学发展具有重要的历史借鉴意义。

1.1 研究的缘由

之所以就民国著名中学校长的办学现象进行研究,主要是基于以下的考虑:

1.1.1 民国著名中学校长办学的成就影响深远

民国时期虽然短暂、动荡不安,但却是我国近代中学教育从萌发到发展并走向繁荣的主要时期。在这一时期,诸位著名中学校长在艰难的历史困境中所取得的办学成就影响深远:

一是以中学之力促进了许多优秀校友的成长成才。这些优秀校友既有民国和新中国时期的诸多党、政、军界优秀领导和将领,也包括社会的经济、文化、教育、艺术、卫生领域的大批优秀人才,他们推动了民国社会的发展,也为抗战集聚了各种"实力"和资源。如天津南开中学所培养过的杰出校友不仅包括周恩来、屈武、林枫、邹家华等党和国家领导人,还有梅贻琦、吴大猷、黄家驷、罗沛霖、何炳棣等各领域科学家和院士38人,①他们在民国以及新中国的各领域做出了重要贡献。

二是在努力发挥中学对人才培养的重要作用的同时,民国著名中学校长的教育实践还促成了一批中学名校如天津的南开中学、上海的南洋模范中学②、浙江上虞白马湖的春晖中学③等的诞生,并且促生了诸多教育家型校长如张伯苓、郑通和、胡元倓等,教育名师如南开中学的国文教师孟志荪、数学教师孙元福,春晖中学美术兼音乐教师丰子恺、国文教师夏丏尊。

三是民国时期,在"欧风美雨"的"洗礼"下,经过艰难中的实践探索和发展,促成了中国传统教育体制和模式的近代化转型,还有力地推动了近代教育的"本土移植"和"中国化"发展,形成了我国中学教育史上的一种独特现象,在中国教育史上留下可圈可点的一笔。

这些办学成就的取得,使得民国著名中学成为民国中学的先进模范代表,在较大区域内形成了良好的"口碑",也吸引着全国各地的优秀学子和优秀师资前来就学或任教,优秀的生源和师资又反过来在一定程度上巩固了学校的"优秀",它们与学校管理形成合力,共同提升了民国著名中学的办学声誉和积淀了后续发展的雄厚基础。

---

① 天津南开中学[EB/OL].(2016-04-08)[2017-04-05]. http://baike.so.com/doc/6463974-6677664.html.

② 建于1901年,是国人创办的最早的新式学堂之一。前身为南洋公学附属小学,是中国公立小学之始。1927年之前附属于交通大学,之后改为私立南洋模范中小学,1949年后改为公立中学。

③ 在1908年成立的春晖初等小学堂的基础上,经亨颐于1920年选址白马湖,创办了春晖中学,并于1922年开始招生。其自成立伊始就是名师和优秀学子向往的学校。

1.1.2 民国著名中学校长的一些办学经验值得学习和借鉴

民国著名中学校长在办学中积累了诸多经验,至今仍值得我们学习和借鉴。具体主要有以下方面:

一是在办学中注重用先进理念指导办学实践。民国著名中学校长不仅积极因随中学教育近代化的潮流,在学习和借鉴西方近代先进教育体制与教育模式的过程中,结合中国情况提出了一些比较先进的办学理念,以期通过先进的办学理念指导办学实践。同时他们还注意契合民国国家民族危亡的时代背景,把教育与"救国"的时代责任结合在一起,注意培养国家社会需要的人才。在办学中,他们又注重根据学校的性质、师生情况、教育教学现状等提出一些合适的办学理念,指导具体的办学活动和调动学校师生员工的学习和工作的积极性、主动性。这种根据时代需求、教育发展趋势和学校实际情况,采用适当的先进理念指导办学实践和学校发展的做法永远值得我们学习。

二是在办学实践上,民国著名中学校长在动荡的时局背景下,在办学理念的指导下,积极擘画和采取各种得力举措,充分调动全体师生员工的积极性、主动性,集中全体人力和集体智慧,促进了学校课程体制的改革与发展,也利用有限的学校资源推动了所在中学的发展。在面对战乱、经费困难以及纠纷所带来的发展危机时,他们勇于面对并多方筹谋,带领学校渡过危机。可以说,他们在办学中根据外部环境和学校实际情况采取有效办学举措和面对危机时的应变能力及应变策略都值得我们学习和借鉴。

此外,一些民国著名中学校长在办学中因为自身思想认识上的不足、时代困扰、政府的干扰等各种因素,在办学理念上出现了一些认识偏差,在办学活动中采取了一些不合理甚至违背师生意愿的做法,并由此给他们自身带来了被动离职、给学校带来了暂时的"混乱"等结果。他们办学中的这些教训也值得我们引以为鉴。

时光荏苒,短暂的民国已成记忆,但人类的智慧却是永恒的。民国著名中学校长在管校办学中积累了许多值得肯定的办学经验,也总结了一些教训,这些经验和教训作为中华民族奋斗史上的智慧结晶,在今天仍然具有借鉴意义,值得我们认真研究和学习,并结合时代发展和学校实际情况进行创造性改进,不断推进当下中学教育的发展。

1.1.3 关于民国著名中学校长办学的研究还比较薄弱

所谓"多识前言往行以蓄其德"①,即通过历史史实和知识,可以明是非、辨善恶、观成败,不仅能够客观地看待历史事件和历史人物,还能提高见解和器识,进而提高

---

① 徐张译注.易经[M].太原:书海出版社,2001:108.

人生修养。① 对民国著名中学校长的办学进行研究具有重要的历史和现实意义。但由于民国处于不堪的乱世背景,存续时间极其短暂,各种史料的保存有一定难度;或是中国近代教育在民国才真正开启了近代化历程,中学教育发展可资借鉴的本国经验不多,而国外传入的经验又比较匮乏,因此动荡时局中的人们忙于教育探索,鲜暇顾及经验教训等的书面总结;或是当下的民国老人多为1940年代出生的,因此要通过他们的记忆搜集民国1940年,尤其1935年之前的资料有一定难度等各种原因,有关民国时期的历史资料十分匮乏,这给关于民国著名中学校长的各种研究造成了一定的困难。

由于资料搜集上的困难以及其他各种原因,当下在民国著名中学校长的相关研究方面还存在着很多不足。概括来说,业内学者对民国中学校长的这一办学核心人物的专门研究比较少,对民国著名中学校长的专门研究就更少,而且在仅有的一些关于民国著名中学校长的研究成果中,也多是集中于他们办学研究的某一方面,鲜少从思想理念与实践上对他们进行全面、系统的研究(详见后文文献综述)。而关于民国著名中学校长在办学中提出了哪些办学主张,采取了哪些办学举措,形成了哪些办学风格,取得了什么样的办学成效,带来了什么样的影响,这些著名中学校长具有什么样的素质,他们在办学上有何共性与独特性等问题,业内学者较少探讨,而且鲜少围绕这些问题对民国著名中学校长进行群体上的研究。这些都突出地表明了当下人们对民国著名中学校长办学现象的研究比较薄弱,也为笔者提供了研究方向。

1.1.4 研究民国著名中学校长办学现象的兴趣

之所以选择民国著名中学校长办学现象作为研究主题,主要是基于自身的浓厚兴趣。首先,在博士学习之前,笔者就经常关注中学发展和中学管理,并长期参与中学课改活动,与中学校长接触比较频繁,对中学校长在学校发展中的角色作用深有感触;其次,在博士学习期间,笔者一直没有间断对中学校长相关理论和知识的学习与思考,尤其在学习"中国教育史"课程以后,更是加深了对中学校长的认识,也产生了研究民国中学校长的浓厚兴趣。

---

① 白寿彝.中国史学史[M].上海:上海人民出版社,1986:323.

1.2 研究的意义

本课题的研究主要有以下几方面意义:

1.2.1 丰富民国中学教育研究和中国教育管理史的内容体系

关于中学校长的研究是有关中学教育研究的重要组成部分,也是教育管理史必不可少的构成部分。但由于存续时间的短暂和战乱纷杂的时代环境,民国时期关于中学校长的总结和论述比较少,遗留下来的史料也比较稀少,同时当下学人对民国中学校长的相关研究还进行得远远不够,并且难免存在一些主观和片面的认识和误区。而本研究拟在通过对现存史料的大力搜集、细致梳理与认真辨析,全面客观地揭示民国著名中学校长的教育家办学现象,并客观公正地认识著名中学校长在民国办学的成就,这些都将有助于进一步丰富和完善关于民国中学教育的研究成果与理论体系;同时本研究关于民国中学校长办学理念与办学实践的历史性还原与追述,也有助于丰富和完善中国教育管理史的内容体系。

1.2.2 引导人们客观全面地认识民国著名中学校长

对民国著名中学校长办学现象的研究可以引导人们全面、客观地认识他们。具体来说有以下三个方面:

一是明晰民国著名中学校长何以"著名"。民国著名中学校长之所以能成为著名校长,是因为他们对所在中学做出了重要贡献,也在我国近代中学教育发展史上留下了重要的影响。他们在民国异族入侵不断加剧、国家和社会动荡不安的时局下,积极擘画、多方筹谋,积极推行先进的办学理念和采取有效的办学举措,带领所在中学取得了较大的办学成就,促进了中国近代中学教育的发展。因此,对他们在民国的办学现象进行研究可以增进人们对他们如何成长为著名中学校长的认识。

二是增强人们对民国著名中学校长办学过程的全面了解。"在时间的长河中,由近及远地追溯历史,难免出现一些历史的面孔是模糊的"[1],而对民国著名中学校长办学的研究可以帮助我们还原历史"真相",将他们如何在民国困顿的时代环境下,在经费等各种资源比较匮乏的条件下,充分发挥主观能动性,调动和集中学校全体人员的智慧,充分利用各种可资利用的条件,从学校组织建构、课程教育教学、师生管理等方面努力,一步步推动所在学校获得较大的发展和实现他们的办学愿景与理想等内容清晰地呈现在人们面前,使人们更加客观、全面地了解他们的管校办学现象,也进

---

[1] 王国维,等.民国大师最重要的四十堂国史课[M].北京:石油工业出版社,2017:2(前言).

一步体悟他们在困窘中艰难办学的人格魅力。

三是有助于改进人们对民国著名中学校长"教育家"称誉的理解。一直以来,在人们的视界和思想认识中,"教育家"都是一个崇高而伟大,同时带有些微神秘的名词性存在,它也常常被置于高等教育视域,是一个被无形中有意或无意地抹上了高等教育色彩的身份表彰,与基础教育领域似乎毫无关联。但实际上,民国著名中学校长中有不少人都是一代著名教育家,而作为教育家,他们处于中学领域,可以说是在平凡的"底层"教育领域"崛起"的,他们的"崛起"过程也是可以通过了解他们的管校办学过程明了的。因此,对民国著名中学校长办学现象的研究可以纠正人们对教育家的认识误区,丰富人们关于教育家的知识,也能改进人们对民国著名中学校长"教育家"称誉的理解和对他们"教育家"身份的体认。

1.2.3　为我国当下中学的办学实践提供借鉴

历史已逝,但其存在和研究的价值就是为人类提供经验借鉴,为人类发展中的"偏误"鸣响"警钟"。通过对民国著名中学校长的办学理念及其办学实践进行研究,可以进一步客观、全面、深刻认识著名中学的历史成就,避免主观、片面甚至错误的认识,可以在正确、清醒的认识中,厘清何为经验、何为教训、何为时代性的、何为可以传承的,从而为当下中学的办学提供经验借鉴与实践指导。尤其在当下我国中学教育进入改革"关键期"、面临诸多困难与挑战的时候,对民国著名中学校长办学理念及办学实践进行研究具有重要现实指导意义,就诚如我国著名学者傅国涌所说的,"可以为今天的中学教育提供一个参照系",让中学及其师生"找到一个向前走的起点"。①

同时,通过了解和学习民国著名中学校长的办学史迹,体悟他们的见识,可以帮助当下有志于推进中学创新发展的中学校长们"增强对历史与现实的认识与把握,进而形成有关学校发展的科学性、前瞻性的认识,明确时代要求是什么,知道自己该如何顺应时代要求,推动时代进步,成为一个历史运动中'自觉'的人"②,进而推动所在学校的发展和实现自己的教育理想。

1.2.4　从民国著名中学校长的办学史迹中汲取智慧

借助历史文献,回望民国艰难的历史场域中,一代教育家型校长坚守其教育信仰,恪守其教育理念,引领着一批著名中学成功成名。而审视当下,我们的社会在部分程度上出现了信仰缺失、风气浮躁的倾向。对于"'如何建立信仰,确立生活目标与方向'的问题,或许我们正可以带着这个问题,去请教我们的前辈,和他们进行心灵的交流"③,感受他们在内忧外患困顿环境中的理想与抱负、现实困惑与主体自觉、挣扎

---

① 傅国涌.过去的中学[M].北京:同心出版社,2012:4(前言).
② 尤学工.20世纪中国历史教育研究[M].北京:中国社会科学出版社,2014:265.
③ 钱理群.谈谈"民国那些人"[M]//徐百柯.民国风度.北京:九州出版社,2011:5(序).

与奋起等,从而激发我们在当下的主体自觉性,找回主体自信。

同时,通过历史资料的回顾,找寻民国著名中学校长遗留的痕迹,牵引出关于民国著名中学校长及其治下的中学的回忆,"凭借这些回忆超越当下的时间维度延伸至那些不在场的事件"①,从而触摸历史,抚摸一代教育大家的"痕迹",品读一代中学校长苍劲的风骨,并在感悟先贤"史迹"中汲取行动的智慧和获取前进的动力。

1.3 文献综述

1.3.1 文献研究现状

综观现有文献多是关于民国中学的,专门研究民国著名中学的文献不多,对民国著名中学校长及其办学的研究就更少。而这些有关民国中学办学方面的研究成果中,与民国中学校长相关的主要表现如下。

1.3.1.1 关于民国中学校长所处时代教育体制、制度的研究

任何历史人物,包括历史上这些著名的中学校长,他们的活动、他们的贡献,都是在特定的体制和制度框架下实现的,离开了具体的历史舞台,就很难对其作出恰如其分的准确评价,更难真正实现学习和借鉴的目的。② 因此,要考察、研究民国著名中学校长,有必要先考察"主人公"活动场域的体制与制度等,这是他们开展办学活动,践行办学理想与理念的历史舞台的幕景。这主要涉及两方面:民国中学教育管理制度和管理机构。

其一,关于民国中学教育行政管理制度的研究。一是对民国中学教育行政管理制度发展演变的研究。刘建在《中国近代教育行政体制研究》中对1898至1949年的整个近代时期,包括中学教育行政管理体制在内的整个教育行政体制进行了研究,认为1898至1911年是我国近代教育行政体制的初创时期,1912至1926年是其发展期,1927至1928年是其遽变期,1929至1949年则是其逐渐定型的时期,并在此基础上对整个近代我国教育行政体制发展演变的路径、制约因素、发展特征、存在的主要问题以及分析架构作了归纳与总结。③ 陈宝泉在《中国近代学制变迁史》中以各个时期主要的学制章程变化为主题,将中国近代学制变迁划分为包括民国以来的"民国新学制颁布时期、学校系统改革案时期"在内的五个时期,并对其间中央教育制度的变

---

① 阿莱达·阿斯曼.记忆中的历史:从个人经历到公共演示[M].袁斯乔,译.南京:南京大学出版社,2017:1(前言).
② 程斯辉.中国近代大学校长研究[M].北京:人民教育出版社,2010:3(序).
③ 刘建.中国近代教育行政体制研究[D].南京:南京师范大学,2008.

化做了较详尽的论述。① 孙培青在《中国教育管理史》一书中对民国时期各历史阶段包括中学在内的教育管理体制机制演变进行了概述。② 刘炎臣在《刘炎臣文集》中追述了1930年代天津市教育局对私立中学管理制度的变革,指出天津市教育局在1930年前后有了教育专款之后,开始对包括私立中学在内的自立学校进行补助,此举一直持续到1937年的"七七事变"前。③

二是对民国中学教育行政管理制度的内容、形式类别、实施等的研究。李国钧、王炳照的《中国教育制度通史》(第七卷)④较为详细地介绍了民国各历史时期对在包括中学在内的各层级、各类别教育的行政管理、学校设置、教师与学生管理等方面的制度规定;舒新城的《近代中国教育史料》⑤不仅介绍了近代中国包括民国在内的各时期国家和地方的教育政策、制度,还对其中一些教育管理政策、法规等的形成过程、草案等作了著录,如对其中关于民国"党化教育"方针形成中的《教育方针草案》⑥《国民政府教育方针草案》⑦进行了整理;李松丽的《南京国民政府时期中学教育研究(1927—1949)》在对该时期中学教育发展轨迹进行纵向描述的过程中,对南京国民政府在不同历史阶段对中学的学制、师资、课程、教材等管理政策和制度作了重要介绍。⑧ 李柏林的《民国时期中学教师抚恤制度的演变及施行实况探析》在综合考察了民国中学教师抚恤制度的历史演变过程的基础上,结合湖北中学教师抚恤情况及影响因素进行了分析说明⑨。 吴家莹对1925至1940年间各个时期的教育政策进行了收录和梳理。⑩ 郑振伟对民国期间澳门教育机构"华视学会"作了考察,指出1945年以前,"华视学会"负责监督和管理包括私立中学在内的私立学校的工作,该会对私立学校的迁址、停办和招生章程印发等都有严格规定,其中如果各学校出现停办事宜,需要在停办之前将停办事由呈报"华视学会",将学校执照注销,否则会对其严格查究,不仅要注销学校执照,还会登录校长姓名,责罚该校长日后永久不能在澳任职校

---

① 陈宝泉.中国近代学制变迁史[M].太原:山西人民出版社,2014.
② 孙培青.中国教育管理史[M].2版.北京:人民教育出版社,2013:342-351,356-358,371-382,390-412,416-417.
③ 刘炎臣.刘炎臣文集[M].天津:天津古籍出版社,2015:371-372.
④ 李国钧,王炳照.中国教育制度通史[M].济南:山东教育出版社,1999.
⑤ 舒新城.近代中国教育史料[M].北京:中国人民大学出版社,2012.
⑥ 许崇清.教育方针草案[M]//舒新城.近代中国教育史料.北京:中国人民大学出版社,2012:603-607.
⑦ 韦悫.国民政府教育方针草案[M]//舒新城.近代中国教育史料.北京:中国人民大学出版社,2012:607-612.
⑧ 李松丽.南京国民政府时期中学教育研究(1927—1949)[D].保定:河北大学,2006.
⑨ 李柏林.民国时期中学教师抚恤制度的演变及施行实况探析[J].湖北第二师范学院学报,2011(11):68-71.
⑩ 吴家莹.中华民国教育政策发展史:国民政府时期(一九二五~一九四〇)[M].台北:五南图书出版公司,1990:33-440.

长或教职员。①

其二,关于民国中学教育行政管理机构的研究。一是关于民国教育组织机构的研究。赵峻岩在《民国时期大学区制度变迁研究》中对1920年代末试行大学区制时期教育行政管理机构及其权限分配的诸种变化进行了追述。② 陈元晖对1930年之前从中央到地方的省、县(自治区)教育行政机构的设置、组织运作、管理权限等进行了详细考察。③ 孙广勇考察了教育会系统在民国前期的改组与工作重心的转移、组织设置与实践活动、政治转型及终结。④ 程湘帆对民国时期中央及地方各级教育行政机关的设立、组织设置及沿革,各级视学机构的设置、权能划分以及演变等进行了历史略述。⑤ 郑振伟的《1940年代的澳门教育》指出,1940年代的澳门,包括私立中学在内的私立学校都收归澳葡政府管理,同时根据国民政府的教育条例,在教育部、广东省教育厅或者华侨委会立案,并且在澳门,包括中学在内的全澳教育发展事宜均由隶属于当地最高行政机关民政局管辖的"公共教育督导委员会"予以督导。⑥ 二是关于民国各种教育团体的研究。谷秀青在《清末民初江苏省教育会研究》中对于民国包括中学教育在内的近现代教育发展具有重要影响的教育管理机构——省教育会,其创立缘由、组织形态、对教育等社会事务的参与和对教育发展的影响等进行了较为全面的梳理。⑦ 陈元晖对1930年之前的各种教育团体如从中央到全国各省、县的教育会,教育部主持下的各种教育团体如通俗教育研究会、国语统筹会、教育调查会以及各种民间教育团体如中国教育会等的组织章程、组织设置及管理活动的实施等进行了介绍。⑧

1.3.1.2 关于民国中学校长办学思想、理念的研究

王宪平的《论张伯苓的私立教育办学思想》对张伯苓关于私立学校办学宗旨与目的、教学质量、学校管理、学术研究等方面的思想、理念与观点进行了深入探讨⑨;常策欧在《修身班校长讲演录》中记录了南开中学校长张伯苓对于中学教育重要性的认识,他认为"中学课程为普通学科,人生不可少之知识,退而处世应用,进而求学专门,非有中学之普通学科为基础,断无成效可言"⑩。王耀章在《民十前后的育德中学》中

---

① 郑振伟.1940年代的澳门教育[M].北京:中国社会科学出版社,2016:141-142,144.
② 赵峻岩.民国时期大学区制度变迁研究[M].南京:南京大学出版社,2015:117-124.
③ 陈元晖.中国近代教育史资料汇编·教育行政机构及教育团体[M].上海:上海教育出版社,2007:105-166.
④ 孙广勇.社会转型中的中国近代教育会研究[M].武汉:华中师范大学出版社,2007:218-334.
⑤ 程湘帆.中国教育行政[M].福州:福建教育出版社,2008:36-154.
⑥ 郑振伟.1940年代的澳门教育[M].北京:中国社会科学出版社,2016:141.
⑦ 谷秀青.清末民初江苏省教育会研究[M].桂林:广西师范大学出版社,2009:17-210.
⑧ 陈元晖.中国近代教育史资料汇编·教育行政机构及教育团体[M].上海:上海教育出版社,2007:177-411.
⑨ 王宪平.论张伯苓的私立教育办学思想[J].师资培训研究,2001(3):18-22.
⑩ 常策欧.修身班校长讲演录[Z].校风,1916(36),1916(37).

指出,育德中学①校长及老师都思想先进,常常站在时代前头,如在1922年就开始尝试男女同校同班。② 陶旅枫、黄政海在《明德学校史》中对明德中学创办人兼校长胡元倓关于私立学校的教育理念进行了概述,指出胡元倓曾明确表示:"私立学校人事稳定,计划一贯,无朝令夕改之弊端,受政治因素影响小,可相对独立地实现办学者的办学思想",并对时任中央研究院总干事丁西林将明德改公立的建议予以婉拒。③

1.3.1.3 关于民国中学校长领导能力等素养的研究

一是关于民国中学校长课程管理的研究。王珏的《民国教育家型校长的课程领导力特征》在对民国中学教育家型校长张伯苓、经亨颐、黄炎培、林砺儒、廖世承、汪懋祖、郑西谷、傅任敢等的教育管理实践进行综合考察的基础上,从课程技巧、人际技巧两方面归纳了他们在课程领导上的普遍特征④;张宁在《穿越时空的民国课堂》对张伯苓如何建设南开中学的体育课程进行了探讨⑤;南开中学在编著的《周恩来南开中学岁月》中对早期张伯苓办学实践由效仿日本到模仿美国的转变过程作了概述⑥;马建强在《民国先生》中记述了民国时期多数中学如何通过组织、开展丰富的校内外活动促进学生的全面发展⑦。

二是关于民国中学校长角色及作用的研究。缪和平、杨天平在《学校管理实践哲学》中对包括中学校长在内的校长的角色和在学校发展中的重要作用进行了概述⑧。陶旅枫、黄政海在《明德学校史》中对明德中学校长胡元倓在民国二三十年代多方磨血募捐以筹集办学经费的事迹进行了详细介绍,⑨这既是对其办学成就和教育贡献的肯定和褒扬,也是对著名中学校长在民国私立中学教育发展中所扮演角色及作用的有力诠释。

1.3.1.4 关于民国中学校长办学实践的研究

黄国庭的《民国时期教育学者的中学办学经历及其对教学与研究的影响》对大学附中校长和以大学教育学者身份出任地方中学校长的两种类型民国中学校长的办学经历及办学经历对其教学与学术研究的影响进行了深刻分析⑩;项红专的《张伯苓学

---

① 始建于1905年,是一所私立中学,首任校长陈幼云,在民国期间,学校以办学时间长、教学设备好、教育质量高、人才辈出,不仅享誉华北地区,而且闻名全国,素有"天津南开,保定育德"美誉,在抗战前夕曾被国家命名为全国重点实验中学。
② 王耀章.民十前后的育德中学[M]//保定市政协文史资料委员会.百年名校育德中学.保定:保定市政协文史资料委员会,1994:69-70.
③ 陶旅枫,黄政海.明德学校史[M].长沙:湖南师范大学出版社,2013:13.
④ 王珏.民国教育家型校长的课程领导力特征[J].教育理论与实践,2016(11):36-38.
⑤ 张宁.穿越时空的民国课堂[M].北京:团结出版社,2013:80.
⑥ 天津南开中学.周恩来南开中学岁月[M].北京:中央文献出版社,2017:40-41.
⑦ 马建强.民国先生[M].桂林:广西师范大学出版社,2013:272.
⑧ 缪和平,杨天平.学校管理实践哲学[M].北京:人民出版社,2006:83.
⑨ 陶旅枫,黄政海.明德学校史[M].长沙:湖南师范大学出版社,2013:63-65,68-69.
⑩ 黄国庭.民国时期教育学者的中学办学经历及其对教学与研究的影响[J].河北师范大学学报(教育科学版),2010(3):21-27.

校管理的"四化"》对张伯苓学校管理实践进行了考察,认为其管理具有扁平化、精细化、人本化、民主化的典型特征①;刘勇先在《安康古代教育史略》中记述了安康中学校长刘焰荣向地方社会贤达筹款兴建教学楼和完善教学设施的事迹②;张宁的《穿越时空的民国课堂》和徐百柯的《张伯苓:巍巍乎南开大校长》分别对南开中学校长张伯苓如何周旋于军、政、官、商各界人士中,多方筹措经费,谋取学校发展的事迹进行了追述③④。保定市政协委员会文史资料委员会编写的《百年名校育德中学》对校长郝仲青积极通过各种方式维护学生利益进行了描述,其中指出,郝仲青校长曾组织进步学生成立"新民学会"与刁难、压抑学校及学生的国民党"新中学会"进行针锋相对的斗争,在国民党市党部拘押在校生安志成时,沉着应对,率领全校师生团结一致,开展护校斗争并取得了胜利。⑤ 熊光炯在《心远:一个教育世家的百年沧桑》一书中指出,熊育锡曾在1918年担任江西女子公学校长,通过筹措经费、节约开支、修葺校舍,以及聘请二中教师免费援教,提高学校教学水平等措施,使得学校从濒临崩溃的困顿中走上了正常运转的轨道。⑥ 吴自强在《八年抗战 校舍四迁——1937—1945年南昌一中迁校纪实》中忆述了自己作为南昌一中校长,在进入抗战时期以来的多次迁校过程中,如何引领师生在艰难困境中坚持办学,维持学校弦歌不辍的办学实践。⑦ 沈雨梧在《浙江师范教育》中展示了我国中等教育革新先驱者经亨颐在任省立四中校长期间所进行的一系列教育改革实践。⑧ 茅盾曾撰文回顾了其在湖州中学上学时校长沈谱琴的学校管理举措,其中特别提到,沈校长作为一校之长,因不懂教育,从不到校,但却依凭社会名望为学校聘请了很多有学问的人,甚至在湖州名人钱念劬回乡暂住期间聘其代理校长1个月,指导学校兴革。⑨

1.3.1.5 关于民国中学校长贡献的研究

项红专的《"七部课程"理论:黄溥对民国中等教育的独特贡献》对民国任湖南醴陵遵道中学校长的黄溥如何提出"七部课程"理论及对中学教育的影响等进行了阐述⑩;李玉娜的《"有功教育"的宋良忱》追忆了庄河中学校长宋良忱在民国期间任期

---

① 项红专.张伯苓学校管理的"四化"[J].中小学管理,2009(3):55-57.
② 刘勇先.安康古代教育史略[M].广州:中山大学出版社,2014:208.
③ 张宁.穿越时空的民国课堂[M].北京:团结出版社,2013:82.
④ 张伯苓.巍巍乎南开大校长[M]//徐百柯.民国那些人.北京:中央编译出版社,2007:110.
⑤ 胡永波.育德中学简史[M]//保定市政协文史资料委员会.百年名校育德中学.保定:保定市政协文史资料委员会,1994:5.
⑥ 熊光炯.心远:一个教育世家的百年沧桑[M].北京:人民文学出版社,2012:55.
⑦ 吴自强.八年抗战 校舍四迁:1937—1945年南昌一中迁校纪实[M]//中国人民政治协商会议江西省南昌市委员会文史资料研究委员会.南昌文史资料选辑:第8辑.南昌:中国人民政治协商会议江西省南昌市委员会文史资料研究委员会,1992:15-27.
⑧ 沈雨梧.浙江师范教育[M].天津:天津古籍出版社,2002:274.
⑨ 茅盾.中学时代[M]//王木春.过去的课堂:民国名家的教育回忆.上海:华东师范大学出版社,2015:62-64.
⑩ 项红专."七部课程"理论:黄溥对民国中等教育的独特贡献[J].中小学管理,2014(3):47-49.

内为发展学校所作的各种努力①。历史记载了广益中学②(今湖南师大附中)校长任邦柱率先垂范,以身作则,无私奉献中学教育的事迹。③ 张宁在《百年南开:南开中学》一文中追述了张伯苓在建设和指导包括南开中学在内的南开学校发展的过程中的诸多努力与奉献④。徐百柯在《民国那些人》中追忆了南开学校校长张伯苓的办学实践所带来的声誉及其在时人中的印记⑤。陈景熙在《百年澄中 1915—2015》中对澄海中学校长叶浩章在 1922 年灾后重建后,着力改革校政,使学校由"百业待兴"的颓败局势转入正规并稍具规模的史迹进行了描述⑥。周勇的《江南名校的中国文化教育》指出,1927 年苏州中学正式组建后在汪懋祖校长带领下,经过数年的不懈努力,国学研究与教学成就卓越,水平甚至堪与国内名牌大学相较。⑦ 刘玉梅在《近代教师群体研究:以直隶为考察中心》中指出,张伯苓苦心经营南开中学,使学校声名日隆,规模不断扩大,学生人数在 1917 年突破了千人。⑧ 郝力在《纪念育德中学九十年》中对育德中学校长郝仲青廉洁自好、艰苦创业,把学校办成与南开中学齐名的华北名校的经历进行了回顾。⑨ 舒新城在《舒新城自述》中对一代中学名校长胡子靖、陈凤荒、朱剑凡等开办私立学校,引领长沙教育发展作了介绍。⑩ 胡永波在《育德中学简史》中记述了育德中学在校长郝仲青在 1931 年依照省中学校长会议议决案,不仅在学校增设了四二制高级普通科,分一二两部进行教授,还坚持教科书由学校自己编写,要求理科教员用外语讲授,让学生在毕业时达到大学预科程度。⑪ 赵寿先、安文斌等在《忆母校:国立一中第一分校》中追述了育德中学在校长郝仲青主持下,师生思想自由,学术论争热烈而频繁,形成了浓郁的学术氛围。⑫ 唐家实在《怀念国立二中:祝贺扬州中学建校 110 周年》一文中记述了抗战时期周厚枢校长在国立二中严谨治校,为学校发展打下了坚实基础,使学校成为抗战时期享誉全国的名校,甚至被誉为中学界

---

① 李玉娜."有功教育"的宋良忱[J].党史纵横,2014(5):53.
② 源于革命先驱禹之谟在 1905 年创建的"惟一学堂",1912 年改制成立"广益中学",1949 年后为湖南师范大学附属中学,是湖南省教育厅直属高中、省首批重点中学和省示范普通高中。
③ 任邦柱翔实资料[EB/OL].(2014-03-18)[2017-04-05].http://www.mdhxzx.com/bxn-site/cms/page/history_detail.jsp? id=1553&page=.
④ 张宁.穿越时空的民国课堂[M].北京:团结出版社,2013:79-87,229-240.
⑤ 张伯苓:巍巍乎南开大校长[M]//徐百柯.民国那些人.北京:中央编译出版社,2007:109-111.
⑥ 陈景熙.百年澄中 1915—2015[M].广州:暨南大学出版社,2015:10.
⑦ 周勇.江南名校的中国文化教育[M].北京:教育科学出版社,2008:84.
⑧ 刘玉梅.近代教师群体研究:以直隶为考察中心[M].北京:人民出版社,2016:227.
⑨ 郝力.纪念育德中学九十年[M]//保定市政协文史资料委员会.百年名校育德中学.保定:保定市政协文史资料委员会,1994:216.
⑩ 舒新城.舒新城自述[M].文明国,编.合肥:安徽文艺出版社,2013:109.
⑪ 胡永波.育德中学简史[M]//保定市政协文史资料委员会.百年名校育德中学.保定:保定市政协文史资料委员会,1994:5.
⑫ 赵寿先,安文斌,等.忆母校:国立一中第一分校[M]//保定市政协文史资料委员会.百年名校育德中学.保定:保定市政协文史资料委员会,1994:87-88.

的"西南联大"。① 叶学哲在《迁校的功绩》中指出,叶惟善校长在1922年接掌省立第八中学后,"排除万难,争取经费,协调地方,精心规划,踏实执行,终于完成学校迁建工作,并在此复杂过程中使学校保持弦歌不辍"。② 李崇淮的《毁家兴学》③和张通谟的《坚持原则,言传身教》④都对国立八中校长李更生(即李荃)带领师生短时间内把八中从后进学校建成全省最优秀学校之一的事迹进行了追忆。陶旅枫和黄政海的《明德学校史》概述了明德中学校长胡元倓在民国期间如何不顾艰难困苦和个人荣誉,为学校发展而多途募集资金、多方延请和保持优秀师资,"磨血办教育",促成了百年名中传奇发展的史迹和养成了学校发展的"磨血"精神。⑤ 熊光炯在《心远:一个教育世家的百年沧桑》中记述了熊育钖如何通过各种举措使得江西女子公学从经费拮据、校舍破烂、人心涣散、面临崩溃边缘的困境中解脱出来,并走上正常运转轨道。⑥ 吴自强在《八年抗战 校舍四迁:1937—1945年南昌一中迁校纪实》中回顾了他在带领全校师生迁校广昌后,如何在艰危时局中维护师生的事迹,如甘愿面对教育行政当局申斥警告,仍坚持揭发省派医师贪污事件,维护师生利益;在南昌沦陷后,赣北和南昌一带学生因缺乏经济来源而面临辍学谋生之际,一面向教育厅申请战区生待遇和奖金,一面减少学校工友,安排少数贫苦学生做工读生。⑦ 钱学森在《我的中学》一文中追述了北师大附中校长林砺儒的管理成效,指出在1920年代末,面对学校经费匮乏,甚至发不出教师工资的窘境,林校长却能够把学校教师团结起来,热情地投入工作。⑧

1.3.1.6 关于民国中学校长开展学生管理的研究

其一,关于民国中学招生及学生来源、培养等的研究。一是关于民国中学学生的来源。相对一般中学而言,民国著名中学的学生来源更为广泛,如民国南洋模范中学的学生来自全国各地⑨;冰心在会议录中指出,1914年北京贝满中学⑩的在校生有不

---

① 唐家实.怀念国立二中:祝贺扬州中学建校110周年[M]//卫刚,张发祥.扬中记忆.南京:东南大学出版社,2012:39.
② 叶学哲.迁校的功绩[M]//郑万钟,张铨.扬州中学.北京:中国大百科全书出版社,2009:29.
③ 李崇淮.毁家兴学[M]//郑万钟,张铨.扬州中学.北京:中国大百科全书出版社,2009:68.
④ 张通谟.坚持原则,言传身教[M]//郑万钟,张铨.扬州中学.北京:中国大百科全书出版社,2009:69.
⑤ 陶旅枫,黄政海.明德学校史[M].长沙:湖南师范大学出版社,2013:20-21,63-65,68-69,75-80.
⑥ 熊光炯.心远:一个教育世家的百年沧桑[M].北京:人民文学出版社,2012:55.
⑦ 吴自强.八年抗战 校舍四迁:1937—1945年南昌一中迁校纪实[M]//中国人民政治协商会议江西省南昌市委员会文史资料研究委员会.南昌文史资料选辑:第8辑.南昌:中国人民政治协商会议江西省南昌市委员会文史资料研究委员会,1992:21.
⑧ 钱学森.钱学森讲谈录:哲学、科学、艺术:增订本[M].北京:九州出版社,2013:269.
⑨ 张美平.民国外语教学研究[M].杭州:浙江大学出版社,2012:151.
⑩ 贝满中学是1864年美国人捐款创建的女子教会中学。现为北京市第一六六中学,是一所完全中学,具有良好的社会声誉和优质办学资源,也是北京市示范普通高中。

少来自保定、通县和北京以及位于外省的公理会女子小学。① 二是对民国中学招生的研究。如民国南洋模范中学制定了严格的学生选拔标准,学生只有"具有良好品行和优秀的学习素养,才能获选入学"。② 三是对民国中学学生人才培养的研究。如仇云龙、张绍杰的《民国时期学术型英语人才培养特色及其当下启示》对民国中学英语在课时安排、课程标准、教材编写等方面如何为学术型英语人才培养奠基进行了分析。③ 耿申等人在《北京近代教育纪事》一书中追述了北京私立畿辅中学校长范桂鄂兼任中学教员的事迹,指出范校长不仅对待学生像子弟一样,而且殷切期望学生取得进步,使得学生的国文成绩卓著,在1915年的京师学生观摩会上居于优胜行列。④

其二,对民国时期中学生常规管理的研究。张晓彤的《民国前期普通中学学生管理问题研究(1912—1927)》对民初十年间中学的考试、学籍、服饰等学生管理的各方面进行了比较详细的考察。⑤《天津市南开中学简介》对民国期间天津南开中学的校训、校风、爱国教育等日常管理进行了论述。⑥《穿越时空的民国教育》记述了民国时期天津南开中学严格的校规和日常管理制度。⑦《启黄中学时期(1912—1926)》详尽描述了1912至1926年间湖北黄冈中学的招生,学生考核、休学、复学、转学、插班等管理规定与措施。⑧ 王鑫在《重回民国上学堂》介绍了民国时期全国各地中学的服装整饬与管理活动。⑨ 文明国在《张伯苓自述》中收录了张伯苓对学生素质的管理要求,指出"学生应以道德、身体、知识三事为自立基础"。⑩ 刘运璞在《抗战胜利后的育德中学》一文中记述了育德中学在日常管理中尊重学生意见,更换不懂教学的生物教师的事件。⑪ 罗兴波在《跨越时代的百位中国科学家》(第二册)中追述了北京潞河中学校长治理下形成的惯例,即每年毕业典礼都会邀请一位社会名人发表演讲,对学生进行最后一次教诲,如1937年的毕业典礼上曾请到燕京大学校长司徒雷登做了"中国的小西天——天府之国四川"的主题演讲。⑫

---

① 冰心.我入了贝满中学[M]//傅国涌.过去的中学.北京:同心出版社,2012:29.
② 张美平.民国外语教学研究[M].杭州:浙江大学出版社,2012:151.
③ 仇云龙,张绍杰.民国时期学术型英语人才培养特色及其当下启示[J].外语教学,2012(4):62-65.
④ 耿申,等.北京近代教育纪事[M].北京:北京教育出版社,1991:83.
⑤ 张晓彤.民国前期普通中学学生管理问题研究(1912—1927)[D].南京:南京师范大学,2012.
⑥ 南开中学校长办公室.天津市南开中学简介[EB/OL].(2013-01-04)[2017-04-18].http://www.nkzx.cn/xxjj/.
⑦ 张宁.穿越时空的民国课堂[M].北京:团结出版社,2013:235-236.
⑧ 启黄中学时期(1912—1926)[EB/OL].(2006-11-07)[2017-04-18].http://www.hbshgzx.com/Article/rshg/xxjj/56.html.
⑨ 王鑫.重回民国上学堂[M].武汉:湖北人民出版社,2013:53-56.
⑩ 张伯苓.张伯苓自述[M].文明国,编.合肥:安徽文艺出版社,2013:93.
⑪ 刘运璞.抗战胜利后的育德中学[M]//保定市政协文史资料委员会.百年名校育德中学.保定:保定市政协文史资料委员会,1994:147.
⑫ 罗兴波.跨越时代的百位中国科学家:第2册[M].北京:中国科学技术出版社,2016:163.

其三,对学生组织活动管理的研究。《天津市南开中学简介》对民国期间天津南开中学的话剧社、男子篮球队、民乐队、合唱队等社团组织及其活动进行了概述①。《"贝满"一百五十年》追述了民国期间贝满女中为丰富学生的业余生活,在体育课外广泛组建乒乓球队、篮球队、网球队、排球队、话剧演出和歌咏队等各种文体活动②。吴自强在《八年抗战 校舍四迁——1937—1945年南昌一中迁校纪实》中回顾了自己在管理学生军训和童子会操的经历,指出自己曾经在看到部分学生纪律松弛,不认真操练时,不仅令全体学生下跪,他和教官也下跪,痛哭流涕地对学生进行国难教育讲话,使得学生自此再没有犯过类似错误。③

其四,对民国中学关爱学生的研究。一是在日常学习与生活中关爱学生。《南模旧闻》对南洋模范中学注重修缮校舍,尤其是每年夏天经常想方设法祛除臭虫关爱学生的史迹进行了追述④。《穿越时空的民国课堂》记述了民国时期天津南开中学尤其是校长张伯苓对学生的关爱,指出学校对清贫学生没有丝毫歧视,还会经常予以免除学费和各种杂费,并给予各种照顾;同时对年龄弱小学生也会在学习与生活上予以关怀;"极其注重学校的民主之风","对待学生也非常和蔼可亲,充满了关爱","从来不把学生看作下属和仆役,而是视为朋友"。⑤《周恩来南开中学岁月》一书对张伯苓关爱周恩来等学生的史迹进行了追述,指出,张伯苓曾免除周恩来的学费,经常邀请他到家中做客,交流思想,改善伙食,并给予经济上的补贴。⑥ 刘仙洲在《郝仲青先生生平事略》中记述了郝仲青校长关心学校贫困学生的事例,郝校长为了减轻贫穷学生的经济压力并提倡节俭精神,将学生的伙食分为两种,其中一种保持原样,每月3元,主食为白面,学费不变;第二种每月2元,主食杂合面,只周日中午一餐为白面,吃这种伙食的学生可以每学期学费减少为10元。⑦

二是在特殊境况中爱护学生。郑振伟在《1940年代的澳门中学》中指出,在抗战期间,全澳门只有濠江初中对全体学生实行免费,而为了实现此目标,学校持续多年依靠演戏、举办画展等方式向社会各界筹集教育经费。⑧ 傅国涌通过收集整理民国

---

① 南开中学校长办公室.天津市南开中学简介[EB/OL].(2013-01-04)[2017-04-18].http://www.nkzx.cn/xxjj.
② "贝满"一百五十年[M]//北京日报《旧京图说》编写组.旧京图说.北京:北京日报出版社,2016:276-278.
③ 吴自强.八年抗战 校舍四迁:1937—1945年南昌一中迁校纪实[M]//中国人民政治协商会议江西省南昌市委员会文史资料研究委员会.南昌文史资料选辑:第8辑.南昌:中国人民政治协商会议江西省南昌市委员会文史资料研究委员会,1992:24.
④ 李雄豪.南模旧闻[EB/OL].(2015-06-19)[2017-04-18].http://www.nanmo.cn/portal/10/10-00-03/8ae270814ddc2fa2014e0a1c7fc90cf7/detail.html.
⑤ 张宁.穿越时空的民国课堂[M].北京:团结出版社,2013:230-231,234.
⑥ 天津南开中学.周恩来南开中学岁月[M].北京:中央文献出版社,2017:243.
⑦ 刘仙洲.郝仲青先生生平事略[M]//保定市政协文史资料委员会.百年名校育德中学.保定:保定市政协文史资料委员会,1994:201.
⑧ 郑振伟.1940年代的澳门教育[M].北京:中国社会科学出版社,2016:198-199.

中学史料,记述了浙江省立联合高中校长曾在国民党当局要求开除"三月社"发起人吴士廉时,不顾个人安危,断然拒绝;在1946年6月,为保护参加反对"开放内河航行权"而游行的学生,拒绝浙江教育厅开除学生的要求,辞去校长职务。① 胡永波在《育德中学简史》中记述了1933年育德中学学生刘一山等多人被国民党当局传讯之后,校长郝仲青和训育主任李涤支进行积极营救,并让崔文炳等6人提前离校避难的事迹。② 《南昌文史资料选辑》(第1辑)记述了心远中学校长熊育钖关爱学生的事迹,指出他曾多次营救学生中的共产党员袁孟水和激进分子何昌藩、刘明经、曾伯熊等人,并经常给予师生中的共产党嫌疑分子以庇护。③ 耿申等人在《北京近代教育纪事》中指出,北京公立三中校长由于在管理中爱护贫寒学生,犹如严父和慈母,对学生仁至义尽,在1916年1月19日受到京师学务局查视员的盛赞。④

其五,对学生奖惩性管理的研究。郑振伟在《1940年代的澳门教育》中指出,澳门教忠中学曾制订计划对优秀学生进行奖励,如1946—1947年度下学期设有奖励名额:成绩优良免全部学费者5名,免半费者8名;⑤朱葆勤1948年任职校长后,曾制订计划优待国民党同志子弟,凡新入该校者,经各分部介绍,程度相当及品性善良者,择取20名,除发给教科书外,并酌予奖学金,其中,中学生每人12元⑥。张伯苓在《张伯苓自述》中记述了他在南开中学创造性运用"立志改过签"警励学生改过自新,不断进步的举措。⑦ 刘承汉在《鼓励固有国学》一文中讲述了李荃校长在主校江苏省立八中期间鼓励学生潜心学习国文的事迹,李校长认为"国文与其他课程不同,不能以年级分高低,低年级之能自修者,其程度往往较多年级为优","因此比赛作文时,才用全校不分年级混合举行","激励了各年级学习积极利用图书馆广阅群书,不断潜修自学国文课程"。⑧ 吴自强在《八年抗战 校舍四迁——1937—1945年南昌一中迁校纪实》中追述了南昌一中迁校白水镇后,曾经因为战时物质匮乏,物价飞涨,教师生活不安定,高中有两位老师因之辞职就任他校,引发两班同学闹事,吴自强作为校长断然暂停两班同学课业,采取暑假后补课的方式,消解了事件。⑨

---

① 傅国涌.民国年间那人这事[M].厦门:厦门大学出版社,2015:217-218.
② 胡永波.育德中学简史[M]//保定市政协文史资料委员会.百年名校育德中学.保定:保定市政协文史资料委员会,1994:6.
③ 中国人民政治协商会议江西省南昌市文史资料研究委员会.南昌文史资料选辑:第1辑[M].南昌:中国人民政治协商会议江西省南昌市文史资料研究委员会,1983:103.
④ 耿申,等.北京近代教育纪事[M].北京:北京教育出版社,1991:85.
⑤ 教育消息[N].华侨报,1947-04-30.
⑥ 教忠优待国民党同志子弟[N].世界日报,1948-08-07.
⑦ 张伯苓.张伯苓自述[M].文明国,编.合肥:安徽文艺出版社,2013:175.
⑧ 刘承汉.鼓励固有国学[M]//郑万钟,张铨.扬州中学.北京:中国大百科全书出版社,2009:27.
⑨ 吴自强.八年抗战 校舍四迁:1937—1945年南昌一中迁校纪实[M]//中国人民政治协商会议江西省南昌市委员会文史资料研究委员会.南昌文史资料选辑:第8辑.南昌:中国人民政治协商会议江西省南昌市委员会文史资料研究委员会,1992:25.

1.3.1.7 关于民国中学校长进行教师管理的研究

一是关于中学校长组建师资队伍的研究。《天津南开中学志》指出,张伯苓认为师资强弱与教学质量高低有直接关系,积极凭借自身的社会声望,聘请许多大家到校任教或代课,如国文课曾延请到范文澜、罗常培、熊十力、老舍、王昆仑、何其芳、张中行等著名学者①。《周恩来南开中学岁月》记述了张伯苓为了开阔学生视野和知识面,经常诚邀社会各界名流如凌道扬、邢契亭、梁启超、全少文、蔡元培以及美国普林斯敦大学的 Meelory、美国公理会干事 Mr. Swan 等到校演说的事迹。② 有关胡元倓事迹的报道指出,长沙市明德中学胡元倓校长曾为了挽留同学陈介到校任日语翻译,长跪不起,在湖南教育界传为佳话。③ 陈介在《明德旧话》一文中回忆了明德中学校长胡元倓曾跪请自己就任明德助教的往事。④ 张清平的《永远的春晖中学》⑤ 和张彬的《浙江教育史》⑥ 分别记述了春晖中学曾延聘夏丏尊、朱自清、丰子恺、朱光潜、匡互生、王任叔、杨贤江到校任教,还延请蔡元培、李叔同、黄炎培、柳亚子、俞平伯、蒋梦麟等到校讲学的事迹。周勇在《江南名校的中国文化教育》中记述了苏州中学校长汪懋祖利用自己在学界的关系,"游说"各名牌大学教员及优秀毕业生、长期任教其他江南名校的经验丰富的优秀教师到校任教,充任各学科带头人的事迹。⑦ 郑振伟在《1940年代的澳门教育》中记述了澳门"总理纪念中学"校长戴恩赛,曾在1940年代增聘名师张兆驷与符俊为数理教员、陈道根为历史教员、刘振鹏为地理教员、张铁军为童军主任的事迹。⑧ 刘玉梅的《近代教师群体研究:以直隶为考察中心》指出,遵化五中校长为了聘请名师而竭尽全力,经常不惜重金礼聘学者名流到校任教。⑨ 薄恢亚在《难忘的母校》中指出,育德中学聘任教师不论派别,只看能力,并且注意对新聘教师的培养,以校长王国光为例,他曾一连四天进入教室听新聘教师吴鹤九先生讲课,在课后给予了中肯的指导意见,激励了吴老师,使他从此努力钻研教材教学,走向名师成长道路。⑩ 萧致治、姜跃生在《民主治校,求贤若渴》一文中对李更生校长费尽苦心,多方网罗名师的事迹进行了回顾。⑪

二是关于中学教师从教实践的研究。罗义俊的《钱穆先生在苏州中学》概述了钱

---

① 《天津南开中学志》编修委员会.天津南开中学志[M].天津:天津教育出版社,2014:97.
② 天津南开中学.周恩来南开中学岁月[M].北京:中央文献出版社,2017:212.
③ 胡元倓[EB/OL].(2018-08-09)[2018-10-08].http://baike.baidu.com/view/356367.htm.
④ 陈介.明德旧话[M]//徐林.明德岁月.长沙:湖南师范大学出版社,2013:4-5.
⑤ 张清平.永远的春晖中学[N].文汇百花周刊,2004-10-30.
⑥ 张彬.浙江教育史[M].杭州:浙江教育出版社,2006:426.
⑦ 周勇.江南名校的中国文化教育[M].北京:教育科学出版社,2008:93.
⑧ 纪念中学大革新[N].大众报,1943-01-26;纪念中学增聘教员[N].华侨报,1943-01-26.
⑨ 刘玉梅.近代教师群体研究:以直隶为考察中心[M].北京:人民出版社,2016:183.
⑩ 薄恢亚.难忘的母校[M]//保定市政协文史资料委员会.百年名校育德中学.保定:保定市政协文史资料委员会,1994:42-43.
⑪ 李更生纪念文集编辑组.李更生纪念文集[M].南京:江苏教育出版社,1987:18-19.

穆在苏州中学的教育教学生活,著述及学术交往活动①;刘怀俊的《襄阳名师陆云龙》记述了名师陆云龙在武汉市第十五中学担任中学语文教员的经历②。张美平在《民国外语教学研究》中讲述了民国时期的南洋模范中学等著名中学的数理化等学科教师采用双语教学的往事。③ 周勇在《江南名校的中国文化教育》中罗列了汪懋祖任校长期间所聘诸多名师如盛德镕、陈旦、杨人楩、沈颖若、钱穆等的任教经历。④《吕思勉全集》(21)追忆了吕思勉在抗战期间进入青云中学任教的经历。⑤ 刘玉梅在《近代教师群体研究:以直隶为考察中心》中指出民国初期,中学教师群体从教的一个重要特点就是教职员不分,经常存在教员兼任职员、职员也任教学科的现象。⑥ 刘绍春对清末民初教师教学实践中逐渐转变的人才观念做了描述,指出近代教师的人才观历经了一个由"道德修身"到"功利实用"再到"综合素质"的发展轨迹。⑦

三是关于师资教学质量管理的研究。《周恩来南开中学岁月》记述了南开中学校长张伯苓保障教师教学质量的史事,张伯苓曾在学校开辟专门的教员预备室,倡导教师课前备课;为了保证教师质量曾先后聘请多位日本教师,后来改学美国教育体制后,还专门聘请美国教员授课。⑧ 刘玉梅的《近代教师群体研究:以直隶为考察中心》对民国时期各中学为了保证教师的教育质量对教师实行聘任制,对教员采用"优胜劣汰"式淘汰的教师管理机制进行了描述。⑨ 刘秉彦在《郝仲青先生的治学精神》中描述了育德中学校长郝仲青对教师教学质量的管理举措,郝校长把"不敷衍,不作弊"的校训精神应用到教学中,要求教师以"二不"精神备课、讲课、提问、考试并接受学校监督和检查;对教师进行教学考核,把学生成绩的优劣与教师的教学考绩相挂钩。⑩ 张彬在《浙江教育史》一书中指出,宁波效实中学在建校初始,校长就对学校课程提出了高要求,使得学校以教学质量高而闻名,从1917年开始,在较长一段时间内,其培养的学生可以免试进入上海复旦大学、圣约翰大学等高校学习。⑪

四是关于中学教师流动情况的研究。李柏林的《民国时期中学教师的社会流动:以湖北为中心》对民国时期湖北省中学教育发展历程中的中学教师流动情况进行了

---

① 罗义俊.钱穆先生在苏州中学[J].文史杂志,1986(4):24-32.
② 刘怀俊.襄阳名师陆云龙[J].湖北文理学院学报,2014(7):12-17.
③ 张美平.民国外语教学研究[M].杭州:浙江大学出版社,2012:152-153.
④ 周勇.江南名校的中国文化教育[M].北京:教育科学出版社,2008:94,99.
⑤ 吕思勉全集:21[M].上海:上海古籍出版社,2016:517-518.
⑥ 刘玉梅.近代教师群体研究:以直隶为考察中心[M].北京:人民出版社,2016:18.
⑦ 刘绍春.我国近代人才观的演变及启示[J].国家教育行政学院学报,2004(3):30-34.
⑧ 天津南开中学.周恩来南开中学岁月[M].北京:中央文献出版社,2017:40.
⑨ 刘玉梅.近代教师群体研究:以直隶为考察中心[M].北京:人民出版社,2016:185-186.
⑩ 刘秉彦.郝仲青先生的治学精神[M]//保定市政协文史资料委员会.百年名校育德中学.保定:保定市政协文史资料委员会,1994:204-205.
⑪ 张彬.浙江教育史[M].杭州:浙江教育出版社,2006:425.

考察,并探析了伴随着教师流动而引发的社会地位、声望、经济收入等方面的变化①。张梅平通过资料收集整理,认为民国时期南洋模范中学等著名中学的英文教师多由教会学校、大学或社会流转而来。②《南开大学校史(1919—1949)》记述了民国时期南开大学知名教师到南开中学任教和兼课的情况。③ 叶嘉莹的《我的诗词道路》回忆了她1945年毕业后任教中学时,因国文课教学深受学生欢迎而被多所中学邀请,同时在三所中学的五个班级任教国文课的经历。④ 刘玉梅在《近代教师群体研究:以直隶为考察中心》中记述了民国时期,各中学为了留住教员,稳定教师队伍,给予教员物质奖励的史实,如保定育德中学曾规定,凡在学校服务五年以上的教师,其子侄或者兄弟可报送入校,并且免交学费。⑤

五是关于优待和关爱教师的研究。盛隆熙的《记上海中学的教师》指出,为了请名师沈百英到校任教,上海中学校长不仅三次至其家面请,还允诺其薪水津贴较常人高三四倍,若白日无暇可以晚间上课。⑥ 张绍祖的《圣功学校校长夏景如》描述了圣功女中校长夏景如关心教师,尤其是毕业留校教师的行为:她经常出席教师的婚礼,为她们证婚;曾在教师家属去世时带领学生前去吊唁;在抗战之前还两次利用假期,在北平颐和园租房,组织教师携带家属分批前去休假,每人半月。⑦ 胡永波《育德中学简史》中记述了育德中学校长郝仲青曾在1941年国民党反动派迫害和通缉学校教职员李涤支时,巧妙周旋,并通知其离校前往延安的事迹。⑧ 刘端棻在《我在育德中学的学习生活片断》中记述了育德中学校长郝仲青在国民党反动派逮捕学校教师安志成后,亲自赴北京进行多方活动使之获释的事迹。⑨ 杨扬在《石评梅作品集》中记述了北师大附中校长林砺儒对学校教师的关心,他在学校教师石评梅没有合适住处时,曾让其住在自己家中长达四年之久。⑩

1.3.1.8 关于民国中学校长进行教育教学管理的研究

其一,关于民国中学课程管理的研究。一是对民国中学课程设置的研究。如赵彦、吴志玮的《抗战前十年南京政府中学教育课程设置初探》在考察彼时政府对中学

---

① 李柏林.民国时期中学教师的社会流动:以湖北为中心[J].湖北师范学院学报(哲学社会科学版),2011(3):96-100.
② 张美平.民国外语教学研究[M].杭州:浙江大学出版社,2012:154.
③ 南开大学校史编写组.南开大学校史(1919—1949)[M].天津:南开大学出版社,1989:33.
④ 叶嘉莹.我的诗词道路[M].石家庄:河北教育出版社,1997:10.
⑤ 刘玉梅.近代教师群体研究:以直隶为考察中心[M].北京:人民出版社,2016:168.
⑥ 盛隆熙.记上海中学的老师[M]//傅国涌.过去的中学.北京:同心出版社,2012:268.
⑦ 张绍祖.圣功学校校长夏景如[N].天津老年时报,2009-12-14.
⑧ 胡永波.育德中学简史[M]//保定市政协文史资料委员会.百年名校育德中学.保定:保定市政协文史资料委员会,1994:9.
⑨ 刘端棻.我在育德中学的学习生活片断[M]//保定市政协文史资料委员会.百年名校育德中学.保定:保定市政协文史资料委员会,1994:56.
⑩ 世莹.石评梅女士追悼会记详[M]//杨扬.石评梅作品集.北京:书目文献出版社,1985:344.

课程管理的过程中,也对彼时中学的课程设置情况进行了综合研究与分析①。王文慧的《南京国民政府时期中学历史课程标准的演变》从中学历史课程标准的历史演变入手,对南京国民政府时期的中学课程标准历次修正的背景、修正内容、修正特点、修正影响等进行了详细考察②。二是关于课程实施的研究。项红专的《民国时期中学名校艺术教育之考察》认为民国中学名校普遍重视美育,从关注艺术教育价值、延聘优秀艺术师资、重视艺术课程教学、开展课外艺术活动等方面对其艺术教育进行了综合考察③。李晨在《北京中小学教育若干问题的回顾》中指出,1922年国民政府颁布"壬戌学制",规定了中小学的课程标准之后,北京一些办学水平较高的学校的校长受各种教育思潮的鼓励,坚持自己的办学思想、办学风格和办学举措,以至出现了中学名校之间除党义和军训之外,多种科目在学年和学周课时安排上的差别。④ 三是对民国中学课程改革的研究。如张永丽的《民国时期普通中学的分科制与选科制研究及启示》对民国中学的选科制与分科制进行了考析⑤;吕达的《我国1922年中学课程改革及其反思(一)》⑥《我国1922年中学课程改革及其反思(二)》⑦《我国1922年中学课程改革及其反思(三)》⑧在对1922年中学课程改革的内容与举措等进行历史考察的基础上,对其改革特点及不足进行了深刻反思。

其二,对民国中学课堂教学的研究。一是对民国中学课堂教学方式方法的研究,如李春兰、代钦的《民国时期中学混合数学教学法发展研究》介绍了民国时期混合数学教学法在我国的引介、实施原则与实施情况及所引发的争议⑨。张美平对民国教会中学如武昌文华中学、北京汇文中学⑩,公立中学如南洋模范中学,私立中学如天津南开中学等在外语教学中的课时设置、课堂教学要求、师资准备、教材要求等方面进行了概述。⑪ 二是对民国中学教科书的研究,如何成刚、李杰在《民国时期中学历史教科书风波述论》中针对顾颉刚的《本国史》和吕思勉的《白话本国史》两本历史教

---

① 赵彦,吴志玮.抗战前十年南京政府中学教育课程设置初探[J].廊坊师范学院学报,2006(3):57-60.
② 王文慧.南京国民政府时期中学历史课程标准的演变[D].长沙:湖南师范大学,2016.
③ 项红专.民国时期中学名校艺术教育之考察[J].美育学刊,2012(5):91-95.
④ 李晨.北京中小学教育问题的回顾[M].北京:北京教育出版社,2001:10.
⑤ 张永丽.民国时期普通中学的分科制与选科制研究及启示[J].江西科技师范学院学报,2012(3):80,100-102.
⑥ 吕达.我国1922年中学课程改革及其反思(一)[J].课程·教材·教法,1990(3):8-12.
⑦ 吕达.我国1922年中学课程改革及其反思(二)[J].课程·教材·教法,1990(5):16-19.
⑧ 吕达.我国1922年中学课程改革及其反思(三)[J].课程·教材·教法,1990(6):29-31.
⑨ 李春兰,代钦.民国时期中学混合数学教学法发展研究[J].内蒙古师范大学学报(自然科学汉文版),2007(6):780-784.
⑩ 源于1871年美国基督教美以美会创建的蒙学馆,1904年更名为汇文大学堂,包括小学部、中学部和大学部;1918年私立北京汇文中学成为独立的教会中学。1930年代,汇文中学教学质量高,而且各运动项目在全市中学首屈一指,在整个华北地区也颇有名气。
⑪ 张美平.民国外语教学研究[M].杭州:浙江大学出版社,2012:56-166.

科书在民国时期遭遇政府禁令的史实与史因进行了论述与分析,也揭示了彼时学术独立与主导意识形态的关系①;《吕思勉全集》第20册②和第21册③分别对新学制高中历史本国史、初中历史本国史的教科书具体内容做了呈现;王鑫对民国时期包括中学在内的整个教育体系的教材进行了研究,指出民国教科书不仅种类繁多,各具特色,各层级学校对教科书的选择空间大,相邻的中学之间采用的课堂教材也都不尽相同。④ 胡永波在《育德中学简史》指出,1931年育德中学增设四二制高级普通科,将学生分一、二两部进行教授,为了让学生毕业时达到大学预科水平,主张学校自己编写教科书,理科教员用英语教学。⑤ 三是对民国中学课堂教学纪律的研究,如张绍祖指出,当时的圣功女中要求学生上课时规规矩矩,认真听讲,若是有人被发现上课不专心,就会在课下被找来训斥⑥。

其三,关于民国中学学业考核的研究。一是关于考试设置的研究。薄恢亚在《难忘的母校》中对1930年代初期育德中学的月考制度作了描述,指出当时育德中学的各门课都只有月考,没有期末考。⑦ 柏荣对民国时期天津南开中学的考试制度作了考察,认为当时南开中学不仅有测试、小考、大考等种类繁多、形式多样、次数频繁的考试,而且考试要求严苛。⑧ 张百顺对河南中学在1927年至1937年间的学生学业考核作了考察,指出当时河南省中学生的学业考试主要有日常考核、临时实验、学期考试和毕业考试。⑨ 二是关于考试成绩运用的研究。如柏荣对民国初期天津南开中学对考试成绩不及格者所采取的留级或开除处理方式作了探讨。⑩《河南省志》对1927年至1937年间河南省中学对学生操行成绩、体育成绩以及学科成绩不及格者所实行的留级及不予毕业的处理方式作了概述。⑪ 三是关于考试复习资料的研究。如《吕思勉全集》(21)对吕思勉所编高中历史复习参考书《高中丛书 本国史》内容进行了呈现⑫。

---

① 何成刚,李杰.民国时期中学历史教科书风波论述[J].历史教学,2005(9):43-45.
② 吕思勉全集:20[M].上海:上海古籍出版社,2016:1-168.
③ 吕思勉全集:21[M].上海:上海古籍出版社,2016:147-438.
④ 王鑫.重回民国上学堂[M].武汉:湖北人民出版社,2013:12.
⑤ 胡永波.育德中学简史[M]//保定市政协文史资料委员会.百年名校育德中学.保定:保定市文史资料委员会,1994:5.
⑥ 张绍祖.圣功学校校长夏景如[N].天津老年时报,2009-12-14.
⑦ 薄恢亚.难忘的母校[M]//保定市政协文史资料委员会.百年名校育德中学.保定:保定市政协文史资料委员会,1994:46.
⑧ 柏荣.民国初期著名中学管理实践研究:以春晖中学和南开中学为例[D].上海:华东师范大学,2010.
⑨ 张百顺.河南省中学教育研究(1927—1937)[D].开封:河南大学,2012.
⑩ 柏荣.民国初期著名中学管理实践研究:以春晖中学和南开中学为例[D].上海:华东师范大学,2010.
⑪ 河南省地方史志编纂委员会.河南省志:第50卷[M].郑州:河南人民出版社,1993:222.
⑫ 吕思勉全集:21[M].上海:上海古籍出版社,2016:17-137.

1.3.1.9 关于民国中学校长处理社会关系的研究

一是关于民国中学校长与其他学校校长之间的关系的研究。邹雨青在《民国时期的留洋文人》中对扬州中学校长周厚枢和长沙明德中学校长胡元倓之间的相关交情和办学中的往来关系进行了介绍①；陶旅枫和黄政海的《明德学校史》指出，明德中学校长胡元倓和南开中学校长张伯苓，作为中国教育界齐名的教育家，曾有过数次接触，胡元倓曾于 1937 年邀请张伯苓到校视察并做演讲。② 耿申等人在《北京近代教育纪事》一书中描述了民国期间北平中学校长相互之间的密切联系，他们经常联合起来参加一些活动，如他们曾于 1919 年因为政府长期拖欠教育经费而联名辞职，1930 年为了商筹解决崇关裁撤中小学教育经费后北平教育经费问题而由组成的校长会代表连日走访有关当局。③ 赵峻岩在《民国时期大学区制度变迁研究》中追述了 1927 年试行大学区制度后，在第四中山大学区编制预算中出现严重侵犯基础教育经费时，许多省立中等学校校长利用相互之间的联系，联合起来维护共同利益，如南京中学校长邵爽秋与薛培育、顾钟骅联名发起组织省校校长联合会，力主维护中等学校经费利益。④

二是关于民国中学校长与社会党、政、军、商等各界联系的研究。邹雨青的《民国时期的留洋文人》介绍了扬州中学校长周厚枢为了激励全体师生共同进步，举办成绩展览会，并广邀省教育厅厅长、科长、督学等教育行政管理人员前来参观的史实⑤；天津南开中学编著的《周恩来南开中学岁月》记载了天津南开中学 1917 年 6 月 26 日第十次毕业生毕业仪式情况，指出当时校董徐世昌及学界名流章士钊、陈独秀等出席，其中徐世昌为毕业生颁发了毕业证书，章士钊、陈独秀做了演讲⑥。周勇的《江南名校的中国文化教育》指出，南开中学校长张伯苓在学术界具有能达到胡适、梅贻琦等顶级学术教育名流的活动能力。⑦《南昌文史资料选辑》(第 1 辑)指出，心远中学校长熊育锡曾通过严复的推介，聘请名师陈伯瓒、李幼堂到校任教。⑧ 罗兴波在《跨越时代的百位中国科学家》(第二册)中记述了明德中学校长胡元倓自身的家族关系，指出胡元倓出自书香门第，家族属于从学或从仕的经学之家，其中他的堂哥胡彦博留学归国后曾先后在国民政府财政部、赈济委员会等部门任职。⑨

---

① 邹雨青.民国时期的留洋文人[M].北京:中国文史出版社,2016:194.
② 陶旅枫,黄政海.明德学校史[M].长沙:湖南师范大学出版社,2013:98.
③ 耿申,等.北京近代教育纪事[M].北京:北京教育出版社,1991:121,239.
④ 赵峻岩.民国时期大学区制度变迁研究[M].南京:南京大学出版社,2015:173-175.
⑤ 邹雨青.民国时期的留洋文人[M].北京:中国文史出版社,2016:194.
⑥ 天津南开中学.周恩来南开中学岁月[M].北京:中央文献出版社,2017:271.
⑦ 周勇.江南名校的中国文化教育[M].北京:教育科学出版社,2008:82.
⑧ 中国人民政治协商会议江西省南昌市委员会文史资料研究委员会.南昌文史资料选辑:第 1 辑[M].南昌:中国人民政治协商会议江西省南昌市文史资料研究委员会,1983:100.
⑨ 罗兴波.跨越时代的百位中国科学家:第二册[M].北京:中国科学技术出版社,2016:46.

1.3.2 文献研究述评

由上述对有关民国中学的文献考察分析可知,当下与民国中学校长办学有关的研究成果从整体来说,研究范围比较广泛,既有中学内部的微观研究,也有外部的宏观研究;既有制度方面的研究,也有实践探索与经验总结的研究,还有教育思想、理念等的研究。其中有关民国中学教育行政管理制度、教育行政管理机构的制度研究,更是构成了研究民国著名中学校长管校办学的外部背景。但综观现有研究成果,还存在以下不足:

一是现有文献虽对民国中学校长办学中的教师管理、学生管理、教学管理等方面作了研究,却对校长这一办学的核心人物的专门研究较少。而要对学校进行教育研究,除了研究教师和学生外,还有必要把校长这一学校的中心角色作为研究对象进行研究。① 尤其是在民国期间,著名中学的"崛起"现象是中国近代中等教育中的一个"视点",要对这一现象进行深入、透彻的研究,其中对学校发展起到重要作用的校长这一关键人物就成为绕不过的研究主题,我们理应对他们尤其是民国著名中学校长如何在民国困窘的时代条件和紧张局势下成功地管校办学进行全面研究。显然,当下学界对民国著名中学校长的研究尚存不足,而且在研究民国著名中学校长的文献中,对其管校办学的研究也往往集中于某一方面,鲜少从思想及实践上进行系统性和全面性的研究。

二是对已有史料的整理、挖掘和使用有待进一步深化。"老的资料只有用新的眼光去看,才可能会有一些意想不到的收获"②,这就亟须一种新的研究视角进行史料研究,从而得出新的研究结论。同时研究的角度尚待挖掘,主要表现在已有研究中存在一些研究的"空白点":首先,关于民国著名中学校长的研究还比较薄弱,缺乏针对性的专门研究。其次,现有研究偶有对民国著名中学校长管校办学的研究,也往往择取个别学校如春晖中学、南开中学等进行整体的个案研究或其某些管理要素的个案研究,而鲜少对民国著名中学校长进行整体归类研究。再次,对民国著名中学校长管校办学的局部要素研究存在遗漏,如对民国中学教师的科研活动尤其是学术研究活动,当局政府及中学分别持何种态度,在实践中又是如何对待的,有何种管理策略与措施等等,业内涉猎还比较少;又比如对民国著名中学校长的现有研究中较少对不同性质中学的校长进行类别研究。

三是缺乏对比研究。对民国著名中学校长的现有研究文献在研究对象样本上主要有两种思维取向:一是要么择取一二学校对其著名校长管校办学下的某一方面进行案例研究,如赵蒙的《扬州中学早期(1927—1937)国文教育及其现实启示》③、柏荣

---

① 王铁军.校长学[M].南京:江苏教育出版社,1993:5.
② 黄启兵.中国高校设置变迁的制度分析[M].福州:福建教育出版社,2007:6.
③ 赵蒙.扬州中学早期(1927—1937)国文教育及其现实启示[D].扬州:扬州大学,2011.

的《民国初期著名中学管理实践研究:以春晖中学和南开中学为例》①;要么择取同地域的著名中学,对其校长管理之下的学校进行研究,如周勇的《江南名校的中国文化教育》②。二是要么择取同一性质学校进行研究,如许祖馨等的《上海老学堂》③;要么不分类别进行研究,如熊贤君的《略论民国时期中学教育与大学招生考试之关系》④。但鲜少进行跨地域、跨类别之间的比较研究,更是鲜少在著名中学与一般普通中学之间进行比较研究。比如有人对民国中学教师的流动问题进行了研究,指出民国中学教师师资建设的诸多"落后"之处,却忽视了对构成民国著名中学较大成就的师资建设进行研究,没有结合一般中学考察著名中学的师资流动的对比优势。

四是学者的认识之间存在相互冲突的地方。基于研究者研究视域的不同和占有材料的区别等,不同的研究者对同一问题可能会有不同的看法,得出不同结论。如在傅国涌《过去的中学》中所收集的关于民国诸多名校的文章中,绝大部分述者在述及母校的教师时,都是持肯定和赞扬的态度;而陈光春的《制度生成与实践失范——民国时期中学教师管理制度研究(1912—1949)》则在很大程度上对彼时的中学师资建设持一种否定态度。这种现象的存在,一方面涉及对民国史实与史料的客观解析问题,另一方面则涉及对同样史料的研究视角与研究思维的问题。

1.4　概念界定与相关概念辨析

在本研究中,涉及的关键词主要有:著名中学、著名中学校长、办学理念与实践,核心概念为"办学理念"和"办学实践"。本研究中的"著名中学校长"属于"著名中学的校长"中的"著名校长"(详见后文的概念界定)。

1.4.1　概念界定

1.4.1.1　民国著名中学

所谓"中学",是指对年满十一周岁以上的少年儿童实施中等程度的文化基础知识教育的学校⑤。关于它,业内有人认为其有两层含义,一是专指介于小学和大学之间并以升学为主旨的普通中学;二是泛指包括普通中学和同层次的中等职业技术教

---

① 柏荣.民国初期著名中学管理实践研究:以春晖中学和南开中学为例[D].上海:华东师范大学,2010.
② 周勇.江南名校的中国文化教育[M].北京:教育科学出版社,2008.
③ 许祖馨,等.上海老学堂[M].上海:文汇出版社,2010.
④ 熊贤君.略论民国时期中学教育与大学招生考试之关系[J].河北师范大学学报(教育科学版),2013(11):34-41.
⑤ 李翼.教育管理词典[M].海口:海南人民出版社,1989:124.

育学校及中等师范学校在内的所有中等学校[①][②]。而在民国期间,确实长期存在这三类中等学校,而且存在中学内含实业科、师范科的现象,但在彼时的实践中和学者的理论研究中,多用"中学"简称"普通中学"。在本研究中,"中学"即指"普通中学",其介于小学和大学之间,旨在为下一阶段的升学做准备,既可以是初级中学,也可以是高级中学,还可以是二者兼有的完全中学,与同层次的师范学校和职业学校相区别,其对应的教育为普通中学教育,不包括中等职业技术教育和中等师范教育等内容[③]。

关于"著名中学",业内研究已有所涉猎,如有人认为它一定"历史悠久,并至今尚在中学教育界发挥重要影响"[④];有人指出作为中学名校,应该"培养出了一大批杰出人才"[⑤];有人则在分析民国时期教育部两次优良中学考量活动的评价标准和民间认识的基础上,明确指出它是"(民国时期)具有师资优良、人才辈出、管理先进、设备完善、声誉卓著、至今存在、历史悠久等特点的普通中学"[⑥]。

结合业内人士及实践领域人们的普遍认识,我们认为所谓"著名中学",是指一定时期内,在某一地域范围内,符合某一公认的评价标准而具有良好声誉,为人们所瞩目的中学。其中,关于"一定时期",并没有具体的界定,但"十年树木,百年树人",中学教育又是人才成长绕不开的必要基础阶段;同时,一所学校的发展与成名离不开时间的积累,所谓"优秀是一种传统",而"传统不是三五年就能形成的"[⑦],著名中学的崛起也非短暂时日之功。因此,"一定时期"所内含的时间跨度必然足够长久并具有持续性;而"一定地域",根据"著名"的内含之义,多指省或国家,抑或世界的地域范围;"公认的评价标准"多是指学生考试或比赛成绩,尤其是中考或高考成绩,以及优秀人才的质量和数量,[⑧]比如院士、将领等各领域"中坚力量"的数目,诚如南开大学前校长母国光院士所说,"学校的中心任务是人才培养,真正反映一所学校水平的,是其人才培养的质量"[⑨]。在本研究中,"著名中学"就是持续存在至少几十年时间,由于持续性呈现出学生考评成就突出,并具有培养出了多位某些领域的杰出校友等办

---

① 柏荣.民国初期著名中学管理实践研究——以春晖中学和南开中学为例[D].上海:华东师范大学,2010:4.
② 王伦信.清末民初时期中学教育研究[D].上海:华东师范大学,2001:1.
③ 王伦信.清末民初时期中学教育研究[D].上海:华东师范大学,2001:4.
④ 沈晴.民国时期著名中学的办学实践[D].上海:华东师范大学,2006:4.
⑤ 项红专.民国时期中学名校艺术教育之考察[J].美育学刊,2012(5):91-95.
⑥ 柏荣.民国初期著名中学管理实践研究:以春晖中学和南开中学为例[D].上海:华东师范大学,2010:4.
⑦ 徐百柯.民国风度[M].北京:九州出版社,2011:300.
⑧ 此处没有把师资、设备等作为评价标准。不以师资为标准主要是因为:师资固然可以为一个学校带来良好声誉,尤其是在中学初期发展阶段,但在足够长的时间内,学校优秀与否最终主要是由其培养出的人才的数量与质量,尤其是杰出校友的多少来衡量的,而且优良师资的最有效彰显途径也是中学所培养的卓越人才。不以设备完善与否为标准主要是因为:设备的完善与否并不是学校声誉崇隆的必然原因。
⑨ 母国光.我对大学教育的理解[J].高等教育研究,2000(4):7-12.

学成就,而在省内外或全国范围内引人注目的各种初、高中抑或完全中学。如河北保定的育德中学,因办学成就突出,不仅驰名河北省,在华北地区乃至全国都声望久著,是国内少数办学成功的私立中学之一。①

而关于"民国著名中学"的概念界定,则是一个复杂的问题。在本研究中,一方面由于民国存续时间过于短暂,仅持续了38年,遗存的各种相关史料较少,而且比较零散,难以收集和整理;另一方面则是因为学校的发展和人才的培养都是持续性和长期性的工程,著名中学在民国期间的崛起一般来说至少需要十年甚至更长时间的持续性努力;再一方面,中学处于教育系统的中间,其声誉的形成、稳固与声名远播需要足够长的时间;同时,在抗日战争期间,尤其是1937年全面抗战爆发后,许多中学被迫解散,或辗转搬迁,维持学校基本的存续已经是一大难题,毋谈中学的兴建,也毋谈彼时学校的发展和成名,加上中学成名需要稳定的"积淀期"。因此,民国著名中学至少应该在1930年以前就已经存在和发展。若彼时的著名中学延续至今,则差不多有将近百年或逾百年的历史。因此,在本研究中,我们在时间上选取百年期限作为时间参考,以中学在以往的存续时间内尤其是民国期间的学生考试成绩、竞赛成就和培养出的杰出校友的数量及质量为依据,在省域和全国范围内择取成就突出的优秀中学作为研究对象。所以,本研究中的"民国著名中学"是指在我国百年或近百年的中学老校中,在民国期间持续存在,连续多年办学成效显著,其在民国期间的教育曾奠基了诸多杰出校友中学后的成才,因此而享誉省内外及全国的各级中学和完全中学。其中,中等职业技术学校和中等师范教育学校不包括在内。

1.4.1.2 著名中学校长

所谓"校长",是一个历史性名词,在古代,"校"读作 jiào,一种军事编制的单位名称,"校长"即一种官制名称,意为校中之长,在秦、汉时期主要指下级军官,高级军官则称"校尉",如在《续汉书·百官志二》中有"每一陵园设令一人,下有丞及校长各一人,校长主兵戎盗贼事"。在此,"校长"指陵园卫兵中的队官;而在秦代,亭长下属官员中有"校长"一职,如云梦秦简《封诊式》中将其与"求盗"并列。"校"取音 xiào,与"长"连用,则是近代以来的事情。近代,随着近代学制在中国的传播和实施,"校长"一词作为一种职务称谓逐渐被应用到学校,特指一校的掌校之人,是依据一定的教育政策或教育主张等,组织、引领和指导全校教职员工进行办学活动的人,其对外代表学校,对内则负责全校管理工作,甚至包括承担一定的教学任务,在学校的发展中具有举足轻重的作用。随着校长管理制度的建立健全和法律法规的不断完善,校长和学校教育逐渐上升到法律层面,受到法律法规与规章制度等的规范,校长也就成为贯彻执行国家教育法令和教育行政首脑意图的重要人物②,成为名副其实的学校行政

---

① 马庆瑞.一所兼具理想和风格的模范中学[M]//保定市政协文史资料委员会.百年名校育德中学.保定:保定市政协文史资料委员会,1994:104.
② 安树芬.中华教育历程(下)[M].北京:光明日报出版社,1997:1070.

负责人和对外法人代表。

由上,"中学校长"也就是中学内部进行教育教学等校务的组织、决策与领导等管理活动,对外代表学校,对内处于最高职务级别的管理者。它首先是一种管理职位的名称,指中学内部各种教育教学等事务管理中的最高管理职位;其次是指中学内部负责教育教学等各种校务管理工作的最高管理者。即其具有双重属性,既指一种管理职务,又指承担该职务进行相应职务活动的人。

"著名中学校长"有两重含义:一是指著名中学的校长,是在著名中学担任校长职务的人;另一则是指著名的中学校长,是在任职中学校长过程中因其办学业绩突出而受到人们关注,享有良好声誉的人。在本研究中,将研究的时间维度限定于民国时期,一则考虑到民国期间,包括中学在内的近代学制处于初步建立和发展时期,即真正意义上的中学刚刚建立,如何发展尚处于不断摸索中,其崛起缺乏稳定的根基;二则中学和中学校长的成名需要一段必要的成长期,而且彼时校长的成名与中学的崛起之间有着紧密的联系:校长在任内促进或维持了中学的成功与成名,校长成就了著名中学,而中学也成就了著名校长。因此,本研究中的"著名中学校长"的空间维度是著名中学,即其是指著名中学的校长,其次还指校长在任内为中学的发展做出了重要贡献,促成或维持了中学的著名。也就是说,本研究中的"著名中学校长"是"著名中学的校长"族谱中的"著名校长"(如图 1-1 所示),指在校长任期内为著名中学的发展做出重要贡献,促进或维持了著名中学的卓越,并因此受到广泛关注,享有较高声誉的校长。"民国著名中学校长"则突出了本研究是以民国为时间维度,以著名中学为空间维度,对彼时在著名中学发展中做出重要贡献的著名校长进行研究。

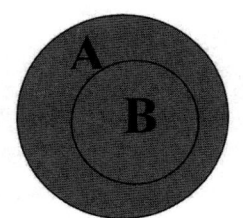

A:著名中学的校长

B:著名中学校长

图 1-1　著名中学校长概念图

1.4.1.3　办学理念

所谓"办学理念",是指关于学校发展方向、发展前途及发展方式的理想设计,并被确信为是关于引导学校走向成功的根本路径的看法。① 换言之,它是办学人对办什么样的学校、如何办学等根本性问题的根本性看法。而"中学校长的办学理念"是中学校长关于办理什么样的中学,如何办理中学等问题的根本性看法、观点等的综

---

① 王洪才.大学校长:使命·角色·选拔[M].上海:上海交通大学出版社,2009:72.

合,它是中学校长在对中学发展规律认识和把握的基础上,根据自身理论知识水平和教育视野对如何办理中学的理论认识、设想与规划,或者对中学办学实践中成功与失败经验进行总结、对照和反复比较之后所形成的,关于未来办理和发展中学的设想、规划等观点与看法的总和。在此,研究民国著名中学校长的办学理念,即把研究的视点放在民国著名中学校长这一人物群体上,对他们在就任民国著名中学校长后对中学办学的各种理念进行研究和探讨。

1.4.1.4 办学实践

本研究中的"办学实践",是基于哲学视域从理论与实践的关系角度来理解,指的是将有关办学思想、理念等认识或理论应用到学校办学的具体活动中去,一方面是用包括办学思想、理念等在内的有关理论认识来指导办学活动的开展,另一方面则是通过办学活动来检验有关办学思想与理念等理论或认识是否正确和是否适合于研究对象的实践活动。在本研究中,所谓的"办学实践"是关于"办学理念"的实践,其主要是从理念对实践的指导层面上来讲的,即主要研究民国著名中学校长是如何将其办学理念贯彻落实到中学办学实践中,与办学理念相适应,在办学实践中采取了什么样的办学举措,进行了哪些具体的办学行为和办学活动,这些举措和办学行为及办学活动又是如何促进中学发展的。同时,在一定程度上也会涉及如何在实践中根据内外界环境的变化对理念及实践活动进行微调。

1.4.2 相关概念辨析

本研究的研究对象是民国著名中学校长,研究内容是他们在所任职中学的办学理念与办学实践,因此在本研究中主要需厘清和明晰以下几组相关概念。

1.4.2.1 著名中学校长与中学校长

二者既相互关联又相互区别,二者的关联处主要表现在以下几个方面:(1)从概念外延来看,"著名中学校长"的外延包含于"中学校长",前者是下位概念,后者是上位概念,前者从属于后者;(2)从概念内涵上来看,"著名中学校长"的内涵界定以"中学校长"为基础,"著名中学校长"首先是中学校长;(3)从概念指向来看,二者最终都落脚于中学内部的最高管理者,都是管理中学内部校务的管理者;(4)从其法律地位来看,二者都是中学的对外法人代表和对内最高负责人,在执行校长职务时,享有法律赋予的相关职权,承担相应的职责。

二者的区别在于:(1)从概念内涵来看,"著名中学校长"的内涵更为具体、明晰,"中学校长"则相对比较模糊。(2)著名中学校长往往是较之非著名中学校长来说的,他们在办学实践中有较强的管理素养和能力,能够更有成效地管理学校内部事务和处理对外相关社会事务,带领学校不断取得较大成就;中学校长则是相对小学校长、大学校长来说的,他们是处于学校教育系统中间阶段的中学的校长。(3)虽然二者的法律地位相同,但实践中,著名中学校长往往较之其他中学校长要享有更高社会声誉，更受国家和社会尊重与景仰，能够为学校赢得更多社会资源支持；在校内也更受教职员工、学生等的欢迎和爱戴。

1.4.2.2 办学理念与办学思想

所谓"办学思想"，是根据一定的教育理念或教育哲学，遵循国家的教育方针与政策，结合学校实际形成的有关学校管理模式、培养目标、课程与教学安排等根本问题的思想认识。① 从概念组成上来看，办学理念与办学思想都与学校办学有关，只是一个称之为"理念"，一个则名为"思想"，因此探究二者的异同主要在于如何认识"理念"与"思想"。

相较两个概念，它们主要有以下联系：(1)从概念外延来看，办学思想的外延更大，办学理念包含于办学思想中；(2)从概念指向内容来看，二者都是关于办什么样的学校、如何办学的看法的认识总结；(3)从功用来看，二者都是用来指导学校办学实践的精神文化，都可以被其他办学者借鉴使用；(4)从本质上看，二者都属于思想认识的范畴，有别于具体的行动，是一种精神层面的文化。

但二者又有所区别：(1)从概念内涵来看，虽然都是关于办学的认识与总结，但办学理念更为具体，而办学思想则相对比较笼统；(2)作为办学的思想指导，办学理念一般是作为办学愿景被人明确提出来了的，而办学思想有可能没有总结出来，处于内隐状态；(3)办学理念的提出人一般是办学人，而办学思想的提出者则有可能是办学人之外的他者。

在本研究中，由于办学理念在外延上内含于办学思念的概念范畴中，笔者在探讨民国著名中学校长的办学理念的过程中，有时会将这些著名中学校长的一些办学思想主张作为其办学理念来进行探讨。

1.4.2.3 办学实践与学校管理实践

如前所述，办学实践是基于哲学视域相对于理论来说的，指的是将办学思想、理念等认识或理论应用到学校办学的具体活动中去，使办学活动更好地开展，或是在办学活动中检验有关的办学思想或理念等理论认识是否正确。而学校管理实践虽然也是相对于管理理论来说的，但其首先是基于管理学的视域，对学校的教育教学、师生管理等各种工作的开展进行规划、组织、协调与控制的活动。

办学实践与学校管理进行比较：(1)二者研究的视角有所不同，前者是在哲学范畴内从理论与实践的关系视角来研究学校的办学；后者则是在管理学范畴内从管理学的视角出发，围绕如何使学校各项工作更好地开展来研究学校的办学的。(2)在价值追求上，虽然二者都最终回归到学校办学中去，都追求的是学校办学上的成功，但前者重在理念、思想、政策等认识与理论的落实，关注的是理论与认识在办学中的执行状况和其在办学中的效果；后者作为管理活动，管理的效率与效益是必然的追求，

---

① 刘志华.学校领导学[M].广州：广东高等教育出版社，2008：453.

良好秩序的形成也是其活动目标之一。

但是学校的办学实践与管理活动都是围绕着学校的教育教学活动如何开展、教职工等人员如何安排和工作、学生如何管理等进行的,而且办学实践的良好进行和顺利达成办学目标,离不开有效的学校管理活动。因此在一定程度上,学校的办学实践就是学校管理实践。在本研究中,笔者在探讨民国著名中学校长在民国著名中学的办学实践时,也在一定程度上采纳了学校管理的视角,探讨的是他们在办学理念指导下的管校办学活动。

1.5 研究思路与方法

1.5.1 研究思路

本研究以民国著名中学校长为研究对象,通过对已有史料及研究成果等文献资料进行收集、整理、分析和提炼,明确对民国著名中学校长成功办学的现象进行研究具有重要的理论价值和现实意义,也揭示现有研究的不足,从而确定本研究的"着力点";通过对"著名中学""著名中学校长""办学理念""办学实践"等关键词进行概念界定,并对相关概念进行辨析,进一步明确本研究的研究对象、研究内容与研究的重难点。在此基础上确立本研究所依据的理论基础,然后遵循民国著名中学校长的基本信息统计与分析——办学理念——办学实践——概括总结与评价这样的逻辑分析结构构建本研究框架,并完成主题研究。具体来说,本研究的研究思路与章节安排主要如下:

第二章以唯物史观的"人的社会作用"理论、校长结构理论、魅力型领导理论为理论基础,对如何运用这些理论理解和分析民国著名中学校长的办学理念与办学实践做基本介绍。

第三章从主体任职学校、任职年龄、任期、受教育情况与工作阅历等任职信息、校长地位、校长待遇等方面,对民国著名中学校长就任所在中学校长职务时的基本情况做详细考察,为理解和分析著名中学校长的办学理念与办学实践提供前提与现实依据。

第四章围绕中学办学的价值取向及办学方式、办学组织结构、办学主体素质、办学师资力量、办学目标追求、办学内容、办学资源与条件等方面,对民国著名中学校长在所任职学校的办学理念进行考察,并结合办学主体的基本情况、学校情况、所处时代,对其办学理念进行分析与评价。

第五章从校长的躬身实践、组织构建与民主管理、师资建设与管理、学生管理、课程改革与管理、经费的筹措与管理、设施设备的管理、社会关系的处理等方面,对民国著名中学校长如何在所任职学校将办学理念落实到办学实践中,有何效果等进行探讨。

第六章结合以上研究对民国著名中学校长进行整体上的认识与总结,一方面对他们进行归纳分类,结合类别认识他们的办学理念与办学实践;另一方面对他们在民国著名中学办学为什么能够成功、又受到何种限制,进行经验总结;再一方面,结合前述认识与总结,探讨他们在民国著名中学的办学现象对我们当下中学办学有何启示。最后,对本研究的不足做出概括,对后续努力方向做出展望。

1.5.2 研究方法

在本研究中,笔者主要采用了以下研究方法:

1.5.2.1 文献研究法

所谓"文献研究法",就是针对所研究的对象,对相关联的文献进行查阅、比照、分析、判断整理,从而找出教育现象的本质属性或内在规律,证明研究对象的一种科学方法。① 作为教育史研究的一部分,该课题的研究过程和理论支撑以及研究结论的形成都离不开大量的历史文献资料,因此,本研究需要进行大量的历史文献资料搜集活动。在本研究中,笔者拟在对各种相关现存史料的搜集、整理和分析的基础上,展开研究。就目前已经搜集到的相关文献资料来说,主要有:著作(300 余本)、硕博论文(40 余篇)、期刊文章(200 余篇)、网络文献资料和报纸文章(近百篇/条)。

1.5.2.2 历史研究法

历史研究法主要是对过去所发生的事件进行了解和解释,借对以往事件的原因、结果或发展趋向的研究,来解释当前事件和预测未来事件。② 本研究基于历史的维度,采用历史分析的研究方法,结合历史时代背景,沿着历史发展的脉络,对所收集的文献资料进行整理、归纳与分析,从而还原民国著名中学校长任职的基本情况、办学理念、办学实践以及办学成效等,并结合民国的历史时空认识和分析彼时民国著名中学的办学理念和所采取的办学举措,结合当时的历史环境对其办学理念和办学举措的影响做出客观的评价。

1.5.2.3 统计分析法

统计分析法是用统计图或统计表的形式将教育调查或教育实验中所得统计资料表现出来的一种研究方法。③ 本研究中,在校长基本信息统计部分,笔者综合运用了统计图和统计表两种形式对民国著名中学校长所任职学校、任期、任职年龄、受高等教育经历、学历水平、任著名中学校长前的工作履历、社会声誉等基本情况做了详细统计,运用统计表对民国中学校长的薪俸、养老金、抚恤金等待遇情况做了详细考察;

---

① 徐红.教育科学研究方法[M].武汉:华中科技大学出版社,2013:46.
② 朱德全.教育研究方法[M].重庆:重庆出版社,2006:14.
③ 朱德全,宋乃庆.教育统计与测评技术[M].重庆:西南大学出版社,2013:7.

在办学理念部分,笔者以统计表形式对民国著名中学校长的办学理念作了共性上的提炼与统计分析。综观本研究,共用10个统计图(饼状图7个,柱状图3个)、32个统计表,对民国著名中学校长任职时的相关情况和办学理念的具体内容做了量化研究与量化呈现。

1.5.2.4 比较研究法

比较研究法,作为"确定研究对象间异同的一种逻辑思维方法和具体的研究方法"①,是按照一定标准对彼此有联系的事物加以对照分析,找出它们之间的共同点和差异点、共同规律和特殊本质,进而得出符合客观实际的结论的研究方法。② 本研究在对民国著名中学校长的办学理念与办学实践举措进行考察分析的过程中,把公立、私立、教会办等三类不同性质著名中学、同性质著名中学的校长办学理念以及办学实践进行比较与分析,找出其共性以及差异性;同时在研究中穿插著名中学在民国不同历史阶段的办学实践及办学成效的比较、同时段的著名中学与一般中学的比较。笔者拟通过这些比较分析找到民国著名中学校长在办学方面的共性与普遍规律,揭示他们办学成功的"秘诀"。

1.6 研究的重点、难点与创新点

1.6.1 研究的重点

本研究主要是通过繁多芜杂的历史史料,经过去伪存真、去粗取精的资料整理、分析过程,"窥探"民国著名中学校长在掌校办学中有何办学理念,如何在办学理念指导下通过一系列学校内部的管理举措,推动学校不断深入发展并达至闻名。因此,本研究的重点就是在考察民国著名中学校长任职情况的基础上,对他们的中学办学理念和在民国著名中学的办学实践进行深入探析。

1.6.2 研究的难点

本研究主要存在以下难题:

一是充分收集、占有翔实的文献资料有一定难度。首先,关于民国中学校长的遗留史料不全,且已有的史料多散见于各种人物传记或追述中,增加史料收集整理的难度。其次,曾在民国著名中学任教、求学或从事管理工作,并且仍在世的人已经不多,而且普遍已步入年老体衰的人生阶段,不便寻访,一定程度上增加了通过调查访谈法

---

① 裴娣娜.教育研究方法导论[M].//转引自陈时见.教育研究方法.北京:高等教育出版社,2007:113.
② 朱德全.教育研究方法[M].重庆:重庆出版社,2006:14.

获得第一手鲜活资料的难度。再次,本研究拟在中观层面对民国中学校长所进行的办学实践进行更为全面、客观的把握,需要更为翔实、广泛的史料的支撑。因此,在本研究中,史料的收集与整理将是一项比较宏大而艰巨的工程。

二是研究视角和思维创新具有一定难度。虽然对民国中学和民国中学校长的已有研究还存在很多"空白点"和"缺漏",要在已有研究的基础上,对遗存的民国史料,从新的视角,运用新的思维进行创新性研究,究竟能否在更大程度上突破固有的局限,进行更大创新,具有相当挑战性。

1.6.3 研究的创新点

结合已有的研究成果,本研究主要在以下方面有所创新:

一是相对于以往学者从民国著名中学校长的某个方面研究而言,本研究对民国著名中学校长做了全面的分析。目前虽然已经有越来越多的人开始关注到民国著名中学校长,并有人对民国著名中学校长进行研究,但这些研究并不多,研究也很不充分,鲜少对民国著名中学校长的办学理念、办学理念与办学实践之间的关系等内容进行研究。本研究择取民国著名中学校长的办学现象,对其在民国著名中学提出了何种办学理念、如何认识这些理念、怎样在办学实践中落实办学理念、有何效果等问题做了比较全面的考察与分析。

二是相对于以往业内对民国著名中学校长进行的个别研究而言,本研究进行了群体研究。目前,业内在研究民国著名中学校长时多择取某一典型人物进行个别研究,如业内关于张伯苓、林砺儒等人的历史传记性研究。本研究在研究对象的选择上突破了以往以个案人物为研究中心的做法,在对民国著名中学进行梳理的基础上,择取天津南开中学、北师大附中等26所民国中学名校,然后从各校历任校长中择取曾在民国期间对学校发展做出重要贡献的著名校长如南开中学的张伯苓校长、北师大附中的林砺儒校长、青岛私立礼贤中学的尉礼贤校长与刘铨法校长、浦东中学的张嘉寿校长等,共计62位校长作为研究对象,对他们就任民国著名中学校长期间的办学现象做了群体研究。

三是在群体研究的基础上,本研究做了分类研究。本研究在对民国中学校长进行群体研究的过程中,一是按照学校性质将他们所在著名中学分为公立中学、国人所办的私立中学、教会组织在华所办的教会中学三类,对这三类学校的著名中学校长的任职年龄、任期等任职信息分别做了考察与分析,并做了类别比较;二是在民国著名中学校长的办学理念部分和办学实践部分都根据需要,或多或少对三类学校的著名中学校长在理念认识上和办学举措上的一些异同做了类别分析与比较。

2　民国著名中学校长办学理念与实践研究的理论基础

本研究以民国著名中学校长为研究对象,就他们在民国著名中学成功办学的现象为焦点,着重对他们在这些学校办学中所提出或秉持的办学理念,以及在有关办学理念指导下所采取的有效办学举措进行了深入考察和细致分析。因此,该研究的核心内容是民国著名中学校长在彼时著名中学的办学理念和所采取办学实践举措。由前述核心观念的界定可知,该研究中的"办学理念"作为对学校办学的根本看法,主要涉及如何看待中学教育、如何认识和构建中学组织结构、怎么看待校长的角色作用、如何认识教师和学生以及师生管理、有何教育教学观、如何看待学校办学资源等方面;"办学实践"作为理念指导下办学行为,主要涉及校长如何要求自己、如何构建学校管理组织、如何管理学校师生、如何进行课程建设、如何处理学校对外关系、如何管理各种办学资源等方面。

根据以上分析可知,本研究有关民国著名中学校长办学理念和办学实践的考察与分析主要涉及如何看待作为"人"的学校教职员及校长在学校发展中的作用、如何构建学校内部管理组织、如何有效领导和管理学校等问题,与此相应,本研究可资采用的指导理论主要有:历史唯物主义关于"人"的社会作用的理论、校长学中的"校长结构理论"和管理学中的"魅力型领导理论"。

具体来说,在本研究中,我们主要运用历史唯物主义有关"人的社会作用"的理论来理解民国著名中学校长在民国著名中学发展中的作用和他们在中国近代中等教育史上的作用;采用校长学中的"校长结构理论"相关理论来理解和分析民国著名中学校长在管校办学中的角色行为;应用魅力领导学的理论来分析民国著名中学校长如何在民国特定的时空下汇聚一批仁人志士,为实现教育理想而奋斗。

2.1 唯物史观的"人的社会作用"理论

2.1.1 唯物史观的"人的社会作用"理论的内涵与主要观点

唯物史观,即历史唯物主义,是在19世纪40年代,伴随着欧洲社会政治与经济的发展、自然科学和哲学理论的发展,马克思、恩格斯在批评性地借鉴和吸收费尔巴哈等研究成果的基础上,把唯物主义和辩证法运用到人类社会历史领域中揭示人类社会发展规律而创立的社会历史观。① 唯物史观认为,人类社会是由人的活动创造的,人类通过自身的活动创造社会、建设社会和改造社会,并在这些活动中不断改造和完善自身。② 唯物史观关于"人"的社会作用的观点主要如下:

一是"人民群众是历史的创造者",在社会发展中起决定作用。所谓"人民群众"不是具体指某一个人或是某一类人,而是一个系统的概念,泛指一个社会中的大多数人,是一个由按一定形式组织起来的社会成员从多层次、多方面构成的立体结构。③ 而人民群众的作用,是指由许多社会个体所组成的群体的"人民群众"所发挥出来的整体的、系统的作用,它并不是指每个社会个人作用的简单相加,这种作用决定着社会的发展。它主要表现在三个方面:第一,人民群众是社会物质财富的创造者;第二,人民群众是社会精神财富的创造者;第三,人民群众是实现社会变革的决定力量。④

二是"杰出人物"是社会变革的关键人物,在社会发展中起引领作用。唯物史观认为人民群众是历史的创造者,并不意味着其对个人作用的否认。这不仅因为"人民群众"是由一个一个的个人所组成的,它是建立于个体基础上的群体存在,若没有了一个个的个体的作用发挥,群体的作用将会成为抽象、空洞的存在;而且在社会变革中,虽然人民群众是实现变革的决定者,但作为个体的杰出人物却起着至关重要的作用。若没有这些杰出人物的出现,仅靠作为群体的普通大众的平凡作用,就不会有社会变革的发生,更不会有群众的历史决定作用体现出来。这也说明人与人之间是存在差异的,有时甚至是差异悬殊,包括学识、视野等素质方面与能力方面。表现在工作中,不同的人可能会各有所长和所短,相同的工作由不同的人来做所收到的效果也很可能是不一样的;同时因为素质、能力等各种因素,个人所处的环境与地位以及所遇到的机会也会有所不同,因此他们对单位以及社会所能做出的贡献也有大小之别。这也决定了杰出人物与普通个人历史作用的悬殊,杰出人物是社会变革与发展中不

---

① 林德宏.哲学概论[M].南京:南京大学出版社,1997:238.
② 林德宏.哲学概论[M].南京:南京大学出版社,1997:440.
③ 林德宏.哲学概论[M].南京:南京大学出版社,1997:441.
④ 林德宏.哲学概论[M].南京:南京大学出版社,1997:442-444.

可忽视的存在。

唯物史观关于"人民群众是历史的创造者"和"杰出人物是社会变革的关键人物"观点,为我们分析民国著名中学校长的教师管理理念与行为和其在学校发展中的作用提供了理论支撑。

2.1.2 "人民群众"的历史作用观有助于分析校长的管理理念与行为

唯物史观关于"人民群众"的历史作用的观点对分析校长的管理理念与行为尤其是他们的教师管理理念与教师管理行为有重要指导作用。在本研究中,民国著名中学校长在著名中学的管校办学理念与行为体现了他们对"人民群众"社会作用的认识和肯定。具体主要表现在:

一是著名中学校长对教师的管理中体现了对教师劳动价值的肯定。在历史上,人民群众发挥作用的劳动方式主要可分为两种:体力劳动和脑力劳动。其中体力劳动是人类历史上很长时间内主要存在的人民群众发挥作用的方式,而脑力劳动则是随着科学与技术的进步逐渐在人类历史上显现出来作用的劳动方式,但一直到人类历史发展到民国时,这种劳动方式都没有成为人类的主要劳动方式,而从事脑力劳动的广大知识分子在社会上的地位也比较低。

在管校办学的过程中,民国著名中学校长关注学校教师的待遇问题,他们任下的学校相对其他中学能够给予教师较高的薪俸和较好的福利待遇,甚至不少著名中学校长还关注教师的工作环境、家庭生活状况等问题,这种做法实际上是在肯定教师作为知识分子的价值,即肯定了他们作为人民群众中的一种类别存在,他们虽在一定程度上没有参与体力劳动,但他们以自身的学识依然可以为国家、为社会做出贡献,甚至做出很大的贡献。这在一定意义上也是对人类脑力劳动价值的肯定。

二是民国著名中学校长推行民主管理体现了对师生在学校发展中作用的肯定。社会是曲折向前发展的,而在向前变革发展的过程中,作为社会历史创造者的人民群众则是决定社会能否顺利变革从而实现向前发展的"力量"。民国著名中学校长在学校管理中倡行民主管理理念,注重推行民主制度,构建各种民主管理组织和民主会议机构,积极吸纳广大教职员工甚至学生参与学校管理活动,甚至有些著名中学校长提倡学生自治,把许多学生管理事务都交给学生自己管理,如经亨颐在春晖中学力倡学生自治,学校中成立了学生自治会和各种学生自治团体,不仅使得学校的课外活动开展得丰富多彩,也锻炼了学生的自治管理能力。这些民主管理理念的实行与民主管理活动的开展,既说明民国著名中学校长在办学管校中善于借助集体的智慧和力量,也充分表明了他们在意识中对教师及学生等这些"人民群众"在学校变革及发展中的主体作用的肯定。

2.1.3 "杰出人物"的历史作用观有助于理解校长的办学作用

唯物史观关于"人的社会作用"理论认为,"杰出人物"是社会变革的关键,他们在社会发展中起着引领作用。对于民国著名中学校长来说,在某种程度上他们诚如所在的著名中学的"杰出人物",他们在所执掌的著名中学的发展中实际上起着关键的引领作用。他们在民国著名中学的办学充分诠释了"杰出人物"的角色作用。

由于普遍接受过较高水平的教育和受到各种近代教育思潮的冲击与洗礼,民国著名中学校长普遍具有较高学识、开阔的视野,他们能够及时把握教育发展的趋势和形成自己的办学理念,在办学中能高屋建瓴地提出一些比较具有说服力的先进理念,并让师生认同;同时加上他们自身的良好品质,使得他们能够号召起学校教职工共同为办学目标和理想而奋进,从而能较好地胜任校长职务角色,成为学校发展的关键人物和核心人物,甚至成为业内办学的"领头羊"。如南开中学的张伯苓校长、苏州中学的汪懋祖校长、扬州中学的周厚枢校长、河北唐山一中的石占元校长等,都成为民国中学领域成功办学的典范人物,他们也成为各自学校发展史上的优秀校长。

成就一所名校需要一位名校长,但只有一位"校长"还不足以支撑起一所"名校"。① 民国著名中学校长之所以能够成功办学,在相当程度上还源于他们能够知人善任,给具有管理才能的教职工安排适当的工作岗位,让他们更大限度地发挥自己的聪明才智,为学校做出更大的贡献。如经亨颐校长之所以能够在浙江上虞的白马湖畔成功办成引人瞩目的春晖中学,就是得益于对夏丏尊的科学任用,夏丏尊不仅为春晖中学网罗了一大批优秀师资,而且招揽了一批具有文化"生产力"的学者师资,这使得春晖中学成为一方名师云集、思想鼎盛的教育沃土,保障了春晖中学良好的教育教学质量;也使得白马湖为可供文人之间"消费"与"生产"共存的文化之地,更是在这里诞生了"白马湖作家群"及其文学创作现象②。对人力的合理利用在办学中所收获的成效,说明了人与人之间的差异性,也说明了民国著名中学校长这些杰出人物在民国著名中学发展中所起到了关键引领作用。如果说一开始的任职是民国著名中学校长因为自身优势等原因而成为学校形式上的领导的话,那么随着学校办学声誉日隆,民国著名中学校长则真正成为了学校对内的"领路人"和对外的"形象大使"③。

---

① 陈华.名校与名校长的诞生[M].上海:上海师范大学出版社,2011:2-3.
② 陈星,朱晓江.从"湖畔"到"海上":白马湖作家群的形成及流变[M].上海:上海三联书店,2009:45-52.
③ 陈华.名校与名校长的诞生[M].上海:上海师范大学出版社,2011:2.

2.2 校长结构理论

2.2.1 "校长结构理论"的内涵与主要观点

随着各级学校教育的发展和教育改革的不断推进,各级学校的校长如何管校办学已经成为人们愈加关注的焦点。业内对包括中学校长在内的各级学校校长的研究也逐渐兴盛起来,其中有不少人对中小学校长应具有何种领导素养、应如何管理学校师生、如何办学等问题进行了热烈探讨和深入研究,并取得了不少研究成果。综观学界的研究成果,我们认为,尤以王铁军等人提出的"校长结构理论"能更好地有助于我们理解本研究中的民国著名中学校长的办学理念及其开展的办学实践。

王铁军等人在对中小学校长的职业角色及其办学实践进行深入研究的基础上,提出了"校长结构理论"。他们把中小学校中以校长为首的整个学校管理机构的内部组织构成及人员构成、各构成部分的内部关系、相互联系与结合方式等称为校长结构。他们认为,校长结构具有四个基本的标志:(1)核心标志,即校长结构应有核心要素,这个核心要素就是校长等核心成员;(2)质量标志,这是指校长结构中的构成人员需具有特定的素质,人数需达到一定数量;(3)联系标志,即校长结构的各组成要素之间要相互形成一种明确稳定的联系,并在知识、专业、能力等方面达成一种内在协调关系;(4)系统标志,这主要是从校长结构与外部环境的关系来说的,校长结构要与外部环境保持必要的联系,并能根据具体情况调整对外关系,以便在学校和社会中建立特定的地位和更好地发挥校长结构的作用。①

根据上述分析可知,"校长结构理论"为我们全面认识民国著名中学校长的办学理念与办学实践提供了新的视角,有助于我们多视角理解、分析民国著名中学校长的办学理念与办学实践。

2.2.2 "校长结构理论"拓展了分析校长办学理念与实践的视角

2.2.2.1 "校长结构理论"有助于理解民国著名中学校长与教职工的关系

一是"校长结构"的质量标志要求为分析民国著名中学校长建立完善学校管理组织提供了理论依据。根据"校长结构理论"所提出的校长结构的质量标志要求,学校的各项日常活动要正常进行必须依赖必要的管理组织机构和必要数量的管理人员,而且管理人员需要具有相应的素质与能力。民国著名中学校长在办学中大都比较重视学校的组织建设,他们一方面注意完善管理组织,另一方面又追求组织建设的"精"

---

① 王铁军.校长学[M].南京:江苏教育出版社,1993:11-12.

和"简",避免管理机构的庞大和管理人员的冗杂。如在周厚枢校长管理下,江苏扬州中学的初高中共设事务员2人、会计1人、文书1人、教务训育助理2人,学校的管理工作则主要依靠师生及校长分担。用如此少的人员负责全校的管理工作,并能保障各项工作的顺利进行,这也说明周厚枢治下的扬州中学管理人员的管理能力比较强。又如张伯苓校长任用勤恳能干的华午晴管理学校财物,保障整个南开系列学校教育经费的合理使用。

二是"校长结构理论"中的联系标志要求有助于更好地理解民国著名中学校长的民主建设理念与实践。根据"校长结构"的联系标志,学校要良性运行需要学校各管理机构之间的相互协调与紧密配合,也需要广大教职员工以及学生等学校每个成员的共同努力。民国著名中学校长大都提倡民主管理,如贝满女中的管叶羽校长提出"学校的事靠大伙出力、出主意",主张建立在学校实行民主管理制度和建立健全各种民主管理组织,让广大教职员工都能参与学校管理事务,从而结合大家的集体智慧来办学。根据他的民主管理理念,贝满女中成立了招生委员会、资助委员会等各种民主管理组织。

2.2.2.2 "校长结构理论"在分析民国著名中学校长如何处理社会关系上的运用

"校长结构理论"中的系统标志能有力地阐释民国著名中学校长的社会关系理念和社会关系处理举措。由"学校结构"的系统标志可知,学校领导组织与学校都不是孤立存在的,学校领导组织及学校与外界是相互联系的,学校可以通过与作为外部环境的社会建立必要的密切的联系,从而维护学校的社会声誉与社会地位,也为学校争取来自社会各界的各种办学支持。不少民国著名中学校长都比较重视学校对外社会关系的建立,如上海中学的郑通和校长主张"使学校与社会打成一片",提倡学校把社会作为办学经费的来源处,积极向社会各界寻求办学支持,同时学校要与社会通力合作,利用学校人力改进社会生活,从而密切与社会的联系。① 南开中学的张伯苓校长提出"美丽的鲜花,是用粪水浇灌出来的""让大军阀拿钱出来办学,总比让他们拿钱挥霍要好"的观点,主张学校要把社会作为学校发展的保姆,努力从各处争取办学支持。在民国著名中学校长处理社会关系的理念指导下,不少民国著名中学无论是公立还是私立抑或教会学校都曾从社会争取办学援助,如圣功女中的夏景如校长曾带领师生走上街头筹措建筑经费;明德中学在校长胡元倓的领导下,不仅能依靠学校突出的办学质量从政府处得到公款补助,还能依靠校长与政界人物的广泛交际而获得可靠的官场人物的办学支持,同时学校还能在胡元倓校长努力下从海外筹得教育经费②。

---

① 郑通和.我在上海中学[M]//傅国涌.过去的中学.北京:同心出版社,2012:267.
② 陶旅枫,黄政海.明德学校史[M].长沙:湖南师范大学出版社,2013:68-71.

而根据"校长结构理论"所提出的"校长结构"的系统标志,学校应该根据具体情况的变化而调整办学理念与办学规划等,但如果与社会脱离联系或是远离社会各界的干扰,虽然可能在某一段时间内获得很大的办学成就,但缺少了与社会联络,学校的发展则会受到阻滞或是作为办学人的校长受到挫折。有一些民国著名中学校长在办学中因为想要摆脱外来的不必要的干扰尤其是政府的干涉,主张办学独立性,如经亨颐鉴于在浙江一师的办学挫折而主张学校办学应"摆脱政府干扰,不能事事依赖政府,要走独立的道路",在春晖中学坚持办理私立学校和校长在校务处理上的独立性。① 但终因其办学举措而受到教育界守旧派和当局政府的刁难与攻击,不少优秀教师纷纷离去,校长经亨颐也最终在苦力支撑一段时间后愤然离去。②

2.3 魅力型领导理论

2.3.1 "魅力型领导理论"的内涵与主要观点

作为一种领导理论模式,"魅力型领导理论"主要研究组织中能够突出地以个人的各种品质及领导行为所形成的领导力来影响组织中的其他成员的超凡领导人。③ 这种理论源于20世纪初的社会学家马克斯·韦伯(Max Weber),当时韦伯注意到在社会危机中所存在的一种组织领导模式:领导者为了实现其预期组织管理目标,通过向组织成员提出一个能打动组织成员的愿景,然后率领组织成员努力经历一些成功的体验强化所提愿景对他们的吸引力,使他们更加信服自己所提的愿景,愿意追随领导共同为实现该愿景而努力。④ 在这其中,组织成员对领导的这种信服和追随并非来自传统或正式的权威,而是由于领导者个人在危机中所表现出来的自信、能力、对员工的信赖和尊重等让人信服的各种超凡品质。韦伯用希腊语中的"魅力"(charisma)一词来表达领导者身上所具有的能够吸引组织成员自愿追随的品质。

到了20世纪70年代,罗伯特·豪斯(Robert House)等人在韦伯的研究基础上重新对魅力型领导理论进行研究,其中以豪斯的研究最为系统和有影响。他认为,魅力型领导在组织中具有很高的感召力,他们在利用自身影响力领导组织成员的同时,也会在一定程度上因为想对组织中其他人施加影响而倾向于掌握和利用领导权力,但用个人魅力来领导其他人仍是他们组织领导的重要方式。⑤ 他在研究中发现,这

---

① 马建强.追寻近代中国的教育大师[M].北京:教育科学出版社,2008:59.
② 庄临安.浙江百年 1900—1999 浙江电视台 150 集电视系列片[M].北京:台海出版社,2000:65.
③ 邵冲.管理学概论[M].广州:中山大学出版社,2005:229.
④ 车丽萍,等.管理心理学[M].2版.武汉:武汉大学出版社,2016:223.
⑤ 邵冲.管理学概论[M].广州:中山大学出版社,2005:230.

种类型的领导者往往都具有较强的自信心和支配欲,并深信自己具有道德上的公正,或至少有能力使组织成员相信他的自信和说服力,正是这些个性特征使他在管理中很容易获得下属的认同、信赖,愿意追随他实现组织目标。而在依靠个人魅力领导组织成员的过程中,他们一般先勾勒一个美好的组织愿景调动组织成员的积极性,然后塑造一种必定成功和胜任任务的个体形象,并以身示范带动下属和坚定他们追随自己实现组织愿景的决心。① 继豪斯之后,本尼斯(W. Bennis)、康格(Conger)、卡纳果等人对"魅力型领导"所具有的特征进行了研究,进一步补充完善了"魅力型领导理论",认为魅力型领导具有的几个重要特征:(1)他们都有一个理想或愿景,并清晰地为组织成员勾勒出一幅美好的愿景,说动他们为实现愿景而努力;(2)能对实现愿景可利用的资源及限制条件做出准确评估;(3)能深刻了解组成成员的能力,并能与他们进行需要及情感上的回应;(4)能超常表现自我。

根据以上概述,"魅力领导理论"中"魅力型领导"之所以能够做到以个人品格及形象等魅力因素领导组织中其他成员汇聚在他的周围,使他们心甘情愿为他所勾勒的组织愿景而努力,主要有以下几个重要环节:(1)以愿景打动人:勾勒能调动组织成员心理积极性的组织发展愿景;(2)有效评估外界资源条件:对现实中能够支持实现组织愿景的各种外部资源及其他条件作出客观、准确的评估,从而准确规划并落实组织愿景的具体安排,其中尤其是注意评估的基础上充分利用各种外界支持条件;(3)榜样带动:主要是领导者自己要带头参与组织愿景实现过程,以自身的行动带动组织成员的行动,激励他们更加为实现组织愿景而努力;(4)奖励效应:在实现组织目标的过程中要注意对组织成员的付出给予尊重和肯定,如可以通过授予具有管理才能的人员一定的管理权限、对表现优秀的组织成员予以奖励等各种举措,从而使他们为愿景实现而更加努力。

2.3.2 "魅力型领导理论"对分析著名中学校长办学行为的适切性

一是用美好的愿景打动教职员工,促使他们愿意为学校发展而奉献。不少民国著名中学校长在著名中学的办学中都明确地提出了一些办学理念,根据这些办学理念,他们对学校教职员工甚至学生提出了明确的行动要求。依照"魅力型领导理论"来看,他们提出明确办学理念的行为,实际上是在自觉或不自觉地为学校教职工等人员提供一种学校发展的目标,使他们心中明了学校的未来可以发展成什么样、校长对他们有什么期望等,从而做出行动选择和参与实现学校发展目标的心理准备。可以说,办学理念的明确提出,实际上是校长在将自己的办学理想和办学目标转换成为"蕴含学校核心价值观、并富有感染力的愿景"②来打动他们,使他们从内心愿意为发

---

① 邵冲.管理学概论[M].广州:中山大学出版社,2005:230.
② 文茂伟.领导学:融会中西的视角[M].北京:知识产权出版社,2013:22.

展学校而努力。如汪懋祖校长在苏州中学办学中勾勒了一副不受外界干预、自由研究学问的 Academy 景象,吸引了学界不少硕学俊彦汇聚苏州中学,甚至一些大学教师如陈垣等人甘愿到校任教,从而构筑了苏州中学无比雄厚的师资,奠定了苏州中学发展的根基。①

二是用榜样示范来激发教职工的持久动力和热情,提高他们自我效能感。民国著名中学校长学校管理中,一般都注意从自身做起,作教职工的榜样,并严格要求自己,带头遵守学校的各项规章制度,甚至有的民国著名中学校长为了让学生养成良好的行为习惯,还会主动和学生一起改正不良行为,如张伯苓曾为了帮助学生戒烟而戒掉几十年的烟瘾。

三是充分拓展社会关系,积极从各方争取办学支持。在民国动荡的历史时空条件下,各级学校经常会面临办学经费短缺的困窘局面,为了争取更多的社会支持,民国著名中学校长都注意对外社会关系的拓展和维护,有的著名中学校长甚至还走出国门,向海外争取办学支持,如南开中学的张伯苓校长和明德中学的胡元倓校长,都曾从海外为学校募捐到大笔资金。依据"魅力型领导理论",民国著名中学校长对社会关系的拓展和充分利用,可以说是他们在充分认识到学校办学困难的情况下,对学校能利用的外界条件做出准确评估后采取的有效解决举措。这种在危机情况下,充分利用外界条件为学校谋取发展保障的做法,何其不是一种成功的办学体验,又怎能不会安慰学校教职工在面对学校发展困难时的紧张情绪和调动他们的工作积极性呢?

四是用各种激励措施肯定和鼓励学校师生员工。不少民国著名中学校长在管理师生的办学实践中,都比较注重激励措施的使用,比如给学校教师提供优越的待遇,对优秀教师更是优待,关心教职工的生活,当他们遇到困难时尽力给予帮助;比如对学生在严格要求之余,在他们学业和生活上给予无私关爱,甚至当学生受到政治迫害时,学校还会积极保护他们。从"魅力型领导理论"来看,民国著名中学校长关爱师生的这种行为,在带给师生心里感动的同时,也会坚定教师努力做好教育教学工作,争取培养更多更好的人才的决心和信念;有助于让学生在感到学校关爱的过程中,坚定努力学习的信念,也有助于他们保守住心性的纯洁,从而在未来能够有一颗爱心,懂得关爱他人和回馈社会。可以说,民国著名中学校长的激励举措在一定程度上也是他汇聚人心,凝聚学校发展向心力的有力手段。

---

① 周勇.江南名校的中国文化教育[M].北京:教育科学出版社,2008:94-100.

3 民国著名中学校长基本信息统计分析

任职学校、任职时间与年龄及任期、主体受教育情况、主体的地位与待遇等,构成了民国著名中学校长管校办学的前提条件与活动背景,直接关系到他们会提出什么样的办学理念、采取何种办学举措。因此,我们在研究民国著名中学校长的办学理念与办学实践时,有必要对其出任民国著名中学校长时的各种基本信息做充分的考察。

3.1 民国著名中学校长任职信息统计

校长任职基本情况包括任职学校、年龄、任期、学习经历、工作履历等。由于在本研究中,我们选取的是从民国延续至今,校史逾百年或近百年的著名中学,对在民国发展史上做出较大贡献而享有较高声誉的校长进行研究。而要客观全面地了解彼时著名中学校长怎样管校办学,需要对其所在中学的声誉有所了解。同时,这些校长在一定程度上都会对学校往任校长的办学理念及举措有所承继,而其办学理念与举措又会为其之后校长办学提供起点和基础,因此我们还有必要对民国著名中学的民国历任校长之情况做基本考察。

3.1.1 民国著名中学校长所在中学的基本情况

在本研究中,民国著名中学校长首先是著名中学的校长,因此我们在考察著名中学校长任职基本情况时,有必要对彼时著名中学做基本了解,然后把著名中学校长放入民国著名中学这一时空范围进行考察。根据已有文献材料,彼时著名中学及其社会声誉等基本情况可以按类别统计如下:

3.1.1.1 民国公立著名中学简况①

根据现有文献,民国时期公立著名中学的基本情况主要如表 3-1 所示:

---

① 此处仅把民国著名中学按类别进行归纳,而非在同类别中学中比较后择优呈现。后面两种表述,同此。

表 3-1　民国著名中学简况(公立)

学校 (所在地、创始期)	社会声望	附　注
北师附中 (北京 1901)	在民国初年,就已是全国模范中学,全国闻名。在20世纪二三十年代,学校更是名扬全国,位居全国中学之首。	源于1901年创建的北京五城学堂,中国第一所公立中学。
北平市立第四中学 (北京 1907)	民国期间被誉为北方三大中学名校之一。	源于1907年创立的顺天中学堂,1949年定名北京市第四中学。
上海中学 (上海 1865)	民国期间,位列南方中学三大名校。	前身为1865年成立的龙门书院,是上海开埠以来最早的地方官办新学。1911年辛亥革命后改为江苏省第二师范,1927年更名为江苏省立上海中学。
扬州中学 (江苏 1902)	民国期间,与北师附中、天津南开中学并称全国三大中学名校。	源于1902年的仪董学堂和1908年的扬州府中学堂。几经易名,现为江苏省扬州中学。
苏州中学 (江苏 1035)	自创办中学教育伊始,就以文化名校、学术名校为发展目标。在1930年代,学校办学成绩斐然,声誉大振,不仅在江苏省而且在全国都引起人们重视。	源于1035年创建的千年学府、宋代规模最大的官办地方府学——苏州府学,有东南学宫之首的美誉。1904年改为江苏师范学堂,开启了"百年新学"的历程;1927年改组为中央大学区苏州中学,开始中学教育历史。
杭州高级中学 (浙江 1899)	自民国以来就是享誉全国的江浙"四大名中"之一。	始于1899年的养正书塾,1901年改称杭州府中学堂,是浙江最早的省立公学。
浙江省立第三中学 (浙江 1902)	在1930年代,因学校制度健全、师资雄厚、各项训练严格、素质要求全面、培养学生质量高,声名鹊起。	今浙江省湖州中学。源自湖州府知府锡守纶于1902年奉命筹建的湖州府中学堂。
长沙市长郡中学 (湖南 1904)	属于湖南名校,办学有声有色,成就斐然,曾培养了张孝骞、沈其震、陈赓等多位杰出校友以及李富春、李立三等多位无产阶级革命家与新中国建设的杰出领导者。	源于1904年长沙知府颜钟骥创办的长沙府中学堂,是当时唯一的府立中学堂,在长沙首倡新学。曾多次易名,现名长郡中学。

续表

学校 （所在地、创始期）	社会声望	附　注
常州高级中学 （江苏 1907）	民国期间，以数理学科教学质量突出而闻名全国，学生多考入交大、清华等名校，被誉为"交大预科"。	源于1907年的常州府中学堂，曾于1913年改名为"江苏省立第五中学"。
福州第一中学 （福建 1912）	校风优良，教学质量突出，校誉远扬。在1931年始的历届会考中均名列全省前列，曾在30年代末全国公立高等院校联合招生考试中荣膺全国成绩最优十所中学榜单，获教育部嘉奖。	由1912年省议会议员、举人邱复等人倡办的上杭县立中学发展而来，是闽西最早中学之一，现为福建省重点中学、省一级达标学校。
河北唐山一中 （河北 1902）	民国期间，学校体育教学成效卓越而一度驰名京津；在1930年代，因一流的教学设备，精于办校治学，教学质量优秀，而在冀东地区颇负盛名。	源于1902年由敬胜书院改设的永平府立中学堂，是中国近代最早的中等学校之一，现为河北省首批办好的重点中学。

由上表可知，民国时期公立著名中学主要具有以下特点：(1)从学校历史来看，多于民国以前就已存在，有的甚至更早，如上海中学起源于1865年成立的龙门书院；苏州中学校史更是溯及1035年的千年学府——苏州府学。(2)从地理空间分布来看，多集中于江苏(3所)、北京(2所)、浙江(2所)，这与这些地方深厚的文化底蕴、政治经济发展态势有一定关联。如北京曾在相当长的历史时期内是国家政治权力中心，以及附带而来的经济、文化繁荣区；江浙一带不仅是富庶之地，而且具有浓郁的人文气息，历来重视教育，以江苏苏州为例，其自清代以来就堪称学术教育发达的文化圣地，国学积累尤为深厚，国学底气十足，人文教育自然发达，①一如文化名家张彦远所说的"江南地润无尘，人多精艺"②。这些条件为当地中学教育的发展提供了重要条件。

3.1.1.2　民国国人所办私立著名中学简况

根据现有文献，民国国人所办私立著名中学的基本情况主要如表3-2所示：

---

① 周勇.江南名校的中国文化教育[M].北京：教育科学出版社，2008：26.
② 张彦远.历代名画记[M]//汤哲明.国画之江南.上海：华东师范大学出版社，2007：45.

表 3-2　民国著名中学简况（国人办私立）

学校 （所在地、创始期）	社会声望	附　注
南开中学 （天津 1904）	是民国期间全国中学的"翘楚"。	由著名爱国教育家严修和张伯苓于1904年创办。
春晖中学 （浙江上虞 1920）	其自成立伊始就吸引着师生，是名师和优秀学子向往的学校。	在1908年创建的春晖初等小学堂的基础上，由经亨颐于1920年选址白马湖，创办了春晖中学，并于1922年开始招生。
澄衷中学 （上海 1900）	民国期间曾培养出来一大批杰出人才，在上海教育史上颇具影响。	由著名民族资本家叶澄衷于1900年创办，是上海第一所由中国人开办的班级授课制学校。1901年蔡元培曾任校长，立校风为"诚朴是尚"，确立办学方针为"兼容并包，思想自由"。
心远中学 （江西南昌 1901）	在民国期间，因师资雄厚、课程内容新颖、顺应时代办学宗旨、办学水平高而享有广泛声誉。民国期间，与南开、明德并称国内最著名的私立中学。	由1901年创建的"乐群英文学堂"发展而来，曾用名"南昌熊氏私立心远英文学塾""心远中学堂""南昌熊氏私立心远中学校"等，是江西最早的私立中学。
广益中学 （湖南 1905）	一直以来文化底蕴深厚，办学成绩卓著，是一所百年名校。	今湖南师大附中，源于革命先驱禹之谟于1905年创建的"惟一学堂"，1912年改制成立"广益中学"，1951年改为省立，是湖南省教育厅直属高中、省首批重点中学、省示范普通高中。
耀华中学 （天津 1927）	属于天津名校，在 1930 年代，办学成绩突出，曾在天津市首届高中生会考中几乎包揽前五名，成绩斐然；体育运动也一度久负盛名，曾在全市比赛中多项成绩名列前茅。	是1927年，天津英租界华人纳税会董事庄乐峰筹办的天津公学，是英式精英学校，首任校长为北洋大学学监王龙光。1920年代末收归国有，1934年更名为"耀华中学"。

续表

学校 （所在地、创始期）	社会声望	附　　注
浦东中学 （上海 1907）	中国唯一培养过国共两党领导人的中学，在二三十年代位属中学"江南四大名校"。	由一代营造业宗师杨斯盛毁家兴学创办于1907年，黄炎培曾担任首届校长兼校董；是少有的自办学以来校名、校址、校训、校歌等都不曾变更的中学。
育德中学 （河北保定 1905）	在民初的留法勤工俭学期间，就已在华北地区颇有影响。因办学时间长、教学设备齐全、教学质量高而闻名全国，享有"天津南开，保定育德"的美誉。	建于1905年，由陈幼云等在讷公祠小学校址上筹建。曾专设有留法预备班，从1917年6月开始招生，至1921年6月结束。
明德中学 （湖南 1903）	曾在1917年位列全国基础教育最佳学校榜首，获教育总长范源濂赠匾"成德达材"，此后一直持誉"北有南开，南有明德"，声名远播海内外。	源于我国近代著名教育家胡元倓于1903年创建的明德中学堂，是湖南省最早的新式学堂。
南洋模范中学 （上海 1901）	在民国期间，培养了诸多院士、国家干部、军事将领等优秀人才，其办学模式及成就在江南一带具有示范效应。	建于1901年，是国人创办的最早的新式学堂之一，前身为南洋公学附属小学，是中国公立小学之始。1927年之前附属于交通大学，之后改为私立南洋模范中小学，1949年后改为公立中学。

由表3-2可知，民国时期国人办私立著名中学主要集中于上海（3所）、天津（2所）、湖南（2所）以及浙江、江西、河北等地；大多创建于清朝末年，是近代"西学东渐"的产物，更是封建王朝面对朝纲解体、王权分崩离析想借助教育力挽狂澜而做的最后挣扎的体现。

3.1.1.3　民国教会所办著名中学简况

根据现有文献，民国教会所办著名中学的基本情况主要如表3-3所示：

---

① 彼时的中学"江南四大名校"包括：上海中学、苏州中学、扬州中学、浦东中学。

表 3-3　民国著名中学简况（教会办）

学校（所在地、创始期）	社会声望	附　注
圣功女中（天津 1914）	是天津著名教会学校之一，在近代天津教育史上享有较高声誉和地位。学校师资雄厚，教学水平高，曾在全市中学语数竞赛中多次名列前茅；学生多升入辅仁大学等名校。	今天津市新华中学，创建于 1914 年，现为天津市教委直属重点中学；民国期间，属于女子教会学校。
贝满中学（北京 1864）	在民国期间就具有良好的社会声誉和优质办学资源。	是 1864 年美国人捐款筹办的女子教会中学，现为北京市第一六六中学，是一所完全中学。
北京汇文中学（北京 1871）	在 1930 年代，因为教学质量高，而且各运动项目在全市中学首屈一指，在整个华北地区也颇有名气。	源于 1871 年美国基督教会美以美会创建的蒙学馆，1904 年更名为汇文大学堂，包括小学部、中学部和大学部；1918 年私立北京汇文中学成为独立的教会中学。
徐汇中学（上海 1850）	在民国期间，因办学成就斐然而长期位列"沪地教会中学之冠"。	1850 年由法国传教士南格禄创办，自办学以降未曾更名，被誉为"西学东渐第一校"。马相伯曾于 1871 年出任该校历史上第一任华人校长；学校只招男生，直到 1953 年始招女生。
青岛私立礼贤中学（山东青岛 1900）	抗战以前是青岛私立学校中规模最大、教育水平最高的中学。	今青岛九中，源自德国人尉礼贤 1900 年创建的"礼贤书院"，1923 年改名为"私立礼贤中学"，学校从 1905 年增加女子班，现为山东省重点中学、省一级达标学校。

由表 3-3 可知，民国著名中学中属于教会所办的学校主要集中在北京（2 所）、天津（1 所）、上海（1 所）、山东（1 所）等地，多由法国、德国或美国在华教会所办。其中出现了女子学校，如圣功女中、贝满中学等，也有男子学校，如上海的徐汇中学，在民国期间只招收男生，直到 1953 年才开始招收女生。

由上述三个分类统计表可知，民国时期著名中学主要分布于上海（5 所）、北京（4 所）、天津（3 所）、浙江（3 所）、江苏（3 所）、湖南（3 所）、河北（2 所）、福建（1 所）、江西（1 所）、山东（1 所）等地。其中，公立民国著名中学主要集中在江苏、浙江、北京等地，国人所办私立民国著名中学主要集中于上海、天津、湖南,教会性质民国著名中学则主要集中在北京等地。在民国著名中学群中,以公立性质中学和国人所办私立性质中学为多,分别有 11 所、10 所,占比分别约为 42.31%、38.46%,教会性质中学则有 5 所,占比约为 19.23%。

3.1.2 民国著名中学历任校长的任期与任职年龄

民国著名中学历任校长构成了彼时各著名中学纵向发展的独立的校长群落,这些群落也是该校著名校长任职活动的依托与背景。因此,在考察民国著名中学校长基本情况时,我们有必要对其所在学校的校长群落进行全面解读。

3.1.2.1 公立民国著名中学历任校长任期、任职年龄概览

根据现有文献信息,在民国著名中学中,公立中学历任校长的任期、任职年龄情况主要如表 3-4 所示:

表 3-4 民国著名中学历任校长任职年龄、任期(公立中学)

学校 (起止年月)	历任校长 (主要负责人)	任　期	年龄	附　注
北师附中 (1912—1949)	韩振华[1]	1912.5[2]—1922.2	—	1912 年称"北京高等师范学校附属中学校",1923 年改"国立北京师范大学附属中学";1937 年部分师生迁校西安,并多次易名,抗战胜利后返京;北京本部则于 1938 年改为"国立北京师范学院附属中学";1945 年城固师大附中部分师生返校。 38 年时间共历任校长 5 人。
	林砺儒	1922.8—1927	33	
		1928—1931.7[3]	39	
	张鸿来(少元) (代理)	1919.1—1919.8	29	
		1930—1945	40	
	孙云生(孙照)	1945—1945	—	
	李滋九	1945—1949.2[4]	—	
北平市立 第四中学[5] (1912—1949)	王道元	1912.9—1917	33	1937 年北平沦陷后,日本开始在四中实行奴化教育,并从 1940 年开始派日伪校长接管学校,直至 1945 年日本投降。在此期间,由于四中师生的强烈抵制,学校频繁更换校长,平均每年更换 1 人。
	阎翰升	1917.2—1924.12	—	
	齐树芸(梅阁)	1925.1—1940	27	
	王岩涛	1940—1941	—	
	刘睿清	1941—1943	—	
	马士奇	1943	—	
	王育黎	1944	—	
	高去疾	1945	—	
	孙芳岑[6]	1946	—	
	田植萍	1946—1948	—	
	李复生	1949	—	

续表

学校 （起止年月）	历任校长 （主要负责人）	任　　期	年龄	附　注
上海中学 （1912—1949）	贾丰臻	1910—1927.3	30	师范教育时期 （1904—1927.7） 中学教育时期 （1927.7—1949） 　　民国时期曾多次易名，1945年最终定名"江苏省立上海中学"，一直沿用到1949年6月上海解放。现为上海市上海中学。 38年内历任校长8人。
	杨贤江	1927.3—1927.4	32	
	欧元怀 （潘序伦代理）	1927.6—1927.9	34	
	郑通和	1927.9—1938.5	28	
	卢克宜（代理） （校务委员会 代行职权）	1938.5—1942.1 （1938.5—1942.2）	——	
	吴瑞年	1942.2—1945.10	42	
	王达刚	1945.10—1946.2	——	
	沈亦珍	1946.3—1949.5	46	
扬州中学 （1912—1949）	谢遐龄	1913—1917	——	始于仪董学堂、扬州府中学堂、尊古学堂三校，1927年合立为江苏省立扬州中学后，几经易名，1943年定名江苏省立扬州中学。 　　1937年扬州沦陷后，师生分迁多地，分别建校，抗战胜利后，各分校陆续迁回并合校。 38年内可考察的校长有8人。
	李荃（更生）	1917.8—1922.4	34	
	叶惟善	1922—1925	46	
	鲍贵藻	1925	48	
	居懋第	1926—1927	——	
	周厚枢	1927.6—1939.3	28	
	孙为霆	1939—1940.8	38	
	严立扬	1940.8—1946	46	
苏州中学 （1927—1949）	汪懋祖	1927.7—1931.9	36	1927年真正开始中学教育历程。 　　22年办学历史中历任校长7人。
	胡焕庸	1931.9—1933.7	30	
	吴元涤	1933.7—1935.7	——	
	邵鹤亭	1935.7—1938.9	33	
	杭海槎	1938.9—1947	37	
	郑保兹	1947—1948	——	
	顾钟骅	1948—1950	——	

续表

学校 (起止年月)	历任校长 (主要负责人)	任 期	年龄	附 注
杭州高级中学 (1912—1949)	姚汉章	1912 春	44	民国初年,校长更迭频繁,短短两年时间内共历任校长8人。 38年间,可考察的校长共有25人。
	朱宗莱(篷仙)	1912 春	31	
	杨乃康	1912 春	29	
	范耀雯	1912 春—暑假	37	
	马裕藻(幼渔)	1912 秋	34	
	王垚(晋民)	1912 秋—1912.1	——	
	冯巽占	1913.1—1913 夏	——	
	钱家治	1913 夏—1914 夏	32	
	张廷霖	1914 夏—1914.12	28	
	方于笥(青箱)	1915.1—?[7]	38	
	吴传先(文开)	?—1920	——	
	郭成九	1920—1921 夏	——	
	黄人望	1921 夏—1923.7	41	
	何炳松	1923.7—1924.7	33	
	沈溯明	1924.7—1927.2	33	
	李宗武(季谷)	1927.2—1927.8	32	
	蒋梦麟	1927.8—1930.6	41	
	林晓	1929.5—1931.7[8]	35	
	叶溯中	1931.8—1932	29	
	项定荣	1933.7—1937	24	
	张印通	1938.8[9]—1942	41	
	崔东伯	1942—1946.7	44	
	房宇园	1946.8—1947.7	38	
	黄初葵	1947.7—1948.7	39	
	方豪	1948.7—1949	38	
浙江省立 第三中学 (1912—1949)	张孝曾(稼庭)	1912.3—1913.1	——	1924年5月至8月,省教育厅曾先后派过两任校长,均因学生反对未能到校就职。 1937年11月,湖州沦陷后奉令与其他学校合并成"浙江省临时联合中学",因浙东路途遥远,大部分师生仍然滞留浙西,10月滞留的师生在新创办的"浙江省第一区各县联立战时初中学生补习学校"安顿下来。 38年间,共历任校长9人。
	潘凤起(廉深)	1913.1—1923.6	24	
	杨乃康(莘耜)	1923.6—1924.5	40	
	周翔(育三)	1924.8—1927 初	32	
		1927.7—1937.11	35	
	雷震(儆寰)	1927 初—1927.7	30	
	王浩	1938.10—1939.2	——	
	方秉性	1939.2—1939.8	42	
	卢纬纶	1939.8—1941	——	
	金传书	1941—1949.3	29	

续表

学校 （起止年月）	历任校长 （主要负责人）	任　期	年龄	附　注
长郡中学 （1912—1949）	彭国钧	1912—1920 1922—1923.7	34 45	1920—1927年间，因为军阀混战、政治干扰等原因，学校六易校长。 38年时间，共历经校长8人。
	文起泉	1920—1922	42	
	彭运斌	1923.7—1924.6	37	
	谢逸如	1924.6—1925	——	
	张有晋	1925—1926	39	
	鲁子源	1926—1927	——	
	王季范	1928—1936	33	
	鲁立刚	1936—1949	37	
常州高级中学 （1912—1949）	屠宽（元博）	1907—1913	28	在民国38年时间内，可考察到的历任校长有4位。
	童伯章	1913—1925	48	
	邵鹤亭	1932—1934 夏	30	
	董志新	1938.10—1941.12 1945.9—1947.1	——	
	——	——		
福州第一中学 （1912—1949）	王修	1911.10—1922	——	1922—1923年的校长争夺战中，校长更换比较频繁，先后历任5位校长。 前后38年，共更迭校长21人次，平均每隔1.8年就更换一次校长，其中有3人曾二次出任校长。
	张哲农	1922—1923 1928.2—1928.12	——	
	曹廉箴	1923	——	
	魏宪章	1923	——	
	施冕南	1923.7—1924.2	——	
	张湛	1924.2—1927 1934.3—1936.7	43 53	
	戴锡樟	1927.4—1928 1932.1—1934.3	29 34	
	陈震飞	1928	——	
	庄观澜	1929.1—1932.1	33	
	苏师颖	1936.7—1937.7	38	
	刘天予	1937.7—1938.5	——	
	陈粤人	1938.5—1941.7	36	
	王启炜	1941.7—1944.5	——	
	柏鸿铭	1944.5—1945.3	——	
	郑庭椿	1945.3—1946.8	——	
	张承烈	1946.8—1947.7	——	
	林浩藩	1947.7—1948	37	
	朱民生	1948—1950.2	36	

续表

学校 （起止年月）	历任校长 （主要负责人）	任　　期	年龄	附　　注
唐山一中 （1912—1949）	费荫棠	1912—1914	—	抗战期间，河北唐山处于敌伪区，校长更换比较频繁，进入1940年代更是如此。 38年间，共历任校长19人。
	张庭锐	1914	—	
	王哲	1915—1920	—	
	张鸿鑫	1920—1922	—	
	石占元（冠英）	1922冬—1928秋	—	
	曹纯一（乾元）	1928秋—1932.12	—	
	张荫圻（简夫）	1932.12—1933.8	—	
	张麟周	1933.8—1937	41	
	张正藩	1937	—	
	陈怀仁	1937.12—1941.2	39	
	王兰荫（竹楼）	1941.2—1942.8	36	
	吕文华	1942.10—1943.2	—	
	王秩西	1943.2—1944.3	38	
	陈立则	1944.3—1945.3	—	
	杨信一	1945.3—1946	42	
	杨若愚（代理）	1945.9—1946.6	41	
	杨占三	1946.6—1946.12	—	
	史麟生	1947—1948夏	33	
	王湛云（代理）	1948夏—	—	

注："——"标志部分表示信息缺失，或根据已有文献难以考证。

[1]有人提出，1919年1—8月，由张鸿来代理主任职务，1919年8—12月由赵述庭代理主任职务，1920年1月之后则由韩诵裳（时煌）出任主任。见朱有瓛.中国近代学史料：第3辑：上[M].上海：华东师范大学出版社，1990：431.

[2]1912年5月之前由陈问咸任北师附中校长。

[3]也有人认为林砺儒在北师附中的校长任期截至1930年。详见李晨.北京中小学教育若干问题的回顾[M].北京：北京教育出版社，2001：14.

[4]1949年2月，北平解放，北平市军管会文管会委员郝人初接任北师附中校长。

[5]在20世纪二三十年代堪称国内一流名校。

[6]也有人提出，日本投降后国民政府接管了四中，并派孙鹿宾任四中校长。详见：北京四中校史概略：1931—1948[EB/OL].[2005-11-29] http://edu.sina.com.cn/y/news/2005-11-29/142348993.html.

[7]对于方于笥与吴文开之间何时进行校长职位的更替，已搜集到的文献没有明确标示。根据阮毅成的《"五四"时代的杭一中》一文可知，1918年阮毅成入学时，吴文开已经就任浙江省立一中校长。详见傅国涌.过去的中学[M].北京：同心出版社，2012：30.

[8]1929年5月至1930年8月这一段时期，虽然蒋梦麟兼任杭州高级中学校长，但由于其在国民政府教育部长任职期间，职务繁忙，无暇顾及学校事务，因此这一时期的校务实际上由林晓代为处理。

[9]1937年7月，抗日战争全面爆发，为避战，不少中学师生迁移他处，杭州高级中学部分师生也于

同年11月迁往金华琐园。1938年2月,教育部下令内迁各省立中学暂时停办,对迁徙学生编入战时青年训练团,进行训练,直至8月,杭高撤迁学生才得到安置,进入成立的浙江省立临时联合中学继续学业。所以,从1937年7月以来,直至1938年8月,杭高实际处于停办时期。

从表3-4可知,在民国著名中学的公立学校中,普遍具有以下特征:(1)校长更迭较为频繁(常州高级中学除外),校长平均任期较短。(2)只有极个别校长曾二次出任著名中学校长,如北师附中的林砺儒、浙江省立第三中学的周翔、长郡中学的彭国钧、福州第一中学的张哲农、张湛和戴锡樟三位校长,其中张湛以53岁年龄二次就任福州第一中学校长。(3)各校历任校长在出任校长职务时,大都在25岁之后,少部分出任校长时不满30岁,且主要集中在26~45岁之间。根据已有文献,这些公立著名中学历任校长中可考察到具体年龄的共有76任71人[①],其中在21~25岁出任著名中学校长的有2任,占比约2.63%;在26~30岁、31~35岁、36~40岁、41~45岁出任著名中学校长的分别有14任、20任、21任、13任,占比分别约为18.42%、26.32%、27.63%、17.11%;在46~50岁、51~55岁出任著名中学校长的分别有5任、1任,占比分别约为6.58%、1.32%。(如图3-1所示)

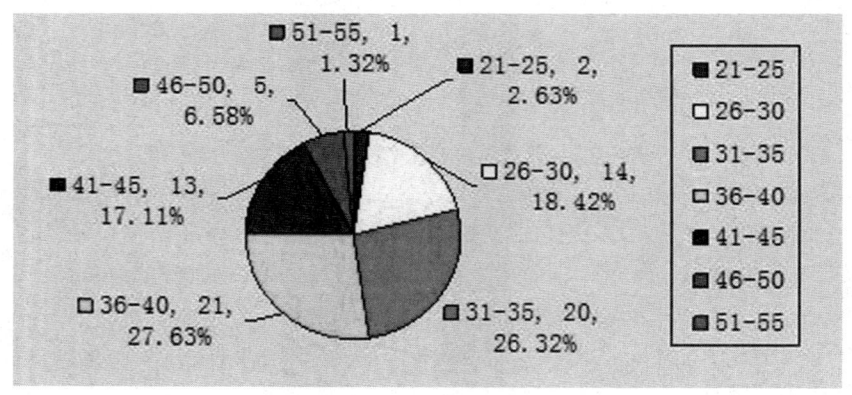

图3-1 民国著名中学历任校长任职年龄分布图(公立中学)

3.1.2.2 国人所办私立民国著名中学历任校长任期、任职年龄概览

根据现有文献信息,在民国著名中学中,国人所办私立中学历任校长的任期、任职年龄情况主要如表3-5所示:

---

① 其中北师附中的林砺儒、浙江省立第三中学的周翔、长郡中学的彭国钧、福州第一中学的张湛曾二次出任所在著名中学校长。

表3-5 民国著名中学历任校长任职年龄、任期（国人办私立中学）

学校 （起止日期）	历任校长 （主要负责人）	任　期	年龄	附　注
天津南开中学 （1912—1949）	张伯苓	1912—1949	28[1]	实际上，张伯苓自1904年（28岁）始，一直在南开中学任校长。
春晖中学 （1920—1949）	经亨颐[2]	1920.1—1930.7	43	1941年5月至8月，春晖中学曾因日军入侵而被迫解散，之后形成了泰岳战时中学和白马湖春晖中学两校，直到1945年10月，两校才得以在白马湖合并为一校。
		1935.8—1938.7	58	
	朱少卿（代理）	1922.12—1923.5	40	
	章育文（代理）	1923.5—1926.8	26	
	陈兼善[3]（代理）	1926.8—1927.8	28	
	范寿康（代理）	1927.8—1930.8	31	
	黄树滋	1930.8—1935.7	33	
	王文川（代理）	1935.8—1936.2	28	
	江翼时（代理）	1936.2—1937.12	42	
	叶作舟（代理）	1938.2—1938.7	41	
	宋崇义	1938.8—1940.7	55	
	周巽和	1940.8—1941.9	33	
	徐如愿	1941.9—1949.4	——	其中，1941.10—1945.10期间为泰岳战时中学校长。
	李文政	1942.9—1943.1	47	战时白马湖春晖中学校长。
	金翊文	1943.2—1944.8	——	
	袁绪英	1944.8—1945.7	——	
	张革	1945.8—1945.10	——	
澄衷中学 （1912—1949）	曹慕管	1912.2—1927.8	22[4]	38年间共历任校长6人。
	葛祖兰	1927.8—1931.9	40	
	励乃骥	1931.9—1932.2	34	
	陈林稣	1932.2—1934.8	——	
	吴友孝（粹伦）	1934.8—1941.11	51	
	王震公	1942.1—1953.6	——	
心远中学 （1912—1949）	熊育钖	1902—1942[5]	34	38年间共历任校长4人（包括代理校长）。
	李中襄 （陈颖坤代理）	1942.11—1948 （1942—1946）	46 ——	
	熊正理	1948—1949.5	55	

续表

学校 （起止日期）	历任校长 （主要负责人）	任　　期	年龄	附　　注
广益中学 （1912—1949）	罗介夫	1906.8—1913.7[7]	26	1951年改为公立。 在38年间共历任校长8人，其中罗介夫曾3次出任校长；曹孟其则2次出任校长，也是任职最长的校长，共计17余年。
		1920.2—1922.6	40	
		1937.1—1938.8[8]	57	
	王涤心	1913.8—1913.12	——	
	曹孟其	1914.1—1920.1	31	
		1938.9—1949.12	55	
	张由智	1922.7—1922.12	——	
	邹尧仁[6]	1923.1—1926.6	41	
	黎浦棠	1926.7—1927.12	——	
	任邦柱	1928.1—1936.12	39	
	李之透	1944.1—1949.12[9]	37	
耀华中学 （1927—1949）	王龙光（紫虹）	1927—1928	——	22年间共历任校长6人。
	严松章	1928—1934	——	
	赵天麟（君达）	1934.9—1938.6	48	
	金邦平	1938—1939	57	
	陈晋卿	1939—1947	——	
	俞大酋	1947—1949	——	
浦东中学 （1912—1949）	秦景阳	1912.1—1912.6	——	38年间共历任校长14人，其中除了1923—1927.5和1940—1949两段时间没有发生校长一职的人事变动外，其他时间都是每年更换一次校长。
	朱叔源	1912.7—1922.2	27	
	顾珊臣	1922.2—1923.12	35	
	沈莘斋（履）	1923.12—1927.5	21	
	姜伯韩（琦）	1927—1928	41	
	程湘帆	1928.9—1929.2	41	
	李相勖	1929.3—1930	27	
	王季梅	1930—1931	——	
	刘淑琴	1931—1932	——	
	吴祥龙	1932—1933	——	
	徐蕴知	1933—1934	——	
	林众可	1934—1935	——	
	韩觉民	1935—1936	——	
	汪曼云	1936—1940	32	
	张嘉寿	1940.1—1949[10]	——	

续表

学校 (起止日期)	历任校长 (主要负责人)	任　　期	年龄	附　　注
育德中学 (1912—1949)	郝仲青[11] 张官云(纪五) 王国光	1909.7—1912.4 1921.8—1949.2[12] 1912.4—1913.4 1913.4—1921.8	30 42 31 29	38年间共历任校长2人,其中郝仲青从1907以来直至1912年就在任该校校长。
明德中学 (1912—1949)	胡元倓 胡迈	(1902)—1940 1940—1949	30 57	38年间共历任校长3人。
南洋模范中学 (1912—1949)	沈庆鸿(心工) 沈维桢(同一)	1912—1927 1927—(1966)	42 38	南洋附小时(1912—1927)。 私立南洋模范中小学时期 (1927—1949)。

注:"——"标志部分表示信息缺失,或根据已有文献难以考证。

[1]实际上,张伯苓自天津南开中学建校始,就一直任该校校长。所以此处校长任职年龄以1904年算。

[2]在1922.12—1930.7和1935.8—1938.7两段时间内,经亨颐虽然任职校长,但实际上只是名誉校长,一切校务均由代理校长打理,其平时一般不参与学校管理,只在必要时给予适当的指导建议。

[3]其中,在1927.3—1927.8期间,校务全部由章育文主持。

[4]有文献认为,曹慕管生于1892年,按此,则其任上海私立澄衷中学校长时年龄为20岁。详见沈卫威."学衡派"文事[M].南京:南京大学出版社,2015:136.

[5]熊育钖在担任校长期间,时常兼任一些社会职务,由于时间与精力有限,需要有人协助管理校务。在心远中学,从1920年开始,委任李中襄依其办学宗旨,综理校务。

[6]根据已有文献考察,并结合广益中学当时办学情况,此处的"邹尧仁"校长很可能与当时的国民党第八独立旅旅长邹尧仁系同一人。

[7]自1906年广益中学前身"唯一学堂"的老校长禹之谟于1906年8月被捕遇害后,罗介夫就自命校长,接续办学。在1912年学堂依照教育部规定改革后,其就任民国时期广益中学的首任校长。

[8]这一时期,主要由王季范代理校长,主持校务。

[9]实际上,1949年后,李之透仍担任广益中学校长,直至1956年调至湖南师院中文系任教。

[10]实际上,从1940年至1960年,张嘉寿一直在浦东中学任校长职。

[11]其中,1945年3月24日,由于日军西侵,郝仲青带领教职员西迁,5月1日到西安,直到1946年夏始返回保定育德中学,而西安陕西私立育德中学校长一直由李涤支任职,即此间郝仲青并未担任校长职务。

[12]1949年1月31日,解放军入城接管防务,至此,北京宣告和平解放。

由表3-5可知,民国著名中学中由国人所办私立中学的历任校长的任职主要表现出以下特征:(1)整体上看,这些私立中学的校长任职期限呈现出两种极端分化现象:一种是校长人事变动比较稳定,历任校长任期都比较长,如天津南开中学、心远中学、育德中学、明德中学、南洋模范中学;一种是校长人事变动比较频繁,历任校长任期普遍时间较短,典型的如春晖中学、广益中学、上海耀华中学和浦东中学。(2)国人所办私立著名中学的历任校长在出任所在著名中学的校长时,年龄多在26~45岁之间,即处于中年时期。根据现有文献,这些私立著名中学历任校长中可考察到具体年龄的共有46任41人,其中在21~25岁出任著名中学校长的有2任,占比约4.35%;在26~30岁、31~35岁、36~40岁、41~45岁出任著名中学校长的分别有10任、9任、6任、8任,占比分别约为21.74%、19.57%、13.04%、17.39%;在46~50岁、50~55岁、56~60岁出任著名中学校长的分别有3任、4任、4任,占比分别约为6.52%、8.70%、8.70%。(如图3-2所示)其中有2人是两次出任所在著名中学的校长,广益中学的罗介夫则是三次出任所在著名中学的校长。

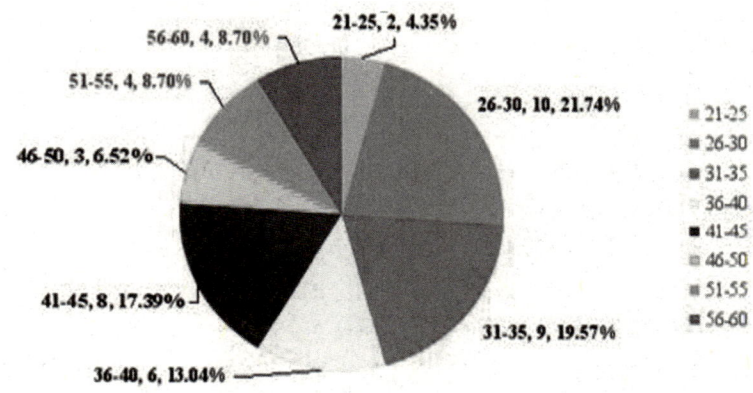

图 3-2　民国著名中学历任校长任职年龄分布图(国人办私立中学)

3.1.2.3　教会办民国著名中学历任校长任期、任职年龄概览

根据已有文献信息,教会办民国著名中学历任校长的任期、任职年龄主要如表3-6所示:

表 3-6　民国著名中学历任校长任职年龄、任期(教会中学)

学校 (起止日期)	校长 (主要负责人)	任期	年龄	附　注
圣功女中 (1914—1949)	英怀清	1914.6—1915 春	——	35 年间共历任校长 4 人,其中夏景如两次出任校长。
	夏景如	1915 春—1940 秋[1]	22	
		1945.9—1948.10	46	
	李仲武	1940—1945.9	59	
	德玉珍	1948.2—1949.1	42	
贝满中学 (1912—1949)	美国传教士[2]	1912—1922	——	从 1922 年开始由国人出任校长以来,27 年间不曾更换校长,后期仅有一位代理校长。
	管叶羽	1922—1949[3]	44	
	陈哲文(代理)	1948—1949	——	
北京汇文中学 (1912—1949)	刘海澜(美)	(1893)—1921	50	1926 年之前主要由传教士任职校长,1926 年开始由国人出任校长。 38 年间共历任校长 9 人,其中曾学礼、高凤山、李荣芳均两次出任校长,各自总的任期时间分别为 2 年、18 年、2 年。
	达卓志(美)	1921—1922	——	
	李天禄	1922—1923	36	
	曾学理(美)	1923—1924	——	
		1925—1926	——	
	刘芳	1924—1925	——	
	高凤山	1926.3—1941	44	
		1946—1949[4]	64	
	李鹿生	1941—1942	——	
	李荣芳	1942—1943	55	
		1945—1946	58	
	蒯超	1943—1945	41	
徐汇中学 (1912—1949)	姚缵堂(法)	1912	32	38 年间共历任校长 6 人。
		1925—1928	45	
	山宗泰(法)	1913—1914	35	
	翟彬甫[5]	1915—1924	——	
	万尔典(法)	1928—1931	51	
	张家树	1931—1943	38	
	张伯达	1943—1949.9	38	
青岛私立 礼贤中学 (1912—1949)	尉礼贤[6]	(1900)—1920	23	38 年间共历任校长 3 人。
	劳乃宣	1921—1921.7	78	
	刘铨法	1923—(1953)	34	

注:"——"标志部分表示信息缺失,或根据已有文献难以考证。

[1]1938 年 7 月,因日军威胁,夏景如被迫辞去校长职务,由李仲武暂时代理。

[2]1922 年贝满中学在中国政府正式注册以后,开始由中国人出任校长,之前一直都是由美国传教士任校长。

[3]1948—1949 年,管叶羽由于年事已高,体弱多病,委任贝满中学语文教师兼教务主任陈哲文代

理校长一职。

[4]实际上,高凤山第二次出任贝满中学校长后,一直到1952年才卸职。

[5]根据史料可知,徐汇中学的院长即校长。据此,在1915—1924年间则没有关于院长一职的人员信息,因此推断,此段时间内,应该是"理学"在实际行使校长职权,管理学校事务。

[6]根据已有文献记载,青岛礼贤中学成立后,创办人尉礼贤在实际上管理着学校的诸多事务。

由表3-6可知,民国著名中学中的教会中学,其历任校长的任职主要呈现出以下特点:(1)整体来看,这些教会学校,除了北京汇文中学之外,校长一职的人事比较稳定,历任校长的任期一般都比较长,有不少校长的任职都在20年以上,如圣功女中的夏景如校长(28余年)、贝满中学的管叶羽校长(27年)、青岛私立礼贤中学的刘铨法校长(26年)。(2)在上述各校历任校长中,共有5人曾两次出任校长,在上述校长群体(共25人)中占比为20%。(2)教会所办的民国著名中学的历任校长出任所在学校校长时的年龄多在30岁以上,且集中在31~45岁之间。根据现有文献,这些教会办著名中学的历任校长中可以考察到具体年龄的共有21任17人,其中在20~25岁出任著名中学校长的有2任,占比约9.52%;在32~35岁、36~40岁、41~45岁出任著名中学校长的分别有3任、3任、5任,占比分别约为14.29%、14.29%、23.81%;在46~50岁、51~55岁出任著名中学校长的均有2任,占比均约为9.52%;还有人以古稀之年出任校长,如劳乃宣应尉礼贤之邀以78岁高龄出任青岛私立礼贤中学校长。(如图3-3所示)

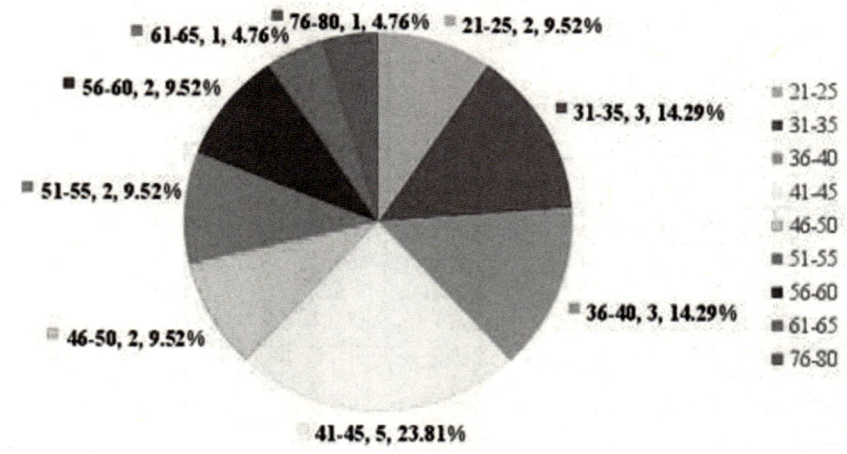

图3-3　民国著名中学历任校长任职年龄分布图(教会中学)

综上,由表3-4、表3-5、表3-6比较可知,在民国著名中学范畴内:(1)公立中学相较国人和教会办的私立中学,校长人事变动比较频繁,校长任期比较短;教会中学的校长任职则比较稳定,任期比较长;国人所办私立中学的校长人事变动及任期长短则介于二者之间。(2)由公立中学到国人所办私立中学、教会中学,历任校长中再次就任同一学校校长的比例有所增加。(3)从校长群体的年龄结构上看,公立中学偏重富有活力的年轻人;国人所办私立中学和教会中学相对注重工作阅历和经验,偏重年龄较长的人,如从公立中学到国人所办私立中学、教会中学,40岁之后和50岁之后出任校长的人数比例在不断增加,尤其是著名中学中的教会中学,其校长任职年龄普遍在30岁之后,而且出现了相当一部分老人校长,如圣功女中的李仲武(59岁)、北京汇文中学的高凤山(二次任职时64岁)和李荣芳(二次任职时58岁)、青岛礼贤中学的劳乃宣(78岁)。

3.1.3 民国著名中学校长的任期与任职年龄

在对民国著名中学历任校长任期及任职年龄做基本考察的基础上,我们主要根据任期长短、任职时所处时代背景,并辅以历任校长任内作为及其影响,抽取任期相对较长、对所在著名中学的发展做出较大贡献的校长,作为本研究的考察对象。其中虽然有个别校长的任期较短,如经亨颐在春晖实际任校长时间并不长,更多的是一种名誉校长,校务多由代校长处理,但由于他出掌春晖中学以前就已成功改革浙江一师并扬名全国,其已经形成了一套比较成熟的办学理念和经验。他虽然实际执掌春晖的时间短暂,却使春晖快速崛起为全国名中学之一,在春晖发展史上具有不可磨灭的功劳。据此,我们所抽研究样本的情况主要如下:

3.1.3.1 研究样本

根据上述标准,本研究中所选取的民国著名中学校长主要如表3-7所示:

表3-7 研究样本概况

姓名	学校	姓名	学校	姓名	学校
韩振华	北师附中	王季范	长郡中学	曹孟其	广益中学
林砺儒	北师附中	鲁立刚	长郡中学	任邦柱	广益中学
王道元	北平市立第四中学	屠宽	常州高级中学	李之浚	广益中学
闫翰升	北平市立第四中学	童伯章	常州高级中学	严松章	耀华中学
齐树芸	北平市立第四中学	董志新	常州高级中学	赵天麟	耀华中学
郑通和	上海中学	王修	福州第一中学	陈晋卿	耀华中学

续表

姓名	学校	姓名	学校	姓名	学校
李荃	扬州中学	张湛	福州第一中学	张嘉寿	浦东中学
周厚枢	扬州中学	戴锡樟	福州第一中学	郝仲青	育德中学
严立扬	扬州中学	石占元	河北唐山一中	王国光	育德中学
汪懋祖	苏州中学	曹纯一	河北唐山一中	胡元倓	明德中学
胡焕庸	苏州中学	张伯苓	天津南开中学	胡迈	明德中学
吴元涤	苏州中学	经亨颐	春晖中学	沈同一	南洋模范中学
杭海槎	苏州中学	章育文	春晖中学	夏景如	圣功女中
黄人望	杭州高级中学	范寿康	春晖中学	管叶羽	贝满中学
项定荣	杭州高级中学	黄树滋	春晖中学	刘海澜	北京汇文中学
张印通	杭州高级中学	徐如愿	春晖中学	高凤山	北京汇文中学
崔东伯	杭州高级中学	曹慕管	澄衷学堂	张家树	徐汇中学
潘凤起	浙江省立第三中学	吴友孝	澄衷学堂	张伯达	徐汇中学
周翔	浙江省立第三中学	熊育钖	心远中学	尉礼贤	青岛私立礼贤中学
金传书	浙江省立第三中学	李中襄	心远中学	刘铨法	青岛私立礼贤中学
彭国钧	长郡中学	罗介夫	广益中学		

根据表 3-7 所示,本研究的民国著名中学校长样本容量为 62 人,其中公立民国著名中学校长 31 人,国人办民国著名中学校长 23 人,教会办民国著名中学校长 8 人。

3.1.3.2 民国著名中学校长的任期与任职年龄

本研究样本中的著名中学校长的任期与任职年龄信息主要如下:

表 3-8　民国著名中学校长任期与任职年龄

姓名	任期	任职年龄	任期时长（年 月）	姓名	任期	任职年龄	任期时长（年 月）
韩振华	1912.5—1922.2	——	9年9个月	经亨颐	1920.1—1930.7	43	13年5个月
林砺儒	1922.2—1927	33	8年5个月		1935.8—1938.7	58	
	1928—1931.7	39		章育文	1923.5—1926.8	26	3年3个月
王道元	1912.9—1917	33	4年9个月	范寿康	1927.8—1930.7	31	2年11个月
闫翰升	1917—1924.12	——	7年6个月	黄树滋	1930.8—1935.7	33	4年11个月
齐树芸	1925.1—1940	27	15年5个月	徐如愿	1941.9—1949.4		7年7个月
郑通和	1927.9—1938.5	28	10年8个月	曹慕管	1912.2—1927.8	22	15年6个月
李荃	1917.8—1922.4	34	4年8个月	吴友孝	934.8—1941.11	51	7年3个月
周厚枢	1927.6—1939.3	28	11年9个月	熊育钖	1902—1942	34	40年
严立扬	1940.8—1946	46	5年10个月	李中襄	1942.11—1948	46	5年7个月
汪懋祖	1927.7—1931.9	36	4年2个月	罗介夫	1906—1913.7	26	11年
胡焕庸	1931.9—1933.7	30	1年10个月		1920.2—1922.6	40	
吴元涤	1933.7—1935.7	——	2年		1937.1—1938.8	57	
杭海槎	1938.9—1947	37	8年9个月	曹孟其	1914.1—1920.1	31	17年3个月
黄人望	1921—1923	41	2年		1938.9—1949.12	55	
项定荣	1933.7—1937	24	3年11个月	任邦柱	1928.1—1936.12	39	8年11个月
张印通	1938.8—1942	41	3年10个月	李之透	1944.1—1949.12	37	5年11个月
崔东伯	1942—1946.7	44	4年1个月	严松章	1928—1934		6年
潘凤起	1913.1—1923.6	24	10年5个月	赵天麟	1934.9—1938.6	48	3年9个月
周翔	1924.8—1927初	32	12年9个月	陈晋卿	1939—1947	——	8年
	1927.7—1937.11	35		张嘉寿	1940—1949		9年
金传书	1941—1949.3	29	7年9个月	郝仲青	1909.7—1912.4	30	30年3个月
彭国钧	1912—1920	34	9年1个月		1921.8—1949.2	42	
	1922—1923.7	45		王国光	1913.4—1921.8	29	8年4个月
王季范	1928—1936	33	8年	胡元倓	(1902)—1940	30	38年
鲁立刚	1936—1949	37	13年	胡迈	1940—1949	57	9年
屠宽	1907—1913	28	6年	沈同一	1927—1949	38	22年
童伯章	1913—1925	48	12年	夏景如	1915春—1940秋	22	28年7个月
董志新	1938.10—1941.12	——	4年6个月		1945.9—1948.10	52	
	1945.9—1947.1	——		管叶羽	1922—1949	44	27年

续表

姓名	任期	任职年龄	任期时长（年月）	姓名	任期	任职年龄	任期时长（年月）
王修	1911.10—1922	——	10年8个月	刘海澜	(1893)—1921	50	28年
张湛	1924.2—1927	43	5年8个月	高凤山	1926.3—1941	44	18年3个月
	1934.3—1936.7	53			1946—1949	64	
戴锡樟	1927.4—1928	29	3年4个月	张家树	1931—1943	38	12年
	1932.1—1934.3	34		张伯达	1943—1949.5	38	5年11个月
石占元	1922冬—1928.4	——	5年5个月	尉礼贤	(1900)—1920	23	20年
曹纯一	1928.4—1932冬	——	4年7个月	刘铨法	1923—1949	34	26年
张伯苓	1904—1949	28	45年				

注：在统计样本对象任职时长时，对一些模糊数据主要作了以下处理：
1. 没有表明具体月份的一般取当年6月份；
2. 以"春""夏""秋""冬"等季节性词汇表述的，取历法中立春、立夏、立秋、立冬当日所在月份；
3. 以"年初"标示的取当年1月份。

由表3-8可知，民国著名中学校长在著名中学的任职情况主要表现如下：

第一，任职总时长最长为45年，最短为1年10个月，平均任职总时长约为11年4个月，大多数任职总时长集中在3～13年，部分校长任职时长较高，在15年以上，甚至长达40余年，如心远中学校长熊育钖任职达40年，南开中学校长张伯苓任职达45年。具体来说，民国著名中学校长的任职总时长情况如下（如图3-4所示）：在研究样本中，在可考察到大致任期时间的62位民国著名中学校长中，任职校长总时长5年以下（含5年）的有16人，占比约25.81%；5年以上10年以下（含10年）的有23人，占比约37.10%；10年以上15年以下（含15年）的有10人，占比约16.13%；15年以上20年以下（含20年）、20年以上30年以下（含30年）、30年以上40年以下（含40年）的分别有4人、5人、3人，占比分别约为6.45%、8.06%、4.84%。其中，任职总时长在5年以上10年以下（含10年）的人数最多，其次是5年以下（含5年）和10年以上15年以下（含15年）两个时间段，对这三个时间段的校长任职总时长作进一步的深入分析（如图3-5所示），会发现：民国著名中学校长的任职总时长更多集中在3年以上9年以下（含9年），在一定程度上可以说，3～9年的时间段是民国时期的中学校长成长为著名校长的必要而充足时间。

第二，在上述样本中，可考证任职年龄的著名中学校长共有63任51人，他们出任著名中学校长时的年龄分布为（如图3-6所示）：处于21～25岁的有5任，占比约7.94%；处于26～30岁、31～35岁、36～40岁、41～45岁的分别有13任、13任、10任、9任，占比分别约为20.63%、20.63%、15.87%、14.29%；处于46～50岁、51～55

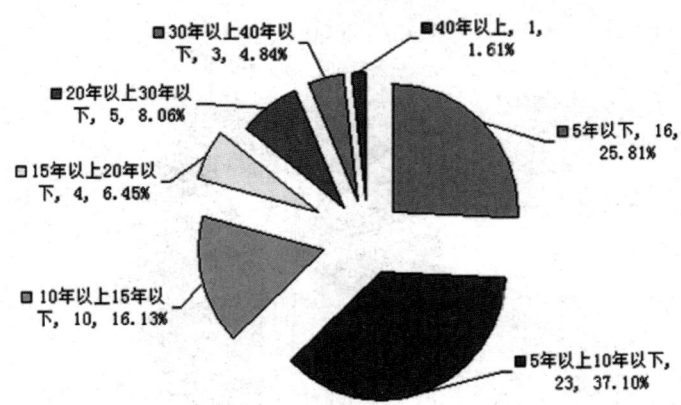

图 3-4　民国著名中学校长任期总时长分析图(单位：年)

注：分类标准中的"A 年以上 B 年以下"，通常包括 B 年，不包括 A 年。

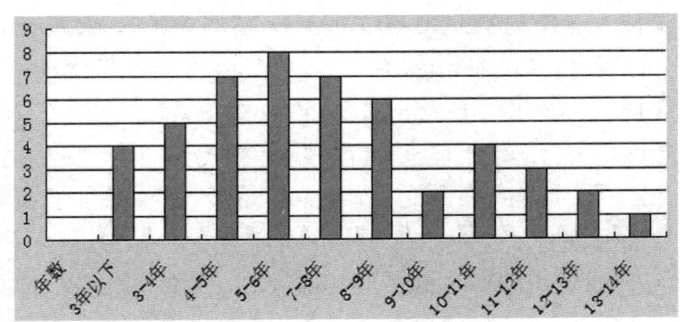

图 3-5　民国著名中学校长任职时长部分明细图(单位：年)

岁、56～60 岁、61～65 岁的分别有 5 任、4 任、3 任、1 任，占比分别约为 7.94％、6.35％、4.76％、1.59％。即民国著名中学校长执掌著名中学时的年龄多集中在 26～45 岁之间——这与前述样本学校中的公立、(国人办或教会办)私立民国著名中学的历任校长的集中任职年龄基本相符。一般来说，在这一年龄段内，民国时期出任中学校长者已经具有了充分的文化知识积累与相当的社会阅历，尤其是教育工作经历和经验，是人格、思想等各方面都已经相对比较成熟、富有冒险精神和进取魄力、行为又相对比较稳健的个体。因此也可以说，26～45 岁这一年龄段是民国时期的中学校长成长为著名校长的最佳年龄期。

第三，以 1927 年 4 月南京国民政府成立、1937 年 7 月全面抗战开始和 1945 年 9 月日本投降为时间分界线，对民国著名中学校长执掌著名中学时所处的历史时期进行考察，可以得出以下结论(如图 3-7 所示)：任期处于 1927 年 4 月之前和 1927 年 4 月之后 1937 年 7 月之前两个时期的分别有 21 任、14 任，占比分别约为 26.67％、18.67％；任期处于 1937 年 7 月之前跨越了 1927 年 4 月、1937 年 7 月之后 1945 年 9

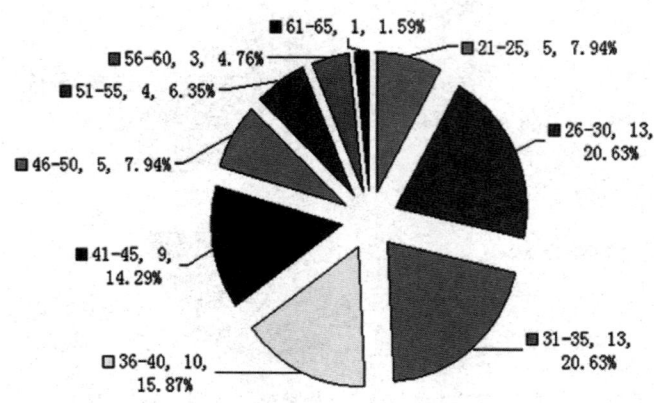

图 3-6　民国著名中学校长任职年龄分布图

月之前、1945 年 9 月之前跨越了 1927 年 4 月的分别有 5 任、4 任、5 任,占比分别约为 6.67%、5.33%、6.67%;任期处于 1927 年 4 月之后 1945 年 9 月之前跨越了 1937 年 7 月、1945 年 9 月之后、1937 年 7 月之后跨越了 1945 年 9 月的分别有 6 任、3 任、12 任,占比分别约为 8.00%、4.00%、16.00%;任期处于 1927 年 4 月之后跨越了 1945 年 9 月和跨越了 1927 年 4 月和 1945 年 9 月(即任期从 1927 年 4 月之前一直持续到 1945 年 9 月之后)的分别有 2 任、4 任,占比分别约为 2.67%、5.33%。民国著名中学校长每一次任期所处的历史时期反映出一个重要信息,即:在民国有两个重要的著名中学校长任职时期,一是 1927 年 4 月之前,一是 1927 年 4 月至 1937 年 7 月。若进一步结合任期处于这两个阶段以及其他任期时长较高、经历过这其中一个或两个时期的著名校长的任职时期,进行细化分析会发现:1927 年 4 月以前这段时间主要指 1900—1913 年(清末民初临时政府时期)和 1917—1924 年(皖系、直系军阀政府时期)两小段时期(如图 3-8 所示);1927 年 4 月至 1937 年 7 月这段时间主要是指 1927—1928 年和 1931—1934 年这两小段南京国民政府统治时间(如图 3-9 所示)。就是在这些时间段内,民国著名中学校长开始执掌其所在的著名中学,并不断促进所在中学取得更多更大的成就,获得日益显著的声誉,同时也为自身赢得较高的办学声誉,逐渐成长为一代著名中学校长。

综合上述对民国著名中学校长任期和任职年龄的信息分析,我们可以得出结论,即民国时期,著名中学校长由普通校长成长为著名校长一般需要满足以下三个条件:(1)任职时长达到 3～9 年;(2)年龄处于 26～45 岁之间;(3)在 1900—1913 年、1917—1924 年、1927—1928 年或 1931—1934 年出任所在著名中学的校长职务。其中,第三个条件与具体历史时期的特殊时代政治背景关系密切,而第一、第二个条件要求则对我国当下中学校长的选任和任期安排具有重要启示:任用中学校长时最好能给予其适当长的任期,让他有必要而又充分的时间在中学施展管校办学才能;还要

3 民国著名中学校长基本信息统计分析

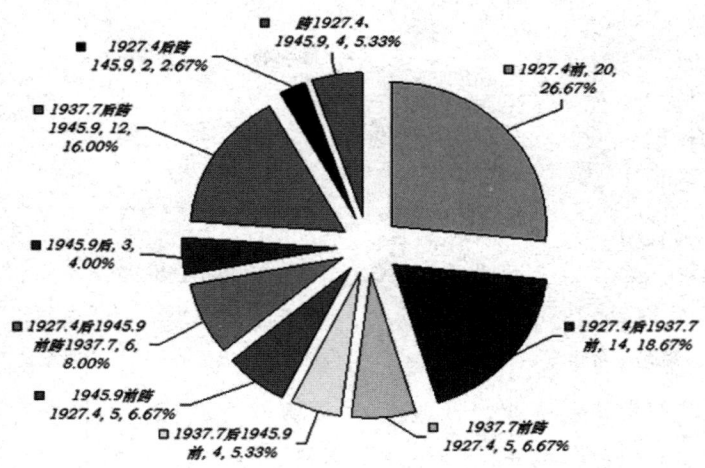

注:在对任期时间进行统计时,对于模糊数据主要进行了以下处理:
1. 没有表明具体月份的一般取当年 6 月份;
2. 以"春""夏""秋""冬"等季节性词汇表述的,取历法中立春、立夏、立秋、立冬当日所在月份;
3. 以"年初"标示的取当年 1 月份。

图 3-7　民国著名中学校长执掌著名中学时所处历史时期分析图

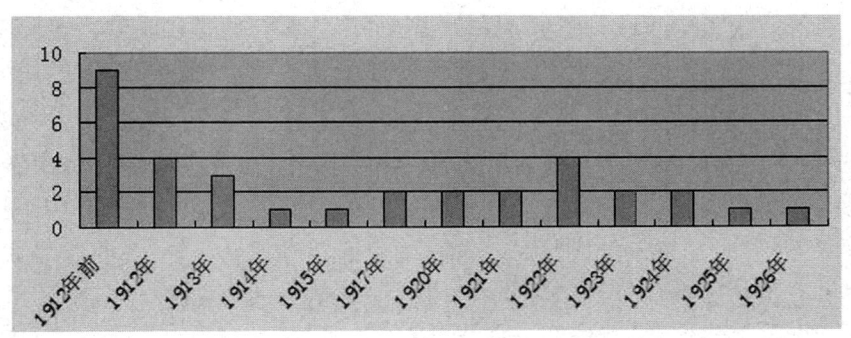

图 3-8　民国著名中学校长就任著名中学校长职务的时间分布部分明细图(一)

注意候选人的年龄,最好选任年富力强的人就任校长,保障校长有充分的精力办学。

3.1.4　民国著名中学校长任职前所受高等教育情况

民国时期,政府比较注重中学校长人选的文化水平,一般都要求中学校长具有真才实学和较高学历,如 1935 年 6 月,国民政府教育部在《中学规程》中明确指出[①]:中学校长应品格健全、才学优良,除此之外,还应在学历上满足以下条件:国内外师范大

---

① 李国钧,王炳照. 中国教育制度通史:第 7 卷[M].济南:山东教育出版社,1999:132.

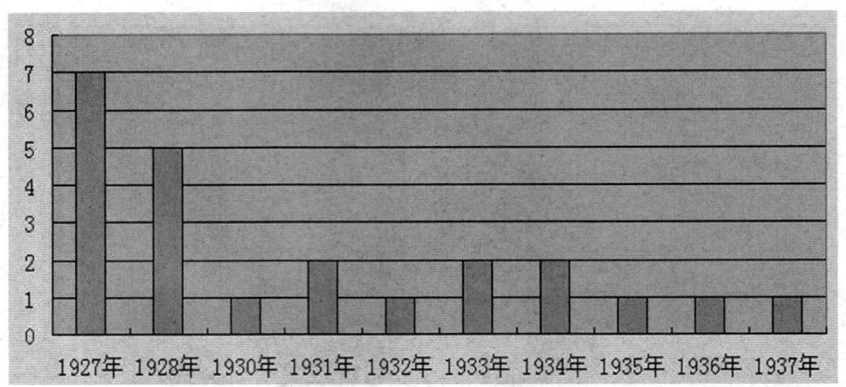

图 3-9　民国著名中学校长就任著名中学校长职务的时间分布部分明细图（二）

学、大学教育学院教育科系毕业，其他院系毕业曾学习教育学科二十学分，且从事教育职务二年以上著有成绩；或者国内外大学本科、高等师范恩科或专科毕业，从事教职务三年以上著有成绩；或者国内外专科学校或专门学校本科毕业，从事教育职务四年以上著有成绩。这些规定凸显出：彼时的教育工作者或其他社会人员要任职包括著名中学在内的广大中学的校长职位，必须具有高等教育学历和相当时长的教育工作实践。

高等教育经历作为就任彼时中学校长的必要基础或条件，将他们与其他教育工作者或社会工作人员相区别开来，使他们就任中学校长成为可能。同时，高等教育经历也关系到他们成为中学校长后开展的诸多学校管理实践及其成效。实际上，综观民国著名中学校长的办学实践会发现：他们就任中学校长后的办学理念、掌校措施等都或多或少地折射出了他们的高等教育经历，尤其是国外高等教育经历，对他们的办学思想、办学理念及办学实践等有重要的影响。[①] 因此，在考察民国著名中学校长任职时的基本情况时，有必要对其所受高等教育的情况有所涉猎和进行分析。概言之，本研究中所指的"高等教育经历"包括国内、国外的高等教育经历，囊括了各式高等教育或相当于近代高等教育水平的受教育经历，具体情况如后文所述。

3.1.4.1　国内高等教育经历

事实上，鉴于民国著名中学校长任职所在著名中学的校长时所处的历史时期、任职时的年龄、他们的工作经历，他们不一定都受过近代新式教育。尤其是民国初期任职的著名中学校长，他们虽然从事的是近代新式教育活动，但其并未接受过真正近代意义上的高等教育，而是在中国传统文化教育的熏陶下走过来，并在新式教育思潮的影响下产生了"蜕变"，成为民国时期有重要影响的新式教育人物。因此，本研究中的"国内外高等教育经历"主要包括：书院、高等学堂、师范学校、大学预科、教会大学、大学等学校的受教育经历。在对包括各种校史、人物传记、回忆录、档案记录等在内的

---

① 肖卫兵.中国近代国立大学校长角色分析[M].福州：福建教育出版社，2013：88.

文献信息进行搜集、整理、分析的基础上，我们制作出了"民国著名中学校长国内所受高等教育经历一览表"，具体如表3-9所示。

表3-9 民国著名中学校长国内所受高等教育经历

姓名	国内高等教育经历	姓名	国内高等教育经历
韩振华	南开学校师范班	张伯苓	天津北洋水师学堂
林砺儒	高州高郡中学堂	经亨颐	无
王道元	京师大学堂	章育文	无
闫翰升	——	范寿康	浙江省立医学专门学校
齐树芸	北京大学	黄树滋	南京师范学校
郑通和	南开大学	徐如愿	浙江大学化学系
李荃	淮阴江北高等学堂	曹慕管	无
周厚枢	国立南京高等师范数理化科	吴友孝	江苏师范学堂速成科
严立扬	南京高等师范学堂、东南大学	熊育钖[1]	跟随塾师学习
汪懋祖	上海广方言馆、江苏高等学堂、天津北洋大学	李中襄	交通部唐山大学
胡焕庸	南京高等师范学校、国立东南大学	罗介夫	岳麓书院
吴元涤	江苏师范学堂优级选科博物科	曹孟其	城南书院、湖南警官学堂
杭海槎	国立东南大学史地系	任邦柱	长沙师范学堂、前清湖南高等学堂理科
黄人望	金华府学廪生	李之透	国民党湖南省委党校、武昌中山大学预科、湖南大学中国文学系
项定荣	南京国民党中央党务学校	严松章	北洋大学堂
张印通	无	赵天麟	北洋大学
崔东伯	东南大学教学系	陈晋卿	京师法政学堂
潘凤起	——	张嘉寿	——
周翔	唐山交通大学	郝仲青	保定高等师范学堂
金传书	上海大夏大学	王国光	北京高等师范学堂
彭国钧	岳麓书院、明德学堂速成师范	胡元倓	受教于父兄
王季范	湖南优级师范学堂	胡迈	无
鲁立刚	武昌高等师范博物地理系	沈同一	上海龙门师范学校
屠宽	家学	夏景如	天津北洋女子师范学堂
童伯章	江阴南菁书院（旁听）	管叶羽	华北协和大学

续表

姓名	国内高等教育经历	姓名	国内高等教育经历
董志新	——	刘海澜	无
王修	全闽大学堂	高凤山	北京汇文大学
张湛	全闽大学堂	张家树	上海徐汇公学
戴锡樟	北京师范大学国文系	张伯达	无
石占元	——	尉礼贤	德国士冰根大学神学系
曹纯一	——	刘铨法	上海同济医工学堂

注:"——"标志部分表示由于信息缺失,或根据已有文献难以考证。

[1]根据现有文献信息,熊育钖少时曾跟随萍乡贺国昌先生攻读经史典籍,后又拜严复为师,根据他从学时说出时代判断,他应该接受的是类似于私塾的教育,并没有接受正规的近代学校教育。

从表3-9所示信息可知:在民国著名中学校长研究样本中,除却个别信息不详的6人和没有在国内接受高等教育的7人,屠宽(元博)和胡元倓2人受教于家学,曹孟其为县学生员,可考察到的在国内受过高等教育的共有45人,约占民国著名中学校长样本总量的72.55%。国内的高等教育经历为这些民国著名中学校长走向所在著名中学的校长一职提供了"敲门砖",使得他们出任中学校长成为可能。同时,这种国内高等教育经历也为他们走出国门顺利接受国际高等教育或是接受近代教育思潮、进而接受或形成先进的办学理念提供了知识与文化视野上的必要准备。

3.1.4.2 国外高等教育经历

由民国著名中学校长出任民国著名中学的校长职务时的年龄可知,他们是在清末民初"西学东渐"的近代教育背景下成长起来的。在这一时期,伴随着"欧风美雨",西方近代教育理念、思潮席卷而来,强烈地冲击和改变着中国传统的教育观念、教育体制和模式,一场被动与主动相互交织的学习、引进西方近代教育文明的活动迅速波及全国,政府与民间组织的各种留学活动成为高等教育领域的一种"时髦"。在某种程度上可以说,整个中国近代教育历史是一部学习国外教育经验与实践的历史,学习教育先进的日本、法国、美国等国教育的历史。① 契合当时的教育发展背景,这些后来成长起来的民国著名中学校长中有许多人选择较长时间的出国留学方式,学习国外先进教育理念、理论和经验。因此,在本研究中,这些校长的"国外高等教育经历"主要涵盖国外专科学校、专门学校、大学等的高等教育留学经历和国外短期教育考察的经历。从留学国家和留学学校来看,民国著名中学校长的国外高等教育情况主要如表3-10所示。

---

① 肖卫兵.中国近代国立大学校长角色分析[M].福州:福建教育出版社,2013:92.

表 3-10 民国著名中学校长留学国家与留学学校

姓名	留学国家与留学大学	姓名	留学国家与留学大学
韩振华	日本	张伯苓	日本,教育考察;美国,哥伦比亚大学
林砺儒	日本,东京高等师范学校	经亨颐	日本,东京弘文书院、东京高等师范学校物理科;1918年2月赴日考察教育约1个月
王道元	——	章育文	日本,机械制造专业
闫翰升	——	范寿康	日本,东京第一高等学校、东京帝国大学
齐树芸	无	黄树滋	日本,东京高等师范学校
郑通和	美国,斯坦福大学、哥伦比亚大学	徐如愿	——
李荃	淮阴江北高等学堂	曹慕管	日本,东京帝国大学[1]、早稻田大学
周厚枢	美国,路易斯安那州立大学、麻省理工学院;日本,考察教育1个月	吴友孝	——
严立扬	无	熊育钖	无
汪懋祖	美国,哥伦比亚大学师范学院	李中襄	——
胡焕庸	法国,巴黎大学、法兰西学院	罗介夫	日本,京都大学经济学、早稻田大学政治经济系
吴元涤	——	曹孟其	
杭海槎	——	任邦柱	
黄人望	日本,早稻田大学经济系	李之透	无
项定荣	——	严松章	美国,哈佛大学
张印通	日本	赵天麟	美国,哈佛大学
崔东伯		陈晋卿	
潘凤起	日本,早稻田大学	张嘉寿	——
周翔	英国,格拉斯哥大学	郝仲青	
金传书	——	王国光	
彭国钧	日本(1912、1913)教育考察共1年	胡元倓	日本,弘文学院速成师范科;1922年9月赴南洋各岛及暹罗教育考察3个月

续表

姓名	留学国家与留学大学	姓名	留学国家与留学大学
王季范	无	胡迈	日本,东京帝国大学、早稻田大学[2]
鲁立刚	无	沈同一	
屠宽	日本,千叶专门医学校	夏景如	——
童伯章	无	管叶羽	
董志新	——	刘海澜[3]	美国,卫斯理大学
王修	日本,东京高等师范学校	高凤山	美国,西北大学、波士顿大学
张湛	日本,明治大学商科	张家树	英国,海斯汀等地法国耶稣会文学院、哲学院、神学院
戴锡樟	——	张伯达	法国,巴黎大学文字学
石占元	日本,广岛高师	尉礼贤[4]	中国
曹纯一		刘铨法	德国,德华特别高等学堂土木工程科

注:"——"标志部分多表示没有国外留学经历,极个别由于现有文献有限,不能确定主体是否有留学经历。

[1]曹慕管赴日留学时,曾在东京帝国大学预科学习。详参:冯和法.上海澄衷中学校长曹慕管[M]//全国政协文史资料委员会.文史资料存稿选编:第24辑.北京:中国文史出版社,2002:499.

[2]有人认为,胡迈留学于日本早稻田大学,详见寻霖,龚笃清.湘人著述表:2[M].长沙:岳麓书社,2010:804.

[3]严格来说,刘海澜校长为美国人,因此他在美国卫斯理大学学习,不属于出国留学范畴。

[4]尉礼贤为德国传教士,他在中国传教的过程中学习和研究中国文化,因此他的留学国家为中国。

由表3-10可知,在民国著名中学校长中,能够考察到曾有国外高等教育经历的共有32人,约占民国著名中学校长研究样本总体的51.61%。他们留学的国家主要集中在日本、美国、德国以及英国——这些都是当时教育比较先进的国家。其中,有些人虽然在一个国家留学,但有至少两所学校或院系的留学经历,如郑通和、周厚枢、胡焕庸、经亨颐、范寿康、曹慕管、罗介夫、胡迈、高凤山、张家树等,尤其是张家树,曾先后在英国康托尔培里、海斯汀等地的法国耶稣会文学院、神学院、哲学院留学。这些国外高等教育经历使得他们在近距离接触和体悟西方近代教育的过程中,增长了见识和文化知识,开阔了视域,也进一步激发了他们敢于求新冒险的改革精神——这深刻地影响了他们后来的中学办学实践。也正是如此,有学者评价经亨颐时说,"海归的他之所以能够成功的一个重要原因,就是他知道世界教育的潮流是什么"。①

3.1.4.3 学历水平

本研究中,"学历水平"主要指民国著名中学校长通过早年所受教育而在学历上达到的文化层次和程度,主要包括本科(毕业或肄业)、硕士、博士等。根据已有文献信息,民国著名中学校长的学历水平情况大致如表 3-11 所示。

表 3-11 民国著名中学校长学历水平

序号	姓名	学力水平	序号	姓名	学力水平	序号	姓名	学力水平
1	韩振华	博士	22	王季范	本科	43	曹孟其	秀才,本科
2	林砺儒	博士	23	鲁立刚	本科	44	任邦柱	本科
3	王道元	举人	24	屠宽	本科	45	李之透	本科
4	闫翰升	——	25	童伯章	举人	46	严松章	建筑工程学博士
5	齐树芸	本科	26	董志新	——	47	赵天麟	法学博士
6	郑通和	博士	27	王修	硕士	48	陈晋卿	
7	李荃	本科肄业	28	张湛	硕士	49	张嘉寿	
8	周厚枢	硕士	29	戴锡樟	本科	50	郝仲青	秀才,本科
9	严立扬	学士	30	石占元	——	51	王国光	本科
10	汪懋祖	硕士	31	曹纯一		52	胡元倓	拔贡
11	胡焕庸	硕士	32	张伯苓	名誉博士	53	胡迈	硕士[1]
12	吴元涤	——	33	经亨颐		54	沈同一	本科
13	杭海槎	本科	34	章育文		55	夏景如	师范毕业
14	黄人望	廪生、本科	35	范寿康	教育学、哲学硕士	56	管叶羽	博士
15	项定荣	学士	36	黄树滋	硕士	57	刘海澜	博士
16	张印通	学士	37	徐如愿	本科	58	高凤山	博士
17	崔东伯	本科	38	曹慕管		59	张家树	神父
18	潘凤起		39	吴友孝	本科	60	张伯达	博士
19	周翔	博士	40	熊育钖	秀才、补增生	61	尉礼贤	大学神学院结业
20	金传书	本科	41	李中襄	秀才、硕士	62	刘铨法	
21	彭国钧	秀才、本科	42	罗介夫				

注:"——"标志部分表示信息缺失,或根据已有文献难以考证。

[1]根据前述胡迈赴日留学信息,胡迈曾毕业于日本的东京帝国大学和早稻田大学,因此他应该是硕士学历。

---

① 孙昌建.民国有个绍兴邦[M].广州:花城出版社,2012:48.

由表 3-11 可知,除却根据现有文献信息无法查证的之外,民国著名中学校长大都具有较高的学历水平,其中拥有本科、硕士或博士文凭的有 43 人。除了少部分人虽然没有近代高等教育学历,但他们在中国传统文化熏陶和润养下,通过科举取士制度,取得了秀才、举人、补增生、廪生、拔贡等文化成就,如童伯章、熊育钖、胡元倓等人。有些人虽然深受中国传统教育"浸润",也通过科举取士取得功名成就,但依然积极接受近代高等教育,甚至取得了近代学历文凭,如黄人望、彭国钧、李中襄、曹孟其、郝仲青等人。

3.1.5 民国著名中学校长任职前的工作履历

民国著名中学校长在出掌著名中学前的工作履历对其之后的办学实践具有重要影响,因此,对他们此前的工作履历进行考察、分析是深入认识民国著名中学校长的必要组成部分。在本研究中,我们通过对搜集到的文献资料进行信息梳理、分析,得出了民国著名中学校长任职前工作经历的大致情况,具体如表 3-12 所示。

表 3-12 民国著名中学校长任职前的工作履历

姓名	工作经历
韩振华	翰林院庶吉士
林砺儒	信宜县中义学堂教师,北京高等师范大学教授、斋务课学监、校长办公处干事、秘书、庶务主任、教育系主任
王道元	吏部主事
闫翰升	——
齐树芸	河北省教育厅教育设计委员会中学教育委员
郑通和	上海大夏大学教授
李荃	繁昌、宜城、太和、淮阴等县小学校长;江苏省第一届议会议员;江苏省立第六师范学校校长
周厚枢	广东大学、中州大学、东南大学教授
严立扬	淮安、常州、南京等中学教师,苏州中学、常州中学等中学教师,江苏省立徐州中学校长
汪懋祖	哈佛大学研究员,国立北京师范大学教授、教务长兼代理校长,国立北京女子师范大学教授、主任,国立东南大学教育系教授、主任,江苏省督学
胡焕庸	江苏省立第八中学教师、中央大学地学系教授、气象研究所研究员、地理系主任
吴元涤	苏州中学教师
杭海槎	先后任上海持志中学、江苏淮安中学、淮阴师范、宜兴职业学校教师,以及徐州中学教师、训育主任、级任导师

续表

姓名	工作经历
黄人望	清政府中书职务,北京大学、北京高等师范学堂、北京女子高等师范学校讲师、教授
项定荣	国民党浙江省党部执行委员、常务委员、训练部长
张印通	浙江省立第二中学、第二师范学校、松江女子中学教师、教务主任,省立嘉兴中学校长
崔东伯	江苏海州中学、苏州中学教师
潘凤起	苏州东吴大学附中教师、北京大学教务长
周翔	曾任职总统府,浙江省立三中英语教师兼教务主任
金传书	吴兴女中教务主任,浙江省立湖州中学教师、省立浙西第一临时中学训育主任、浙西第二临时中学校长
彭国钧	长郡小学堂堂长,长沙市芙蓉区修业学校教师、校长
王季范	湖南省立第一师范教师、学监
鲁立刚	东南大学助教及讲师,中学教员、职员、校长
屠宽	天津师范学堂教务长
童伯章	塾师、官府衙门西席,宜兴周铁桥竺西学堂校长、常州府中学堂国文教员及学监
董志新	江苏省立常州中学英文教师
王修	福建高等学堂监督、福建高等学校校长
张湛	"中国留日学生同学会"干事,全闽高等学校教师、福建高等学校教师兼教务长,福州第一中学教师
戴锡樟	厦门集美学校国文教师
石占元	——
曹纯一	河北唐山一中教务主任
张伯苓	同济舰海军人员,天津严氏、王氏家馆塾师,清华学堂教务长
经亨颐	上海电报局总办侍从文秘,浙江官立两级师范学堂筹建人、校长,浙江省教育会会长,浙江省青年团团长,北京高等师范学校总干事兼学生自治指导委员长①,浙江省立第四中学校长
章育文	春晖中学教师、庶务主任、总务处长
范寿康	商务印书馆编译所编辑、广州中山大学教授兼秘书长
黄树滋	浙江省教育厅职员,严州中学、湖州中学教师;蒲湾农民夜校创办人之一
徐如愿	——
曹慕管	光复会成员

---

① 张彬.浙江教育史[M].杭州:浙江教育出版社,2006:479.

续表

姓名	工作经历
吴友孝	昆山樾阁学堂教师、昆山县立中学校长,江苏高等学堂理化翻译,苏州省立第一师范、草桥中学教师,中华职业教育社总务主任,上海澄衷中学教员
熊育钖	南昌开办广智书局,江西都督府教育科长
李中襄	国民党党务设计委员、第四届国大代表、《江西日报》社社长、南昌行营党务处少将秘书、党务主任委员、九江市政委会主任委员、国民党中央执行委员、江西省政府委员、江西省民政厅厅长
罗介夫	国民党湖南支部总务副主任及《国民日报》总经理,湖南省参议员
曹孟其	湖南警官训练所教官,周南学校教师,湖南督军府秘书及国民革命军前敌总指挥部秘书
任邦柱	大麓中学教务主任,湖南大学预科班、湖南盛业专科学校、农业专科学校、长沙市一中等校教师,广益中学校董会董事
李之透	常宁蓬洲小学教师,常宁县组训民众总部指导员,广益中学教师
严松章	——
赵天麟	北洋大学教师、校长,"维持国权国土会"副会长,开滦矿务局协理,天津英租界工部局董事会华人董事
陈晋卿	吴佩孚军法执行官、徐世昌时代的最高法院院长、曾资助创办天津公学
张嘉寿	青年会职员,复旦大学体育指导员
郝仲青	私塾塾师,保定崇实中学教师,直隶同盟会主盟人,燕支部组织员,顺直临时省议会议员
王国光	参与创设保定育德中学,育德中学教师
胡元倓	曾开设经正学堂、高等学堂银行科、明德大学,留日学生监督
胡迈	历任湖南陆军小学堂教习、黄埔海军学校监督、黄埔军校秘书处上校主任秘书、明德中学专科部主任、广东警卫军讲武学校教育长;湘军第一师第二团参谋官、湖南省参议员、广东都督府海军司令、广州大元帅大本营参事、行政秘书、行政院会计长、湖南省政府委员兼财政厅厅长、省赈济委员会参事等职务
沈同一	曾任南洋公学附属小学教员、上海童子军总教练
夏景如	曾任青岛方济格女子中学教员、校长,历任北平培根、济南黎明、天津法汉各中学校董事;创办青岛私立圣功女子中、小学
管叶羽	北京潞河中学教师,福州尊孔兴文会会长,协和女子大学(即燕京大学)教授、物理系主任

续表

姓名	工作经历
刘海澜	美以美会传教士,曾于北京创办亚斯立学堂并附设博馆、备学机构①,主持创办北京汇文书院
高凤山	北京汇文宗教学院教育及心理学教授
张家树	徐汇公学副监学兼教员、耶稣会传教者、浦东傅家玫瑰堂副本堂司铎
张伯达	耶稣会会士、震旦大学文学院院长、中国文学系主任、校长
尉礼贤	基督教同善会传教士、教会牧师
刘铨法	山东中兴煤矿公司工程师

注:1."——"标志部分表示信息缺失,或根据已有文献难以考证。

2.部分校长曾两次或多次出任所在著名中学的校长,一般以他们首次任职该校前的工作履历为准,个别则把考察时间适当延长至二次任职之前。

由表3-12可知,除闫翰升、石占元、徐如愿、严松章4人在任职著名中学校长前的工作经历,根据现有文献无法查证外,能考察到之前工作经历的有58人。其中,有46人之前有过教育工作经历,有相当一部分人曾从事教育管理工作并取得了较大成就,如林砺儒、经亨颐、李荃、童伯章等。有20人之前有过政府部门的工作经历,如韩振华、王道元、齐树芸、李荃、汪懋祖、黄人望、项定荣、周翔、童伯章、张伯苓、黄树滋、熊育钖、李中襄、李之透、赵天麟、陈晋卿、郝仲青、胡迈等。还有人有过其他社会部门的工作经历,如范寿康曾是商务印书馆编译所编辑;李中襄曾任《江西日报》社社长;罗介夫曾任《国民日报》总经理;刘铨法曾任山东中兴煤矿公司工程师。有人甚至有过社会团体的工作经历,如曹慕管曾加入光复会,参与该会的革命活动;吴友孝曾任中华职业教育社总务主任;张嘉寿曾任职青年会;刘海澜、张伯达和尉礼贤曾从事传教工作。在上述民国著名中学校长中,有不少人在任职前工作经历丰富,不只有教育工作尤其教育管理工作经历,还有政府部门的工作经历,如李荃、汪懋祖、黄人望、周翔、童伯章、经亨颐、黄树滋、曹孟其、郝仲青、胡迈等。

之前的教育工作经历尤其教育管理工作经历使他们增加了对教育工作的理解和对教育职责的体认,积累了一些教育管理工作经验,为之后的著名中学办学奠定了基础;政府部门等的工作经历,不仅积累的是社会阅历和管理工作经验,还能够汇聚人脉资源,这些人脉构成了他们之后办学的重要支持力量,有的甚至成为著名中学校长在艰难时期获取外部办学支持的重要依托与凭借。

---

① 博馆,即大学及神学;备学,中学,即后来的汇文中学和慕贞女校.参见《中国近代人名大辞典》,中国国际广播出版社,1989:774.

3.1.6 民国著名中学校长的社会声誉

当下,基础教育领域一直在提倡教育家办学,实际上早在民国,这些中学校长就已经实践了教育家办学,他们中的不少人通过办学为自己赢得了教育家的社会声誉。结合现有文献信息,民国著名中学校长的社会声誉情况主要如表3-13所示。

表3-13 民国著名中学校长的社会声誉

姓名	社会声誉	姓名	社会声誉	姓名	社会声誉
韩振华	教育家	王季范	教育家	曹孟其	教育家、书法家
林砺儒	教育家	鲁立刚	教育家	任邦柱	著名教育家
王道元	教育家	屠宽	教育家	李之透	教育家
闫翰升	教育家	童伯章	教育家	严松章	教育界名家
齐树芸	教育家	董志新		赵天麟	教育界名家
郑通和		王修		陈晋卿	教育界名家
李荃		张湛		张嘉寿	
周厚枢	教育家	戴锡樟	著名史学家	郝仲青	教育家
严立扬		石占元	近代职业教育先驱	王国光	教育家
汪懋祖	教育家	曹纯一		胡元俶	教育家
胡焕庸	地理学家	张伯苓	教育家	胡迈	
吴元涤	生物学家	经亨颐	教育家、艺术家	沈同一	
杭海槎		章育文	机械专家	夏景如	民国风云校长
黄人望		范寿康	教育家、哲学家	管叶羽	教育家
项定荣		黄树滋	教育家	刘海澜	
张印通	教育家	徐如愿		高凤山	著名教育家
崔东伯	数学家、教育家	曹慕管		张家树	
潘凤起		吴友孝		张伯达	
周翔		熊育钖	江西近代教育先驱	尉礼贤	汉学家
金传书		李中襄		刘铨法	建筑学家、教育家
彭国钧	教育家	罗介夫			

由表3-13可知,在民国著名中学校长中,有62人依循先进的教育理念和办学思想的指导,在校长任上充分发挥职位角色,大刀阔斧,采取诸多切实可行的改革举措,促进了所在中学的极大发展,为所在中学赢得了良好的声誉,使之在民国的艰难岁月中"崛起"为著名中学;同时也以卓越的办学成就为自身赢得了教育家等称誉,如韩振

华、林砺儒、闫翰升、齐树芸、周厚枢、汪懋祖、张印通、崔东伯、彭国均、王季范、鲁立刚、屠宽（元博）、张伯苓、经亨颐、范寿康、黄树滋、曹孟其、任邦柱、李之透、严松章、赵天麟、陈晋卿、郝仲青、王国光、胡元倓、管叶羽、刘铨法等。还有一些人除却校长角色外，本身就是某专业领域的佼佼者甚至教育名家，如胡焕庸是地理学家、吴元涤是生物学家、崔东伯是数学家、戴锡樟是著名史学家、经亨颐是艺术家、章育文是机械专家、范寿康是哲学家、曹孟其是书法家、尉礼贤是汉学家、刘铨法是建筑学家，即他们在任职校长之前或之后，有自己的"术业"，并做出了显著的成就，成为各自专业领域内的领头人。也正是因为有了这样一群优秀的校长，民国中学教育快速走向近代化，虽历经战乱摧残，却依旧获得长足发展，甚至出现了短暂的"繁荣"期，成为短暂民国中学教育上的亮点，也为我国中学教育史留下可瞩目的"片断"。可以说，能够得到这样一群校长，短命的民国又是何其有幸。

3.2 民国著名中学校长的地位考察

作为校长，其在一定社会系统中的地位如何将直接影响到其办学实践活动的开展及办学理念与理想的实现。因此，在研究民国著名中学校长时，有必要考察其群体的社会地位状况。本研究中，民国著名中学校长的地位是指作为校长，他们在一定的社会系统内所处位置、职位，所担任职务以及凭借自身知识、技能、身份等条件所应获得的直接身份利益和所产生的外部影响的综合，主要表现在法律地位、学校地位和社会地位三个方面。

3.2.1 民国著名中学校长的法律地位

所谓"法律地位"，是指法律关于主体所具有的享有法定权利和承担相应法定义务的资格，以及其依照法律规定在一定法律关系中所处的位置，它通常用以表示法律关系主体权利与义务的对应程度。① 在此，民国著名中学校长的法律地位，主要是指民国时期的教育法律法规对包括民国著名中学校长在内的彼时中学校长在任用、职务权限等方面做出的规定。

3.2.1.1 关于民国著名中学校长任用的规定

这主要体现在临时政府教育部于1912年12月颁布的《中学校令施行规则》和国民政府于1932年12月公布的《中学法》中。其中前者规定省立中学的校长由省行政长官任用，县立中学由县知事呈请省行政长官任用，私立中学由设立人任用并呈报省

---

① 肖卫兵.中国近代国立大学校长角色分析[M].福州：福建教育出版社，2013：48.

行政长官。① 后者规定更为具体,要求省立中学校长由教育厅提出合格人员经省政府委员会议通过后任用,县、市及隶属于行政院之市的公立中学分别由各该管政府选荐合格人员呈请教育厅核准任用,同时都需由省、市教育行政机关按期以汇案呈请教育部备案;私立中学校长由校董会聘任并呈请主管教育行政机关备案。② 1933年的《私立学校规程》明确要求私立学校校长专任,不得兼任其他职务;外国人所办中学须由中国人充任校长。③ 由上可知,彼时对中学校长的任用越来越规范和严格。

3.2.1.2　关于民国著名中学校长任用资格的规定

这主要体现于南京国民政府时期的教育法律法规中。1935年的《中学规程》(1947年修正)要求中学校长必须品格健全,才学优良。同时初中校长还需具备以下条件之一:(1)国内外师范大学、大学教育学院教育科系毕业,或其他院系毕业曾学习教育学科二十学分,从事教育职务2年以上著有成绩;(2)国内外大学本科、高等师范本科或专修科毕业,从事教育职务3年以上著有成绩;(3)国内外专科学校或专门学校本科毕业,从事教育职务4年以上著有成绩。④ 高中校长还需具备下列条件之一:(1)曾任国立大学文、理或教育学院或科系教授或专任讲师1年以上;(2)曾任省级直辖市教育行政机关高级职务2年以上著有成绩;(3)曾任初级中学校长3年以上著有成绩。另外法规还规定曾违犯刑法证据确凿、曾任公务员未交待清、曾任校长及教育行政职务但成绩平庸、患精神疾病或深有痼疾不能任事或行为不检及有不良嗜好的人,不得就任中学校长。⑤

从上述任职资格规定可以看出,民国时期的中学校长资格要求比较注重高等教育专业学历、教育工作经验和工作业绩。

3.2.1.3　关于民国著名中学校长职务权限的规定

一是根据民国时期中央及地方相关教育法律法规,彼时中学校长的职责是综理校务及承担相应的教学任务。如1935年的《中学规程》规定,中学校长综理校务,并承担不少于专任教员最低教学时间1/2的教学任务。⑥ 地方上,如1932年的《江苏省立中学组织暂行规程》要求中学校长秉承教育厅长统辖全校行政事务⑦。这些规定说明综理校务和承担一定的教学任务是校长职务的必然内容。

二是根据相关法律法规,彼时的中学校长需依法定期组织参加校务会议、教务会

---

① 李国钧,王炳照.中国教育制度通史:第7卷[M].济南:山东教育出版社,1999:22-23.
② (国民政府)教育部参事室.教育法令[M].上海:中华书局,1947:205.
③ (国民政府)教育部.私立学校规程[M]//宋恩荣,章咸.中华民国教育法规选编(修订版).南京:江苏教育出版社,2005:125.
④ (国民政府)教育部参事室.教育法令[M].上海:中华书局,1947:211.
⑤ (南京政府)教育部.中学规程[M]//宋恩荣,章咸.中华民国教育法规选编(修订版).南京:江苏教育出版社,2005:380-381.
⑥ (国民政府)教育部参事室.教育法令[M].上海:中华书局,1947:210.
⑦ 江苏省政府委员会.江苏省立中等学校组织暂行规程[A]//江苏省教育厅秘书室.江苏省现行教育法令汇编.南京:江苏省教育厅秘书室,1932:37.

议、训育会议、事务会议并任会议主席。国民政府实行训育制度后,要求由校长任学校青年训练团团长并依照训育指导委员会的决议负责全团训管事项[①]。

三是民国中学校长负责全校教职工人事管理事务。如1932年的《中学法》规定,中学教员由校长依照教育部所定任用规程聘用,中学职员由校长任用并呈请主管教育行政机关备案。[②] 1935年的《中学规程》规定:公私立中学各科教员都由校长开具合格人员详细履历,呈省、市教育行政机关核准后具备聘书予以聘用,对不合格教员依令更聘;中学各部门主任由专任教员兼任外,校医及其他职员都由校长聘任或任用并呈报省、市教育行政机关备案。[③]

以上关于校长的法律规定更多出自国民政府时期的教育法律法规,由这些规定可知,在国民政府时期,包括著名中学在内的广大中学普遍实行校长负责制,由校长负责人事管理、主持召开重要会议等统领全校教育教学工作的校务活动。

3.2.2 民国著名中学校长的学校地位

所谓"学校地位",指主体在学校内部管理体系中所处位置、扮演的身份角色、在学校发展中的作用以及由此所带来的个人声望。本研究中,民国著名中学校长的学校地位,就是民国著名中学校长在民国著名中学内部管理体系中的位置、实际扮演的身份角色及其在全校师生员工中的影响力、声望。

根据前述有关校长地位的法律规定,在民国公立中学,学校依法只设1人任校长,校长居于学校最高领导岗位,综理一切学校内部事务,对全校事务负责。在国人或教会办的中学,普遍设董事会负责学校财务、校长选任与更聘、学校设立与解散等重大事项,如在天津圣功女中,校长任免、经费筹划、预决算审核、财务保管、财务监督、学校发展计划审核等事宜都由校董会负责。[④] 这些学校的其他日常事务的管理则由校长完全负责,而校董事不直接参与。

因此,在民国公、私立中学,校长实际上是学校内部事务的第一负责人,是中学最高领导者,对中学教职员的聘任、任用等人事管理活动具有直接管理权限,全体教职员工的一切职务活动都对其负责、受其领导和监督;宏观指导、安排中学教育教学活动,对外代表学校参与社会活动。由于任职资格的限制,能够出任校长的大都是具有高等教育学历和一定教育工作经验,工作能力较强,同时品格比较优良的人,所以他们比较容易胜任校长职务,并被广大师生员工接受和拥护。而民国著名中学校长,由于他们更能引领师生员工促进学校显著发展,某种程度上在学校管理中扮演了精神

---

① 国民政府.中等学校特种教育纲要[M]//宋恩荣,章咸.中华民国教育法规选编(修订版).南京:江苏教育出版社,2005:332.
② (国民政府)教育部参事室.教育法令[M].上海:中华书局,1947:205.
③ (国民政府)教育部参事室.教育法令[M].上海:中华书局,1947:210-211.
④ 校史稿编写组.新华中学校史稿:1914—2014[M].天津:天津教育出版社,2014:14.

引领的角色,在师生员工中更是享有崇高声望,相应地在学校中的地位更高。

3.2.3 民国著名中学校长的社会地位

"社会地位"是指主体所拥有的财产、权力和权威的情况以及由此带来的社会声望和荣誉,是主体作为社会成员在社会系统中所处的位置,它包括先赋性地位(ascribed status)和自致性地位(achieved status)两种。在本研究中,民国著名中学校长的社会地位,是指他们作为著名中学的校长,因其在中学教育领域中所做出的卓越贡献而为自己带来的社会声望和荣誉。他们的社会地位主要通过自身的社会关系网络和所获得的社会评价表现出来。

3.2.3.1 民国著名中学校长的社会关系

要评价一个人,首先需要看他经常和哪些人交往。即一个人的社会交际在某种意义上代表着他的能力、社会地位。对民国著名中学校长来说,他们大都具有广泛的社会关系。

其一,在出掌著名中学之前就具有广泛社会联系:一是由家庭带来广泛社会关系,如明德中学校长胡元倓出身于书香门第,其表兄是曾任江苏泰兴知县的龙彰,龙彰的堂兄是龙绂瑞、叔父是曾任刑部右侍郎的龙湛霖,他们不仅在明德学堂的创办中给予了有力的资金支持和社会保护,还为明德招揽到了当时的政要人物谭延闿的支持和政治庇护。① 心远校长熊育钖因堂兄熊元锷的关系,结识严复并成为至交好友,严复不仅深刻影响熊育钖的办学思想,还关心心远的办学,曾为学校题写校名及校训、谱写校歌、介绍一些名师。② 二是由之前的工作经历带来广泛的社会联系,如经亨颐在出任春晖中学校长前曾历任浙江两级师范学堂教务长、浙江省教育会会长、浙江省立第一师范学校校长等职,结交了不少学界名人,为春晖中学积累了雄厚的师资人脉。③

其二,在著名中学办学实践中建立了广泛的社会联系:一是在教育界建立广泛联系,如北平市立第四中学校长齐树芸在任职期间,学校举办二十周年校庆,不仅著名历史学家陈垣亲自为校庆纪念刊作序,张伯苓、蒋梦麟等诸多教育界知名人士也都前来题词祝贺。④ 二是与政界有密切联系,如明德学校校长胡元倓与国民党要员谭延闿、陈果夫等关系密切,曾在他们的帮助下为学校争取到中俄庚款返回款 15 万元,解决了学校新校舍修建的经费问题。⑤

---

① 陶旅枫,黄政海.明德学校史[M].长沙:湖南师范大学出版社,2013:9-10,12.
② 中国人民政治协商会议南昌市委员会文史资料研究委员会.南昌文史资料选辑:第8辑[M]. 1992:30,33.
③ 杨立强,刘其奎.简明中华民国史辞典[M].郑州:河南人民出版社,1989:349.
④ 李建华.大气成就大器:北京四中百年峥嵘岁月[M]//中国老教授协会编审委员会,中国教师报.中国百年老校(Ⅲ).北京:现代教育出版社,2015:141.
⑤ 陶旅枫,黄政海.明德学校史[M].长沙:湖南师范大学出版社,2013:63-64.

3.2.3.2 民国著名中学校长所获得的社会评价

民国著名中学校长因其办学精神和办学成效,不仅为学校赢得了较高的声誉,也为自己赢得了各种荣誉。

一是获得教育家等各种荣誉称号。由前述有关统计结果可知,不少民国著名中学校长都获得了教育家殊荣;青岛礼贤中学校长刘铨法还被毛泽东誉为"学界泰斗,人世楷模"①。二是获得政府嘉奖。如广益中学曾在任邦柱校长主持下因"办学有方"于1935年获得省政府奖金1万元,②在校长李之透带领下因"能在战火中坚持办学,实属难能可贵"于1944年获省教育厅奖金50万元③。三是获得广泛的办学支持。如为促进社会对学校的了解并获得相关人士的指导,扬州中学校长周厚枢积极与社会各界建立联系,每次举行学校展览会都广邀教育厅长、科长、省县市私立中学的校长、教师,及学校教职工和学生家长前来参观。④

此外,民国公立中学校长多是由政府派任,如前所述,各级公立中学校长都由相关教育行政机关选荐、核准任用,并呈请教育部备案;各类私立中学校长的任用也须向主管教育行政机关备案。同时,中学校长的薪俸标准、养老金及抚恤金办法,都由国民政府通过相关法规条例做了详细的规定和说明;而且彼时著名中学校长常在政府机构兼任一些行政职务,有不少人甚至从中学调任政府机构。这都使得彼时中学校长尤其公立中学校长,身上带有比较浓郁的政治色彩,一定程度上会提高其在社会公众心目中的影响力。

民国著名中学校长的法律地位、学校地位和社会地位,有利于他们在办学中快速获得师生信任和支持,有利于办学理念的贯彻和办学举措的落实;由其地位带来的人脉也为他们提供了各种有力的办学支持。

3.3 民国著名中学校长的待遇探析

待遇问题直接关系到中学校长生活的稳定和能否安心管理学校事务,引领中学发展。民国著名中学校长作为小群体,他们与同时代的其他中学校长生活在同一时代背景下,历经了相同或类似的发展困境,在待遇上也与同地域其他中学校长大同小异,因此探讨他们的待遇问题实际上也是在探讨同期广大中学校长的待遇问题。在

---

① 徐学清.礼贤中学史话[EB/OL].(2016-10-11)[2017-09-11]. http://qdsq-sb.qingdao.gov.cn/n18810935/n18869838/161011111234236425.html.
② 一位"精神不死"的著名教育家:缅怀湖南私立广益中学任邦柱校长[EB/OL].(2016-05-13)[2017-09-11].http://www.hnsdfz.org/a/mingshifengfan/20160510/1128.html.
③ 教育家李之透[EB/OL].(2016-05-10)[2017-09-11].http://www.hnsdfz.org/a/mingshifengfan/20160510/1126.html.
④ 邹雨青.民国时期的留洋文人[M].北京:中国文史出版社,2016:198.

本研究中,主要从薪俸、养老金、抚恤金、奖励、职业发展等方面考察民国中学校长的待遇问题,借以管窥民国著名中学校长的生存与发展状况。

3.3.1 民国著名中学校长的薪俸

关于民国著名中学校长的薪俸问题,可从中央和地方两个方面来考察。

3.3.1.1 中央关于民国中学校长薪俸的法律规定

民国以来,当局政府对中学教育陆续进行了一系列改革,也先后制定了一些中学教育法规,其中有关著名中学校长在内的中学校长的薪俸规定主要如下:

一是民国中学校长的薪俸构成。一般来说,主体的薪酬与工作类别、工作构成及工作量有密切关系,因此,在考察民国中学校长的薪俸构成时,有必要结合其工作类别、构成、工作量进行。在民国时期,中学校长的工作主要有两部分:一是校务管理工作;一是教学工作,但教学工作属于其依法任职校长所必须担任的工作,不需额外支付报酬,如1932年的《中等学校教职员服务及待遇办法大纲》和1935年的《中学规程》都规定中学校长"必须担任教学,其时间不得少于专任教员教学时间年最低限度二分之一,并不得另支俸给"①②。同时,民国中学校长一般只在本校担任管理和教学工作,不进行社会兼职,如1932年的《中学法》规定,中学校长"除应担任本校教课外,不得兼任他职";③1933年的《私立学校规程》要求包括中学校长在内的"私立学校校长均应专任,不得兼任其他职务"。④ 所以从法律上说,民国中学校长的薪俸构成只与校长任职有关,与是否担任教学工作关系不大,构成比较单一、纯粹。

实际上,民国著名中学校长由于自身学历水平、办学业绩或社会影响等因素,有的会在其他学校兼任一定教学任务,如贝满女中校长管叶羽在就任该校期间,同时兼任北京协和女子大学理预科的数、理、化教师⑤。有的会兼任一些社会职务,如心远中学校长熊育锡曾于1912年任江西省文事局局长,1927年当选国民党省政府委员,1928年任国民党省党部组织部长并代理建设厅长,还曾就任中央监察委员等职务。⑥还有的会同时兼任几所学校校长,如张伯苓在南开小学、大学等创办起来后,任职南开系列学校的校长,他还曾兼任天津体育协进会会长、华北体育联合会会长、中华全国体育协进会会长及理事长等职。⑦ 对于这些中学校长来说,他们的薪俸构成就相对复杂多样一些。

---

① (国民政府)教育部.中等学校教职员服务及待遇办法大纲[M]//宋恩荣,章咸.中华民国教育法规选编(修订版)[M].南京:江苏教育出版社,2005:639.
② (国民政府)教育部参事室.教育法令[M].上海:中华书局,1947:210.
③ (国民政府)教育部参事室.教育法令[M].上海:中华书局,1947:205.
④ (国民政府)教育部.教育法令汇编:第1辑[M].上海:商务印书馆,1936:343.
⑤ 我的老师:管叶羽[M]//冰心.我的童年.北京:北京理工大学出版社,2016:193.
⑥ 熊光炯.心远:一个教育世家的百年沧桑[M].北京:人民文学出版社,2012:35,52,56,84.
⑦ 马建强.追寻近代中国的教育大师[M].北京:教育科学出版社,2008:43.

二是民国中学校长的薪俸标准。关于民国著名中学校长在内的中学校长的薪俸,在较长一段时间内当局中央政府都没有制定具体发放标准。1912年9月,临时政府颁布《中学校令》规定:中学校长的俸给,"依部订规程之标准,由省行政长官定之",①却一直未对该"部订标准"予以解释,使得全国中学校长的薪俸没有可供参照的统一标准。这种状况一直持续到1930年代。1932年11月,国民政府教育部出台《中等学校教职员服务及待遇办法大纲》,规定"中等学校废除钟点计薪制","教职员之月俸应分别登记,依次递进","由各省市厅酌量地方生活程度,比照现制较优办法予以规定",同时要求各省市尽力推行"年功加俸制"。② 这一法规虽未对中学校长的薪俸做专门规定,但根据其精神可知,其中的"教职员"包含中学校长,中学校长的薪俸应该比照教职员的标准发放。

1943年,为改善中学教师待遇,教育部专门就国立中等学校③教职员的薪俸制定统一标准(如表3-14所示)。其中,国立中学校长的工资分为六个级别,相邻级别之间的薪俸额度相差20元,最高级别薪俸为400元/月,最低为300元/月;若是属于分校的中学校长或主任,其薪俸标准虽然也有六个级别,相邻级别之间的薪俸额度也相差20元,但最高级别薪俸标准为320元/月,最低为220元/月,整体上比非分校校长的薪俸标准要低。

表3-14　国立中等学校校长薪级表 1943年　　　　　　　　　　单位:元/月

级别	1	2	3	4	5	6	7	8	9	10
校长	400	380	360	340	320	300				
分校校长或主任					320	300	280	260	240	220

资料来源:(国民政府)教育部参事室.教育法令[M].上海:中华书局,1947:234.

3.3.1.2　地方关于民国中学校长薪俸的法律规定

由上可知,在1932年以前,主要由各省市根据地方实际情况确定中学校长的薪俸执行标准,同时由于全国各地经济状况与教育经费情况不一,所以1932年以前即使同一省域的不同地方甚至不同学校的中学校长薪俸标准也多有差别,且大多采用时薪制。在此期间,为改善教师待遇,稳定教师职业,保证中学教育质量,一些地方开始根据当地实际情况,采用月薪制,如广东省制定了中学教职员的薪俸等级表,对中学校长在内的中学教职员实行月俸制。

---

① (临时政府)教育部.中学校令[M]//宋恩荣,章咸.中华民国教育法规选编(修订版).南京:江苏教育出版社,2005:317.
② (国民政府)教育部.中等学校教职员服务及待遇办法大纲[M]//宋恩荣,章咸.中华民国教育法规选编(修订版).南京:江苏教育出版社,2005:639.
③ 实际上是在全面抗战时期,一种用于安置从沦陷区迁徙出来的公、私立中等学校学生的各种临时中等学校,因政府设立而称国立中等学校。

在1932年的《中等学校教职员服务及待遇办法大纲》颁布前后,全国各省(直辖市)也陆续制定了地方中学教育法令,废除时薪制,改行月薪制,并对中学校长的待遇分别制定具体执行标准。以江苏省为例,在1932年7月颁布了《江苏省立中等学校校长任免及待遇暂行规程》(以下简称《省立规程》)和《江苏省县立中等学校校长任免及待遇暂行规程》(以下简称《县立规程》)分别对江苏省立、县立中学校长的待遇给出了具体执行标准。其中:

《省立规程》指出,省立中学校长的俸给由教育厅依照规定数目(如表3-15所示)结合各中学事务繁简及校长的学历与经验酌情确定,制定了省立中学校长月薪标准表(如表3-16所示),对国外大学毕业并获最高学位的中学校长可酌情增加待遇。①《县立规程》将县立中学校长薪俸支付标准(如表3-17所示)分为六个等级,相邻等级之间相差10元,最高支付标准为100元/月,最低为50元/月,具体应支付标准由县教育局长依照此标准,结合地方经济能力、中学校务繁简及校长的学历经验确定,并呈准教育厅核定。② 其中,各省立、县立中学校长连续任职满3年且业绩卓著,经由省督学报省教育厅核准,均可晋俸一级。③

表3-15　中学校长应支俸给等级表　　　　　　　　单位:元/月

级　别	1	2	3	4	5	6	7	8	9
薪俸数额	280	260	240	220	200	180	160	140	120

表3-16　江苏省立中学校长月薪标准表　　　　　　单位:元/月

	18级以上	15级以上	12级以上	9级以上	6级以上
国外大学毕业者	280	260	240	220	200
国内大学毕业者	260	240	220	200	180
国内外高等师范毕业者	240	220	200	180	160
国内外专门学校毕业者	220	200	180	160	140

资料来源:省立各中等学校校长应支俸给等级表[G]//江苏省教育厅秘书室.江苏省现行教育法令汇编.南京:江苏省教育厅秘书室,1932:43.

---

① 江苏省教育厅秘书室.江苏省现行教育法令汇编[G].南京:江苏省教育厅秘书室,1932:42-43.
② 江苏省教育厅秘书室.江苏省现行教育法令汇编[G].南京:江苏省教育厅秘书室,1932:54.
③ 江苏省教育厅秘书室.江苏省现行教育法令汇编[G].南京:江苏省教育厅秘书室,1932:43,54.

表 3-17　江苏省县立中等学校校长应支俸给表　　　　　　　　　　单位：元/月

第一级	第二级	第三级	第四级	第五级	第六级
100	90	80	70	60	50

资料来源：江苏省县立各中等学校校长应支薪俸标准表[G]//江苏省教育厅秘书室.江苏省现行教育法令汇编.南京：江苏省教育厅秘书室,1932:54.

对于私立中学校长的薪俸，有关法规规定由各私立学校校董会依照省市政府关于中学校长薪俸的执行标准，根据本校教育经费情况予以确定。通常情况下，公立中学校长的薪俸较私立中学校长优厚，以省立中学校长薪俸最高，但有时一些效益较好的私立中学的校长薪俸要比县立中学高。如郭枥在1931年抽样调查了全国21所省立中学、23所县立中学、12所私立中学教职工的薪金分配情况，得出结论（如表3-18所示）：关于中学校长薪俸发放情况的中数，以省立最大，县立次之，私立又次之；整体上，省立中学校长薪俸收入比县立中学校长和私立中学校长都要高；私立中学校长的薪俸收入呈现明显的两段，两极分化严重，这应该与私立中学的教育经费和办学效益有关。①

表 3-18　全国中学校长薪俸发放情况统计表 1931 年　　　　　（单位：元/月）

	20以下	21~25	41~45	46~50	56~60	61~65	66~70	71~75	76~80	86~90	91~95	96~100	106~110	136~140	140以上	中数
省中 21人												2	1	2	16	140
县中 22人	1	1		4	5	1	6	1	1	1	1					62.50
私中 9人			1	2	1		1					1			3	58.50
中学 52人																90.00

资料来源：中学专任教职员1609人薪金分配表&中学教职员薪金分类比较表&省/县/私立中等学校教职员薪金分配表[M]//李文海.民国时期社会调查丛编：文教事业卷.福州：福建教育出版社,2004:209-214.

3.3.1.3　民国中学校长的薪俸水平

民国中学校长的薪俸相比学校内的普通教职工要优厚，一般属于中学教职员薪资的最高级别，如1935年的《中学规程》规定："中学校长视专任教员进行三级至五级支俸，由主管教育行政机关或校董会定之。"②但其薪俸收入在国家或地方处于何种

---

① 郭枥.中小学教职员待遇之调查与研究[M]//李文海.民国时期社会调查丛编：文教事业卷.福州：福建教育出版社,2004:209-214.

② （国民政府）教育部参事室.教育法令[M].上海：中华书局,1947:212.

水平,能否维持其正常的家庭日常生活开支,这是一个值得进一步探讨的问题。

民国纪元开始后,临时政府存续时间短,未来得及对中学校长的薪俸问题做出具体规定。北洋政府时期,由于军阀混战等纷扰,大中小学校教育经费时常无所着落,教师薪俸积欠严重。以北平为例①,不时爆发教师、校长罢课或辞职等形式的索薪事件,如1925年,中小学教职员成立索薪团,推选代表于1月多次赴辖区监督教育部、财政部等,谒见崇文门监督刘之龙、教育总长易培基催索经费;11月公立中小学教职员的罢课索薪活动更是多次爆发。② 国民政府时期,中学才真正进入稳定发展期,尤其1927到1937年这一时段经常被誉为中学教育发展的较佳时期。因此,我们将着重讨论国民政府时期中学校长的薪俸情况。在这一时期,中央和地方各级政府都对中学校长薪俸的执行标准做了明确规定,但由于中学校长的薪俸需根据地方经济与学校教育经费的具体情况确定,因此彼时中学校长的实际薪俸收入有时会与国家规定标准有所出入,常表现为学校教育经费充足,就能保障薪俸水准;若教育经费匮乏,薪俸水准就会相应降低。

一般来说,在1927至1937年这段时期,包括校长在内的中学教职员属于中等收入群体,其薪俸收入基本都能够维持正常家庭开支。陶梦和曾对1926年北平各阶层的生活费用作了调查,认为"教职员家庭,属于中间阶级"③。在1930年代,收入百元以上的教职员,月俸可满足三口或三口以上家庭的生活需求。同时,对照1933年国民政府公布的文官官等官俸表④(如表3-19所示)可知,同时期民国中学校长的薪俸最高为280元/月,相当于荐任四级的薪俸,与彼时行政院或市府的局长、科长的薪俸大致相当;最低为50元/月,大抵相当于委任十二级的薪俸,与公务员薪俸水平大致相当。

抗战时期,全国普遍教育经费短缺,且物价飞涨,整个教育事业发展都举步维艰,教育领域工作人员工资收入低下,难以供养自己和家人。如抗战期间,物价奇高,一件衬衣700元、一双皮鞋1000元,著名作家沈从文作为西南联合大学教授月薪400元,维持生计力不从心,需要妻子张兆和在外代课补贴家用。⑤ 而抗战胜利后,国民政府忙于接收沦陷区和应对中共及准备发动内战,无暇顾及教育事业,而且随着内战的拉开,政府军费开支繁重,使得教育经费奇缺,同时国统区经济濒临崩溃,物价居高

---

① 由于北平作为文化古都,不仅是我国近现代教育的发源地,也是旧中国教育最发达的地区之一,它在抗战前汇聚了一大批国内一流的文化名家,深刻地影响着当地包括中学在内的整个教育事业的发展水准;同时,北平还是当时的政治中心,因此以北平作为考察地域,具有典型的代表意义。
② 耿申,等.北京近代教育纪事[M].北京:北京教育出版社,1991:185-186,193.
③ 陶梦和.北平生活费之分析[M].上海:商务印书馆,1930:11.
④ 在1929年的基础上,将文官的薪俸级别分得更细,由25级改为37级,并提高委任官职的最低工资为55元/月。故此处以1929年的文官薪俸标准为参照。
⑤ 张兆和.沉没在沈从文的编年史里[M]//肖伊绯.民国达人录.桂林:广西师范大学出版社,2011:83-84.

不下,社会一片混乱,这些都严重影响到中学教育的发展和中学教育工作者的正常生活。因此,从抗战以来直至内战结束,虽然国民政府对包括中学校长在内的广大教员的薪俸因时做了重大调整,甚至为保障他们的待遇和基本生活一度发放实物作为替代,但中学校长的实际收入水平并不高,只能称得上勉强维持生计,捉襟见肘的情况经常会出现。

表 3-19　国民政府文官官等官俸表(1929 年 8 月 14 日)　　　　单位:元/月

职别			薪别	职别		薪别
特任		一	800	委任	一	200
简任	次长	一	600		一	180
	长	二	560		二	160
	署长	三	520		三	140
	司	四	480		四	120
	局	五	440		五	100
	厅	六	400		六	90
荐任	秘书	一	370		七	80
		二	340		八	70
	科长	三	310		九	60
		四	280		十	50
		五	250		十一	40
		六	220		十九	

资料来源:慈鸿飞.二三十年代教师、公务员工资及生活状况考[J].近代史研究,1994(3).

3.3.2　民国著名中学校长的养老金

养老金保障主要指主体在特定年龄退休或心神丧失及身体残废导致不能胜任职务后,依照有关制度规定享有领取的一定数额的生活补助,也称退休金。根据现有文献可知,民国关于中学校长养老、退休、抚恤等问题,没有专门的法规制度,多是将其与学校系统教职工的养老问题放在一起予以规定。因此,在本研究中,关于民国著名中学校长的养老、抚恤问题的考察,多参阅当时有关中学教职员养老、抚恤的法律法规和制度规定。1926 年 11 月和 12 月,政府先后颁布《学校教职员养老金及恤金条例》(以下简称《养老金条例》)和《学校教职员养老金及恤金条例施行细则》(以下简称《施行细则》),首次确立包括校长在内的学校教职员养老相关制度,由此开启了民国时期学校教职员养老及退休制度的先河。《养老金条例》出台后,虽经补充和修正,一直沿用至 1944 年 6 月的《学校教职员退休条例》(以下简称《退休条例》)颁布。

一是民国中学校长养老金发放的条件。1926年,《养老金条例》明确规定:凡连续服务15年以上的教职员,年逾60,自请退职或学校请其退养者,以及未满60岁身体衰弱而不能胜任者,可以领取退休金。① 1944年,《退休条例》作了补充完善,规定"服务15年以上已达申请退休年龄而申请退休者,服务25年以上成就昭著而申请退休者,服务15年以上已达退休年龄而应即退休者,服务15年以上心神丧失或身体残疾导致不能胜任职务而应即退休者,因公伤疾病致心神丧失或身体残废致使不能胜任职务而应即退休者"以及"服务5年以上15年未满,已达退休年龄而应即退休者或因心神丧失及身体残废不胜职务而应即退休者"均可以领取退休金。② 同时规定,对于工作5年以上不满15年,已达退休年龄、心神丧失或身体残废不能胜任职务而应即退休的教职员工,仅给予一次年退休金。③ 从新的条例规定可知,养老金的发放条件主要是:工作年限至少15年,到达退休年龄;特殊情况下可将工作年限放宽至5年,一些未达退休年龄但工作满25年且成就卓著而退休的教职员也予以发放养老金。相较以往,中学校长养老金发放条件适当放宽,考虑到了一些特殊因素,增强了人性化。

二是民国中学校长养老金发放的金额。1926年,《养老金条例》明确了中学校长等的养老金发放标准:兼任教员按最后3年平均年俸的20%;专任教员及职员月薪200元以上,连续任职未满20年和满25年的,每年分别领取养老金900元、1200元,其余的随月薪多少而增减(具体参照表3-20)。1944年,《退休条例》修订规定:"专任教职员按退职当月的薪额合成年薪;兼任教员则按最后三年的年薪平均数,依当事人工作年限确定相应比例予以发放"(如表3-21所示);"工伤、疾病导致心神丧失或残废不能胜任职务而应即退休的各类教职员,在前述退休金额的基础上增加10%"。④ 同时规定,如遇非常时期应在前述基础上,按现任教职员的待遇比例增加额度;退休之后再任教职员二次退休的,补加之后的工作年限,依照前述规定重新确定年退休金。⑤ 1948年的修正案规定:申请退休的退休金在原有比率上增加5个百分点;工作15年以上满60岁、工作满30年申请退休的、年满65岁以及工作满15年因公致伤病应即退休的,除年退休金外,给予相当于4个月薪的一次退休金;工作满5年不足15年,年满60岁申请退休的,只要满5年就给予6个月的月俸,且每增加1年,加给1个月的月俸;工作满5年,年满60岁以及因公导致伤病应即退休的,给予8个月的月

---

① 国民政府.学校教职员养老金及恤金条例[M]//房列曙.中国近现代文官制度.北京:商务印书馆,2016:176.
② 国民政府.学校教职员退休条例[M]//宋恩荣,章咸.中华民国教育法规选编(修订版).南京:江苏教育出版社,2005:663.
③ (国民政府)教育部参事室.教育法令[M].上海:中华书局,1947:64.
④ 国民政府.学校教职员退休条例[M]//宋恩荣,章咸.中华民国教育法规选编(修订版).南京:江苏教育出版社,2005:663-664.
⑤ (国民政府)教育部参事室.教育法令[M].上海:中华书局,1947:64.

俸,且每增加1年,加给1个月的月俸。① 同时该修正案规定,学校教职员养老金应按照现任教职员增加待遇的比例增加支给,其中一次退休金的增加额以待遇总额的60%为限度。②

表3-20 学校系统教职员养老金发放标准表(1926年12月) 单位:元

年限最后月俸	服　　务		
	20年未满	20年至25年未满	25年以上
200元以上	900	1050	1200
150元以上至200元未满	735	840	945
120元以上至150元未满	648	729	810
100元以上至120元未满	594	660	726
80元以上至100元未满	540	594	648
60元以上至80元未满	462	504	546
45元以上至60元未满	381	413	445
30元以上至45元未满	296	319	342
20元以上至30元未满	210	225	240
20元未满	180	192	204

资料来源:学校教职员养老金及恤金条例[J].大学院公报,1928(1).

表3-21 学校兼职教员退休金发放百分比标准表(1944年6月)

退休者	工作年限			
	15年以上20年未满	20年以上25年未满	25年以上30年未满	30年以上
申请退休者	40%	45%	50%	55%
应即退休者	50%	55%	60%	65%
特殊情况者[1]	60%	65%	70%	75%

资料来源:学校教职员退休条例[M]//宋恩荣,章咸.中华民国教育法规选编.南京:江苏教育出版社,2005:663.

注:[1]此处的"特殊情况者"即指文中所述的:工作满15年以上,因工伤、疾病导致心神丧失或残废不能胜任职务应即退休的教职员中的兼职教员。

三是民国中学校长工作年限的确定。1926年的《养老金条例》规定:学校教职员的工作年限,原则上"以连续在一校者为限","若经主管教育行政机关调用或经原校

---

① 蔡鸿源.民国法规集成:第59册[M].合肥:黄山书社,1999:532-533.
② 蔡鸿源.民国法规集成:第59册[M].合肥:黄山书社,1999:533.

校长许可并以专案呈准而转任他校的",可不受此限制。① 这说明,当时学校的教职员退休时的工作年限若非上述情况,不能多校之间合并计算。这种规定虽有利于学校教职员的稳定,却阻碍了优秀师资与校长的正常流动。同时整个民国时期处于动荡不稳的状态,有时学校的存续都难以维持,更何谈校长和教职工的稳定。因此这种规定比较苛刻,在某种程度上甚至可以说是对学校校长及教职工利益的一种变相侵犯。

之后,1937年的修正案将前述工作年限计算的限制条件改为"以连续在国立、省立或市县区立学校为限"。② 1944年的《退休条例》进一步放宽了条件,规定学校教职员应"至少连续在同一学校服务5年",③这意味着学校教职员工作年限的计算允许多校之间合并计算,这实际上也是在承认学校教职员流动的发生和存在,在不平静的抗战年代,是对学校教职员利益的维护。

四是民国中学校长养老金的保障。对于包括民国中学校长在内的中学教职工的养老金发放,1926年的《养老金条例》和《施行细则》规定:国立学校由教育行政委员会核准呈请国民政府备案、国库支给;省立学校由省教育厅核准呈请省政府备案、省库支给;市县区立学校由市县教育行政机关核准呈请市县政府备案、市县区经费支给;私立学校则由各校视经费情况酌情支给。④ 这初步构建了学校教职员养老金的三级经费支给制,⑤但遗憾的是没有对乡镇保立学校教职员的养老金予以规定。

1932年,国民政府针对实际中出现的学校教职员在退休后尚未领到养老金死亡的情况作了补充解释,指出对经核准应发给养老金,"而在发给之期前死亡的或者经核准发给养老金证书,但因证书往还期间,未能领到证书就死亡的",应支付其死亡前应得的养老金。⑥ 1940年的修正案补充了对乡镇保立学校教职员养老金问题的规定,指定由市县经费支给,这一规定在我国首次将乡镇保立学校教职员的养老金纳入国家保障范围;⑦同时,进一步明确了学校教职员养老金的发放从退休翌日起算,直至当事人死亡日止。1944年,《退休条例》做了进一步补充与完善,规定:国立省立院辖市市立学校的教职员养老金由国库支给,县市区乡镇保立学校的教职员养老金由县市经费支给;私立学校的教职员养老金,由所在学校参照该条例依照学校经费情况

---

① 蔡鸿源.民国法规集成:第59册[M].合肥:黄山书社,1999:137.
② (国民政府)教育部.教育法令汇编:第2辑[M].上海:商务印书馆,1937:25.
③ 国民政府.学校教职员退休条例[M]//宋恩荣,章咸.中华民国教育法规选编(修订版).南京:江苏教育出版社,2005:663.
④ 陈光春.生成与失范:民国时期中学教师管理制度研究(1912—1949)[M].武汉:华中科技大学出版社,2016:206.
⑤ 陈光春.生成与师范:民国时期中学教师管理制度研究(1912—1949)[M].武汉:华中科技大学出版社,2016:206.
⑥ (国民政府)教育部.教育法令汇编:第1辑[M].上海:商务印书馆,1936:54.
⑦ 陈光春.生成与师范:民国时期中学教师管理制度研究(1912—1949)[M].武汉:华中科技大学出版社,2016:262.

酌量支付,当养老金不足时,由主管教育行政机关予以补助。① 对私立学校教职员养老金问题的规定,使得民国时期关于学校教职员养老金问题的相关规定更加完备和成熟。

综上,民国时期关于著名中学校长在内的学校教职员的养老金的法规制度不断健全与完善,人性关怀也不断增加。但遗憾的是,在民国战乱频仍、时局动荡不安的时代大背景下,广大学校经常面临经费短缺、发展陷入僵局甚至举步维艰的窘境,学校教职员经常遭遇工资拖欠而陷入生活拮据,其中尤以中小学窘况为甚,教职工、校长请愿发放工资和教育经费的事件时有发生。在这种情况下,包括著名中学校长在内的广大学校教职员在退休后的养老问题实难得到有力保障。再好的制度,在乱世中,也是苍白无力的。

3.3.3 民国著名中学校长的抚恤金

抚恤金是指具有某种身份资格的个体在其死亡或伤残之后,由国家或有关单位依照相关法规制度对其家属给予的抚慰和经济补偿,是给予个体的一种特殊待遇,其直接受益对象是个体家属。它是伴随退休制度的"出笼"而产生的一种制度。如前所述,民国时期一般将中学校长的抚恤金问题放在学校教职员抚恤金中予以规范,鲜少进行专门规定。因此本研究对于民国著名中学校长的抚恤金问题,主要结合有关学校教职工抚恤金问题的法律法规和制度进行讨论。

1926年国民政府颁布《学校教职员养老金及恤金条例》(即前述《养老金条例》)和《学校教职员养老金及恤金条例施行细则》(即前述《施行细则》),标志着我国学校教职员恤金制度国家层面统一规定和管理历史的开端。之后,两部法规虽几经修正,一直沿用到《学校教职员抚恤条例》(1944年6月,以下简称《抚恤条例》)和《学校教职员抚恤条例施行细则》(1945年3月,以下简称《抚恤施行细则》)出台。关于民国时期国家对包括著名中学校长抚恤金在内的广大学校教职员抚恤金问题的规定主要如下:

一是抚恤金发放的条件。关于学校教职员抚恤金发放的条件,1926年的《养老金条例》规定:连续工作10年以上、15年以上、20年以上死亡的,因公致死的,因公伤病致死者,得领抚恤金;校长和其他教职员请领抚恤金需由法定继承人开具履历事实和请领金额,经学校校长呈请主管教育行政机关核给。② 这说明抚恤金的发放条件为:在同一学校内连续工作达10年以上、死亡或因公导致最终死亡;而且根据《养老金条例》的文件精神,其中的"学校教职员"仅限于国立、省立、县市区立学校——这是

---

① 国民政府.学校教职员退休条例[M]//宋恩荣,章咸.中华民国教育法规选编(修订版).南京:江苏教育出版社,2005:664-665.
② 仲靖澜,等.教育行政指导 办学宝鉴之一[M].上海:世界书局,1931:140-141.

一种身份归属上的限制。

之后,1940年的修正案则将乡镇保立学校教职员抚恤金的发放问题追加进了法律文件中,拓宽了学校教职员抚恤金发放的身份归属限制。1944年的《抚恤条例》和1945年的《抚恤施行细则》进一步明确了学校教职员抚恤金发放的条件,指出:工作15年以上死亡的、依法领受年退休金中死亡的、因执行职务发生的危险死亡、因尽力职务积劳成疾在任死亡、因出差遇险或患病死亡、在办公时间遭遇意外危险死亡等因公死亡的,均可享有抚恤金待遇。① 对于工作不满15年死亡的,其遗族抚恤金的支给以满15年处理;对于工作3年以上不满15年而在职病故的,给予其遗族一次抚恤金。② 至此,学校教职员的抚恤金发放条件不再强调在同一学校连续工作,只要在同一学校连续工作满5年即可,适用人员的身份归属范围也扩展到了乡镇保立学校;适当放宽了对工作年限的限定要求,增加了一次抚恤金种类,完善了"因公死亡"的适用情形。

二是抚恤金发放的标准。关于学校教职员抚恤金发放的标准,《养老金条例》规定:专任教员连续工作10年以上、15年以上、20年以上死亡的,分别比照最后年俸额度的一半、一倍、倍数发放;兼任教员,则连续工作10年以上、15年以上、20年以上死亡的和因公致死及因公致伤病而死亡的,分别按最后3年年俸平均值的30%、40%、50%、100%发放。③ 1938年底,《首次伤亡教育人员从优抚恤办法》补充规定,对首次伤亡的公立学校教职员,除按规定的学校教职员抚恤金办法办理外,可酌情按照其年俸的1/4或1/2增加抚恤金,以作优待。④ 之后,1944年的《抚恤条例》进一步补充完善了学校教职员年抚恤金的发放标准:专任教员比照其死亡或退休时的月俸合成年抚恤金,兼任教员比照其最后三年的年俸平均值,依照相应百分比率确定(具体如表3-22所示),对于因公死亡教职工的年抚恤金则在前述基础上再加10%;工作3年以上不满15年的在职病故教职员,给予家属一次抚恤金,其中抚恤金额度比照死亡时的月薪计算,工作3年以上不满6年的给予4个月月俸,工作6年以上不满15年的每满三年增加相当于两个月月俸的抚恤金,并以死亡者年俸的30%为上限;若死亡教职员的未成年子女或丧父未成年孙子女超过3人,年抚恤金需在原有基础上再增加10%。⑤

---

① 陈光春.生成与失范:民国时期中学教师管理制度研究(1912—1949)[M].武汉:华中科技大学出版社,2016:206.
② 国民政府.学校教职员抚恤条例[M]//宋恩荣,章咸.中华民国教育法规选编(修订版).南京:江苏教育出版社,2005:665.
③ 仲靖澜,等.教育行政指导 办学宝鉴之一[M].上海:世界书局,1931:140-141.
④ 陈学恂.中国教育史研究:现代分卷[M].上海:华东师范大学出版社,1994:321.
⑤ 国民政府.学校教职员抚恤条例[M]//宋恩荣,章咸.中华民国教育法规选编(修订版).南京:江苏教育出版社,2005:665-666.

表 3-22　学校兼职教员抚恤金发放百分比标准表[1]　　　　1944 年 6 月

标准	年　　限			
	15 年以上 20 年未满	20 年以上 25 年未满	25 年以上 30 年未满	30 年以上
年抚恤金发放比例	30%	35%	40%	45%

[1]学校教职员抚恤条例[M]//宋恩荣,章咸.中华民国教育法规选编(修订版).南京:江苏教育出版社,2005:665-666.

三是工作年限的计算。关于学校教职员抚恤金发放中的工作年限的计算,跟前述学校教职员养老金发放中的工作年限计算情况的发展变化类似。1926 年的《养老金条例》要求:以连续在同一学校工作为限;经主管教育行政机关调用或经原学校校长许可并专案呈准而转任其他学校的,可不受此约束。① 即非经主管教育行政机关调用或经原校校长许可的,其抚恤金发放的工作年限是不能够多校之间合并计算的。这种工作年限的确定方式在当时动乱的时代是比较苛刻的,依此规定鲜少有教职工家属能领到抚恤金。之后,1937 年的修正案对此作了矫正,改为"以连续在国立、省立或市县区立学校为限",取消了转任必须经主管教育行政机关调用或核准的做法。1940 年的修正案将适用学校的范围进一步扩大乡镇保立学校,这意味着教职员工作年限的计算更加合理和人性化,教职员中能够享受抚恤金的范围扩大了。1944 年的《抚恤条件》更加完善了教职员抚恤制度,规定教职员至少应连续在同一学校服务 5 年,对于其他时间是否连续在学校工作则放宽了规定,允许间断工作时间的存在;同时补加了对工作 3 年以上不满 15 年在职病故的教职员的一次抚恤金项目,并以 3 年为时间间隔确定不同工作时长的教职员的抚恤金额度,②实际上是对较短工作年限的承认。从理论上来讲,这些规定减少了由于战乱、不同职业间的流动等原因造成学校工作时间中断所带来的抚恤金利益损害,同时在操作层面也减少了难度。

四是抚恤金的保障。关于学校教职员抚恤金的保障,1926 年的《养老金条例》规定:对教职员的抚恤金,国立、省立、市县区立学校分别由国库、省库、市县区教育经费支给,私立学校则由各校察度学校经费情况酌量发放。③ 之后,关于学校教职员抚恤金的保障不断得到补充和完善。1940 年的修正案将乡镇保立学校教职员的抚恤金纳入县市经费的支付范围,确立了学校教职员抚恤金三级经费支给制。1944 年的《抚恤条例》进一步补充完善了各级各类学校及学术机构教职员抚恤金发放的经费保障。其中规定:社会教育机关工作人员的抚恤金由主管教育行政机关比照该条例执

---

① 房列曙.中国近现代文官制度:上[M].北京:商务印书馆,2016:176.
② 国民政府.学校教职员抚恤条例[M]//宋恩荣,章咸.中华民国教育法规选编(修订版).南京:江苏教育出版社,2005:665-666.
③ 仲靖澜,等.教育行政指导 办学宝鉴之一[M].上海:世界书局,1931:141.

行;受政府聘任的学术机关职员的抚恤金,经教育部比照该条例核定后交由该学术机关执行;私立学校抚恤经费不足时,则由主管教育行政机关予以补助。①

综上,民国时期关于著名中学校长在内的广大学校教职员抚恤金的法规制度经历了一个不断完善的过程,学校教职员抚恤制度也越来越科学、合理和人性化。遗憾的是,在那个时局动荡不安的年代,广大学校时常面临经费短缺、发展陷入困境乃至维系艰难的窘况,学校教职员因工资拖欠陷入生活困境的情况时有发生。其中尤以中小学困况为甚,有时有学校会因经费问题而被迫解散。在这种情况下,包括中学著名校长在内的广大学校教职员身后的抚恤金发放,如同养老金一样,在大多时候难以得到有力保障,解决结果出现不如人意的情况在所难免。

3.3.4 民国著名中学校长的奖励

奖励,作为一种奖赏和勉励,是对主体良好行为表现及其结果的肯定,包括物质和精神两个方面。研究民国时期著名中学校长的奖励情况,有助于充分了解彼时著名中学校长的办学实践和职业发展状况。关于民国著名中学校长的奖励规定,同前述中学校长的薪俸、养老金、抚恤金等方面一样,多纳入有关中学教职员奖励的规定中,而罕见专门规定。

民国有关中学校长等的奖励的规定主要有1926年的《中等以上学校教员奖励规程》(以下简称《奖励规程》)、1931年的《教育部奖状规程》(以下简称《奖状规程》)、1940年的《教员服务奖励规则》、1942年的《给予中等学校教员奖助金办法》(以下简称《奖助金办法》)、1942年的《教育部奖励中等学校教员休假进修办法》(以下简称《休假进修办法》)、1943年的《教师节纪念办法》。具体来说,有关民国著名中学校长在内的中学教职员奖励规定的主要内容如下:

一是奖励适用条件。1926年的《奖励规程》规定:中等以上学校在职教员,在同一学校每连续工作满10年得受奖励金1次,经原校校长许可并以专案呈报主管教育行政长官的教职员可以不受同一学校的条件限制,但教员在10年之内不能在两个以上学校领取奖励金。② 由此可知,当时包括中学校长在内的中学教职员获得奖励的条件主要有:受奖励时须在职,在同一学校连续工作至少满10年,连续工作每满10年领取1次。之后,1931年的《奖状规程》补充了教育部奖励的适用情形,规定对学术或艺术有特殊贡献的,应分别授予学术奖状或艺术奖状;对从事教育确有成绩或有特殊贡献的,应授予教育奖状。③ 1940年的《教员服务奖励规则》补充了一种对各级

---

① (国民政府)教育部参事室.教育法令[M].上海:中华书局,1947:68.
② 舒新城.民国十五年中国教育指南[M].上海:商务印书馆,1928:281-282.
③ (国民政府)教育部.教育部奖状规程[M]//(国民政府)教育部.教育法令汇编:第1辑.上海:商务印书馆,1936:44-45.

学校教员普遍适用的荣誉性奖励①,规定各级公立学校和已立案私立学校的校长及在职专任教员,凡连续服务10年以上成绩优良并经检定或审查合格的,可获得服务奖状。② 1942年,《奖助金办法》作了修正,规定在公立及已立案私立学校经检定合格的在职专任教师,在同一学校连续工作3年以上,品格健全,著有成绩,并符合勤于职守未曾在上课期间请假、教学认真每期都能按进度完成教学任务、训导有方以身作则能行为生范、努力进修并有专门著述发表、热心公务对学校确有贡献、直系亲属超过5口以上生活艰难等情况中至少三项的,可申请奖助金。③ 这一规定缩短了对中等学校教员奖励的工作年限限制,放宽了教员入选奖励的条件,扩大了教员奖励的范围。同年的《休假进修办法》对中等学校教员受休假进修奖励的条件做了规定,明确在同一公立或私立立案学校连续工作满9年,品格健全,经检定合格,曾取得优良成绩的专任教员,得受休假进修奖励;同时要求休假进修的教员每半年和进修完成时以书面报告将研究或考察情形以及结果交由主管教育行政机关呈教育部备案,进修期满后应回原校工作,非经主管教育行政机关核准不能调往其他学校。④

从《奖励规程》到《休假进修办法》,对包括著名中学校长在内的广大学校教员的奖励条件在工作学校、工作年限、奖励人员范围上都逐渐放宽,工作成就越来越受到重视,学术科研能力日益成为考察教员的因素。

二是奖励的类别和标准。对于民国著名中学校长在内的中学教员所受奖励的种类和标准,1926年的《奖励规程》采用奖励金的形式,奖励额度为最近10年内所得年俸的平均值⑤;1931年的《奖状规程》规定了学术奖、艺术奖、教育奖三种教育部奖励⑥。1940年,《教员服务奖励规则》规定对教员实行"智"字服务奖、"仁"字服务奖、"勇"字服务奖三种工作奖励,分别采用淡红色纸、淡黄色纸、白色纸印制;同时规定了奖励适用条件与标准,指出:在同一学校连续工作10年以上不满15年的授予"勇"字服务奖状,15年以上不满20年的授予"仁"字服务奖状,20年上的授予"智"字服务奖状。⑦ 到1942年,《奖助金办法》规定:对满足该条所列的前述六项考察内容中的全部的中等学校教员奖励国币500元,满足四项的奖励国币400元,满足三项的奖励国

---

① 李罡.教育立法与中国现代教育制度的建立与发展[M].北京:同心出版社,2003:160.
② (国民政府)教育部.教员服务奖励规则[M]//宋恩荣,章咸.中华民国教育法规选编(修订版).南京:江苏教育出版社,2005:668.
③ (国民政府)教育部参事室.教育法令[M].上海:中华书局,1947:234-235.
④ (国民政府)教育部.教育部奖励中等学校教员休假进修办法[M]//宋恩荣,章咸.中华民国教育法规选编(修订版).南京:江苏教育出版社,2005:657.
⑤ 舒新城.民国十五年中国教育指南[M].上海:商务印书馆,1928:281.
⑥ (国民政府)教育部.教育部奖状规程[M]//(国民政府)教育部.教育法令汇编:第1辑.上海:商务印书馆,1936:44-45.
⑦ (国民政府)教育部.教员服务奖励规则[M]//宋恩荣,章咸.中华民国教育法规选编(修订版).南京:江苏教育出版社,2005:668.

币300元。① 《休假进修办法》规定,中等学校教员符合条件的可享受为期1年的带薪并支付各种补助及津贴的休假进修奖励。②

由上述奖励类别与标准的规定可知,民国对包括著名中学校长在内的中学教职员的奖励经历了一个由物质奖励到精神奖励再到物质奖励的过程。其中,从1930年代到1940年前后,包括著名中学校长在内的民国中学教员的奖励主要采用精神奖励的形式,这可能跟抗日战争时期物资匮乏、教育经费紧张有关;1942年之后又逐渐恢复奖金奖励的形式。同时还逐渐把教学态度、品格修养、学术科研等纳入考察范围,在增加奖励类型的同时,更是对教员工作、能力及个体文化追求和努力的肯定和激励,实际上采用的是精神鼓励和物质奖励相结合的方式。

三是工作年限的计算。关于工作年限的计算,1926年的《奖励规程》规定,以连续在一校工作为限,原则上不能多校之间合并计算,但经原校校长许可并呈报主管教育行政长官的可多校之间合并计算;因学校编制变更停职而一年内重任教职的,之前的工作时长计算在内。③ 1940年的《教员服务奖励规则》进一步补充和完善了学校教员奖励中的工作年限计算方法,规定:教员的工作年限从到职之日起算,该规则颁布之前或学校立案前已在校工作的,之前的工作年限应计算在内;对于学校改组或变更校名的,教员之前的工作年限应予以追算;经教育行政机关调任其他学校,或特殊情形下离职后重回同一学校任职的教员,其前后工作年限予以合并计算。④ 至此,关于包括民国著名中学校长在内的广大学校教员奖励中工作年限的计算愈来愈科学化、弹性化、人性化。

综上,关于民国著名中学校长在内的学校教员的奖励的法规制度规定,经过了一个不断发展、健全、完善的过程。遗憾的是,由于时局的动荡,尤其是八年全面抗战的影响,这些日益完善的法规制度并没有得到很好实施,尤其是1942年的《奖助金办法》及之后的《教师节纪念办法》在很多地方实际上成为一纸空文,根本没有施行⑤。

3.3.5 民国著名中学校长的职业发展

所谓职业发展是指主体在担任某一职务或从事某一项工作的过程中,因其工作表现和工作业绩而获得荣誉,赢得声望,在职业发展上有所提升,如从一般人员到骨干人员、从普通职员到管理人员等。对民国著名中学校长来说,其职业发展就是在通过办学实践使所在中学取得较大成就的同时,为自己在学校教职员、学生及家长和社

---

① (国民政府)教育部参事室.教育法令[M].上海:中华书局,1947:235.
② (国民政府)教育部.教育部奖励中等学校教员休假进修办法[M]//宋恩荣,章咸.中华民国教育法规选编(修订版).南京:江苏教育出版社,2005:657.
③ 舒新城.民国十五年中国教育指南[M].上海:商务印书馆,1928:282.
④ (国民政府)教育部.教员服务奖励规则[M]//宋恩荣,章咸.中华民国教育法规选编.南京:江苏教育出版社,2005:668.
⑤ 《登封县教育志》编委会.登封县教育志[M].郑州:河南人民出版社,1988:318.

会各界中赢得良好的声誉和名望,在中学校长中成为中学发展的领军人物,在职务活动上获得政府的肯定和支持甚至由学入政,调任政府部门的管理岗位。在本研究中,主要从外派考察学习、职务奖励、职务升迁等方面考察包括著名中学校长在内的民国中学校长在任校长期间的职业发展状况。

3.3.5.1 关于民国著名中学校长职业发展的法律规定

民国时期关于著名中学校长等在内的学校教职员职业发展的法规制度较少,可供参考的有上述教育部在1942年11月颁发的《休假进修办法》以及地方相关法律制度规定。《休假进修办法》规定:公立或已立案私立中等学校专任教员在同一学校连续工作满9年,品格健全,经检定合格,经各省市教育行政机关或教育部视导人员认为成绩优良的,应受休假进修奖励。① 因应政府奖励教师休假进修的政策,一些从事教员进修学习培训的高等教育机构也相继出台政策文件,对本校提供相关进修学习事项做出专门规定。如1942年8月的《国立北京师范大学研究院暂行组织规程》规定:国立北京师范大学为有志于高深学问的大学毕业生及中等以上学校教员,设立包括文学、理学、教育学三种研究所的研究院;凡是国内外师范大学毕业者、国内外公立或已立案私立大学及独立学院毕业志于教育事业者、曾任中等以上学校专任教员2年成绩卓著的,都可以进入该校研究院所学习进修。② 这使得中学校长在内的中学教员的进修有了实现的可能。

3.3.5.2 关于民国著名中学校长职业发展的考察

民国时期,包括著名中学校长在内的中学校长的职业发展主要有以下类别:

一是外派考察学习。这是民国中学校长快速更新教育理念、提升文化素质,获得中学办学经验,拓展教育视野和教育思路的重要途径。彼时主要有两种方式:

一种是出国考察学习。这是民国中学校长近距离接触、学习、借鉴西方近代教育,创办中国近代新式教育的重要途径之一。典型人物如南开中学校长张伯苓,他一生有多次出国经历,曾出游世界多个国家进行教育考察和学习。早在民国之前,他就曾两度赴日考察教育,参观各类学校,深入考察日本各类学校的规则、设备、组织管理、课程设置、学科教学内容和教学方法,听取日本教育家有关学校建设的讲解;民国时期,张伯苓曾于1917年9月至1918年11月赴美留学,他充分利用留学机会,学习美国先进教育理论,并深入考察美国学校,获得宝贵的办学经验。③ 1929年1月至9月,他又赴美国和欧洲各国考察教育,并多次与教育界的国际名人探讨教育问题。④

另一种是国内考察学习。民国时期,政府和教育社团以及中学组织管理者为了

---

① (国民政府)教育部参事室.教育法令[M].上海:中华书局,1947:235.
② 王学珍,张万仓.北京高等教育文献资料选编:1861—1948[M].北京:首都师范大学出版社,2004:1021.
③ 梁吉生.南开系列学校的创办人张伯苓[M]//中国人民政治协商会议天津市委员会文史资料委员会.近代天津十二大教育家.天津:天津人民出版社,1999:25-26.
④ 梁吉生.张伯苓教育智慧格言[M].北京:人民教育出版社,2016:217.

促进学校之间的交流与学习,经常组织中学校长到各地名校参观中等或高等学校办学状况。如1916年9月,京师学务局组织北平市立第四中学校长王道元及其他学校校长共6人到外省进行教育考察;[1]上海市曾于1936年4月组织中等学校校长22人组成北平教育参观团到北平参观燕京大学、清华大学、香山慈幼院等学校[2]。又如湖南的明德中学、天津的南开中学、苏州的苏州中学等都成为广大中学校长参观的热点和对象。

二是调任政府机构。民国时期,各级政府通常把包括中学校长在内的学校教员作为文官的一种,与文官人员一起进行统一管理,如广东国民政府时期,学校教职员被归入文官群体,享受养老、抚恤制度。[3] 因此,通常有政府官员被派任学校校长,同时一些办学比较有成就的校长也会被调往政府部门任职。河北育德中学校长郝仲青曾在1912年当选为顺直临时省议会议员;及至抗日期间当其抵达西安时还被特邀担任教育厅长,但被他婉拒。[4] 又如时任北平市立第四中学校长王道元曾于1917年被调任北平学务局中学科科长。[5] 天津圣功女中校长夏景如在1948年当选为国民党政府立法委员,遂赴南京,校务转由他人负责。[6] 但不是所有由校长到官方机构的调任都是一种职业上的升迁,如1920年初,经亨颐由浙江一师校长调任浙江省教育厅视学,是因浙江一师的"非孝"事件而受到牵连被从校长职上撤换[7]。

三是转任高等教育学校。民国时期,著名中学校长常常因其办学业绩和个人才能而声名远播,从而被政府调任高等教育学校或被高等教育学校聘任。他们在高校或任教或兼掌领导职务,如林砺儒在1931年国民党"整治"北京高等师范大学时遭解聘,但旋即被国立中山大学校长许崇清邀请,受聘为中山大学教授兼教务长;苏州中学校长吴元涤由于自身学术能力"强悍",在执教苏州中学的6年时间内,笔耕不辍,出版三部专著、三本教科书,发表论文几十篇,堪称与国学大师钱穆一样,成为多家大学青睐的人才,在1933年最终被中央大学执意要走,只是后来又被江苏省教育厅厅长周佛海点名要回苏州中学主持校务。[8]

综上,民国关于中学校长的职业发展的法律规定并不健全,彼时中学校长更多的是在办学实践领域中通过对外考察学习、调任政府机构、转任高校来切实获得职业发展。职业空间发展上的提升在一定意义上构成了民国著名中学校长努力办学的激励因素。

---

[1] 耿申,等.北京近代教育纪事[M].北京:北京教育出版社,1991:88.
[2] 耿申,等.北京近代教育纪事[M].北京:北京教育出版社,1991:291.
[3] 房列曙.中国近现代文官制度:上[M].北京:商务印书馆,2016:176.
[4] 刘仙洲.郝仲青先生生平事略[M]//中国人民政治协商会议河北省保定市委员会文史资料委员会.育德中学史料专辑.内部资料,1994:196.
[5] 耿申,等.北京近代教育纪事[M].北京:北京教育出版社,1991:93.
[6] 中国人民政治协商会议天津市和平区委员会文史资料委员会.天津和平文史资料选辑:第4辑[M].1993:117.
[7] 丁建顺.百年篆刻名家研究:以西泠印社为例[M].上海:上海人民出版社,2015:116.
[8] 周勇.江南名校的中国文化教育[M].北京:教育科学出版社,2008:135.

4 民国著名中学校长办学理念审视

由前可知,在本研究中的"办学理念"是民国著名中学校长关于如何办理中学的根本看法、观点等的综合,它是这些著名中学校长基于对中学发展规律认识和把握的基础上,根据自身理论知识水平和教育视野对如何办理中学的理论认识、设想与规划,或者在著名中学办学实践中成功与失败经验进行总结、对照和反复比较之后所形成的,关于未来办理和发展中学的设想、规划等观点与看法的总和。在此,我们以民国著名中学校长群体作为研究对象,对他们在执掌民国著名中学时的办学理念做深入探讨。

由于不是每位民国著名中学校长都对如何办理中学撰文立说,明确说明他们的办学理念,因此我们只能从彼时著名中学校长的文章与言论以及关于他们办学举措的文字记录中理解他们在民国著名中学的办学理念。同时,虽然办学理念具有主体独特性,可以被赋予个性化内涵;不同的著名中学校长,会有不同的办学理念。但纵观民国著名中学校长的办学理念,又可以从中概括和总结出一些共性的内容,这些共性的内容,即本章节主要研究的内容。

4.1 关于中学教育的根本看法

如何认识中学教育关系到中学校长能否办好一所中学,它涉及中学的办学定位与人才培养目标等方面。综合民国著名中学校长当时的办学主张以及办学实践,他们关于中学教育的思想认识体现在以下方面。

4.1.1 认为中学是"改造中国的办法"和"教育之坚"

关于中学的重要性,一些民国著名中学校长从不同视角提出了自己的看法,首先,从中学的办学价值观上来看,民国著名中学校长的办学理念主要可以归纳为以下几种(如表4-1所示):

表 4-1　民国著名中学校长在中学办学价值观上的理念

关于中学办学价值取向的主张	代表人物
"改造中国的办法,就是办教育"[1]"兴邦必先兴教育"[2]"教育救国""科学救国"[3]"学工富国"[4]等,认为办理中学是改造国家、民族的重要途径。	林砺儒、李莹、周厚枢、彭国钧、王季范、鲁立刚、张伯苓、经亨颐、熊育钖、张嘉寿、胡元倓、曹慕管、胡焕庸等
"建立一座专门从事学问研究的'Academic'"[5]等,认为中学也应成为师生治学之所,主张把中学办成科学研究的场所。	汪懋祖、胡焕庸、吴元涤等
"实验中学教学新法"[6]"感化乡村"[7]、为"相邻子弟解决失学之苦"[8]等,倡导中学还应引领中学教育发展或是为师范大学提供实习研究便利或是承担其他社会服务等。	林砺儒、经亨颐、张伯苓、胡焕庸、张嘉寿等

注:[1]基督教与爱国[M]//张伯苓.张伯苓自述.文明国,编.合肥:安徽文艺出版社,2013:8.
　　[2]潘洪建,刘华.扬州地方教育家研究[M].南京:南京大学出版社,2014:91.
　　[3]浦东中学校史编写组.浦东中学简史[M]//中国人民政治协商会议上海市委员会文史资料工作委员会.解放前上海的学校.上海:上海人民出版社,1988:204.
　　[4]湖南省地方志编纂委员会.湖南名校志[M].长沙:湖南人民出版社,2000:280.
　　[5]周勇.江南名校的中国文化教育[M].北京:教育科学出版社,2008:93.
　　[6]李晨.北京中小学教育若干问题的回顾[M].北京:北京教育出版社,2001:14.
　　[7]顾志坤.春晖[M].长春:吉林文史出版社,2008:50.
　　[8]浦东中学校史编写组.浦东中学简史[M]//中国人民政治协商会议上海市委员会文史资料工作委员会.解放前上海的学校.上海:上海人民出版社,1988:204.

一是教育救国论。面对民国时期国家、民族受外族侵凌、国将不国、民族危亡在即的时局,无论是公立抑或私立学校的掌校人都普遍把发展教育作为挽救国家和民族的重要途径和手段。作为遍受近代先进知识文化影响、有觉悟的精英人才,民国著名中学校长自然把救国作为应肩负的重任,与他者不同,他们所选择的是通过发展教育实现救国目标的途径与手段。如:南开中学校长张伯苓受甲午海战中国战败和威海卫"国旗三易"的刺激,深感"改造中国的办法,就是办教育"①,把发展教育作为救国的出路,将"允公允能"作为校训,并在1931年明确指出:"我之教育目的,在以教育力量,使我中国现代化,俾我中华民族能在世界上得到适当的地位,不至受淘汰。"②在这种教育价值取向下,张伯苓一生矢志不移地办理南开中学等南开系列学校,即使

---

① 基督教与爱国[M]//张伯苓.张伯苓自述.文明国,编.合肥:安徽文艺出版社,2013:8.
② 梁吉生.张伯苓教育智慧格言[M].北京:人民教育出版社 2016:44.

遭受战争威胁、不惜长途跋涉也要在他乡重续南开中学的教育弦歌。明德中学校长胡元倓主张"教育救国"。他认为，革命打碎了旧的国家机器之后，教育担负着重建国家的重任，教育"是一种需要发奋努力的艰苦事业——磨血事业"，地位重要而任务艰巨，因此他将学校冠以"明德"之名，并以"艰苦真诚"作为向学生进行品德教育的基本原则，提倡"明德"学风及"永坚贞而不更""庶因苦而回甘""本真实以传薪""道一贯而无式"，希望学校能培养出许多报国的人才，并在明德中学办学中不计个人得失与功劳名誉大小，磨血办教育几十载。

二是发展学术论（或者说"学园论"）。与前述"教育救国论"相异，民国时期持有这一观点的著名中学校长认为，中学应该打破以往那种教授相应阶段知识和培养学生升学的传统做法，可以有更高更纯粹的学问上的追求。其中最典型的代表人物就是创办苏州中学并出任首任校长的汪懋祖。他曾留学美国哥伦比亚大学，接受了比较前卫的文化教育，在执掌苏州中学之前曾在国立北京师范大学任教师、教务长、代理校长等职，曾经的受教育经历和工作阅历使得他具有开阔的视野和浓重的学术情结。因此，他期望能够把苏州中学办成一所真正的学府，在这里不仅传授学科文化知识，还要为学生提供最优良的学术教育①，能够让师生自由进行学术研究，从而在当地再次演绎一流学者创办一流学校的文教传统。② 秉持这种办学的理想信念，他把苏州中学的办学目标直接定位为"建立一座专门从事学问研究的'Academy'"，并以"School Academy"作为学校的英文名称。

三是多种价值取向论。持有这一观点的民国著名校长有附属中学校长，尤其是师范院校的附属学校校长，他们从附属学校的性质及功能出发，对为什么办理和发展中学做出价值上的判断。如林砺儒校长倡导"教育救国"，但又根据北师附中是师范学校附属学校的特点，在学校为实施"三三制"而订立的《学则》中指出，北师附中的宗旨是"实施中等教育，兼供师范大学实习研究"，明确学校在办学育人之余还承担有"实验中学教学新法"，为其他中学树立示范作用的任务。③ 此外，还有一些著名中学校长基于自身的担当意识和社会责任感，在提倡教育救国的办学理念之外，认为中学还应承担起地方的有关社会责任，如春晖中学校长经亨颐在筹谋办学之初就提出"想感化乡村""想将春晖中学作附近各小学教师的研究场所"和"明日的教育讲演会"的办学主张④；浦东中学创办人杨斯盛在创校之初就拟定了通过办学为国家造就人才以实现"科学救国"和"为浦东相邻子弟解决失学之苦"的办学主张⑤，其后包括张嘉寿等在内的浦东中学校长大体上都承继和遵循了他的前述办学理念。

---

① 汪懋祖.苏中事业之回顾与展望[J].苏中校刊,1933(86).
② 周勇.江南名校的中国文化教育[M].北京:教育科学出版社,2008:93-95.
③ 李晨.北京中小学教育若干问题的回顾[M].北京:北京教育出版社,2001:14.
④ 顾志坤.春晖[M].长春:吉林文史出版社,2008:50.
⑤ 浦东中学校史编写组.浦东中学简史[M]//中国人民政治协商会议上海市委员会文史资料工作委员会.解放前上海的学校.上海:上海人民出版社,1988:204.

值得注意的是,把民国著名中学校长有关中学重要性的观点从办学价值取向上大致分为"教育救国论"、"发展学术论"和"多种价值取向论"三种,并不是说持后面两种观点的民国著名中学校长不爱国,不认为教育可以为挽救国家、民族贡献作用,而且持有后两种观点的民国著名中学校长在办学中也有不少人比较重视学生的爱国教育。另外,教会中学的民国著名校长如天津圣功女中校长夏景如、北京汇文中学的高凤山、北京贝满女中的管叶羽等,他们虽然在教会中学办学,但作为华人校长,他们的存在本身就代表着人们争取国家教育权益的胜利,代表着国家和民族的利益,虽然鉴于学校性质的独特性,他们很少谈及教育救国等之类的爱国内容,但他们在实践中对学校师生的爱国行为在一定程度上持默许的态度,典型的如贝满女中的管叶羽校长,他在政治立场上赞成"廉政亲民"而憎恶反动统治,对师生的爱国进步言行一般不多加干涉,在师生遭遇政治迫害时还会给予帮助①。

4.1.2 强调中学是培养有用人才的重要教育阶段

将中学放入从小学到大学的整个学校系统中,对其办学重要性进行认识。民国著名中学校长普遍认为中学教育无论是所处阶段还是这一阶段的教育对人的发展都具有重要性。对此,民国时期的一些著名中学校长不仅作了深入思考,还明确提出了自己的理论认识(如表 4-2 所示)。

表 4-2　民国中学校长关于中学在人才培养上的重要性的理念认识

关于中学办学重要性的认识	代表人物
"教育之坚""陶铸人才极为重要的一个环节"[1]"国家之根茎"[2]等,认为中学是人才培养的重要阶段,是大学专业教育的起点;在人才培养中起着完成普通中等教育、为升学做准备的作用。	林砺儒、胡元倓、张伯苓、周厚枢等
"教而社会无所用等于未教""求新务实"[3]"教育如不能适应国家需要,推进社会的进步""实在是浪费人才、财力"[4]等,认为中学承担着契合国家、社会的需求,培养相关有用人才的任务。	李荃、周厚枢、汪懋祖、鲁立刚、熊育钖、胡元倓、范寿康、管叶羽等
中学"当以维持文化、传达文化为己任"[5]"本真实以传薪"等。	经亨颐、汪懋祖、吴元涤、胡元倓等

注:[1]陶旅枫,黄政海.明德学校史[M].长沙:湖南师范大学出版社,2013:18.
[2]周厚枢:"知负笈尽多俊秀,更幼儿淑女兼收"[M]//邹雨青.民国时期的留洋文人.北京:中国文史出版社,2016:193.
[3]长郡中学校史回眸[EB/OL].(2014-03-07)[2018-09-11]http://www.cnjenerator.com/cj/xshybmore.asp? articleid=692.

---

① 李爽麟,蒋雯.一所教会学校:贝满女中[M]//北京市政协文史资料委员会.北京文史资料:第50辑.北京:北京出版社,1994:148-149.

[4]中国人民政治协商会议江西省南昌市委员会文史资料研究委员会.南昌文史资料选辑:第8辑[M].1992:30.
[5]经亨颐.经亨颐集[M].杭州:浙江大学出版社,2011:91.

一是从中学在整个学校教育系统中所处的地位来看,一些民国著名中学校长明确指出了其重要性,如明德中学校长胡元倓认为:"中学为教育之中坚,中学是陶铸人才极为重要的一个环节",把中学作为办学的首要目标。① 南开中学校长张伯苓指出:"中等教育为高等教育之基础,又为从事各种职业之预备,学生学业根底之培植、道德精神之训练,及生活技能之增进,胥为良好之中等教育是赖。"② 扬州中学校长周厚枢则从青年、教育与国家的关系提出了中学等学校教育的重要性,他认同"青年是国家之命脉、教育为国家之根茎"的道理,认为中学作为学校系统的一部分,对于国家发展和青年的培养都有重要作用。③

正是基于对中学阶段重要性的认识,不少民国著名中学校长或把发展中学教育作为一生的办学追求,无论办学环境如何艰苦都矢志不渝地坚持下去;或在执掌著名中学期间不因中学教育是普通教育而不屑办理或有所松懈,而是积极擘画,多方筹谋,孜孜以求更好地办理中学教育。

二是从中学作为整个学校系统的中间阶段所承担的办学任务来看,不少民国著名中学校长都认为它发挥着重要作用。关于中学具体应承担什么样的办学任务——这也是与前述中学办学定位密切相关联的问题,同时涉及培养什么样的人的问题。一些民国著名中学校长曾鲜明地表达了自己的看法,如北师附中的林砺儒校长提出:"中等教育,恰位于全教育历程之中段,其职分应在完成全人的陶冶,以厚其个性发挥之根基","就全学制系统来说,职业陶冶应在高等教育段,而中等教育以下皆应属普通陶冶"。④ 他还进一步对初级、高级中学的办学任务分别作了说明,指出"初级中等教育,是全教育历程中之最中段,其目的应在提高普通教育,完成全人陶冶","高级中学普通科的效用,是完成最高的普通教育,同时作升学的基础。所准备的就是最高的普通基础"。⑤ 因此在北师附中,他始终坚持文理不分科,开足基础学科课程以夯实学生的基础知识,并在必修学科基础上广泛开展各种选修课以提高学生的课外兴趣和为他们的职业发展做适当的准备。春晖中学的经亨颐校长在《动学观与时代之理解》中指出:"教育绝非为教育者生计之便利,学校绝非为教育者栖身之传舍,当以维

---

① 陶旅枫,黄政海.明德学校史[M].长沙:湖南师范大学出版社,2013:18.
② 梁吉生.张伯苓年谱长编:中卷[M].北京:人民教育出版社,2008:410.
③ 周厚枢:"知负笈尽多俊秀,更幼儿淑女兼收"[M]//邹雨青.民国时期的留洋文人.北京:中国文史出版社,2016:193.
④ 北京师大附中.北京师大附中[M].北京:人民教育出版社,2000:32.
⑤ 北京师大附中.北京师大附中[M].北京:人民教育出版社,2000:33.

持文化、传达文化为己任。"①认为中学的任务就是维持和传达文化。他在春晖中学不仅注重教育教学质量,还积极营造一种文化研究的浓郁氛围,从而充分发展学校教育的文化传播和文化发展功用,培养更多文明开化、文化视野开阔的中等人才。长郡中学的彭国钧校长主张教育要适应社会需要。他坚持"做学问是求实用,有益于国计民生","教而社会无所用等于未教,学而不知其所用等于未学"的观点,进而提出中学办学应"求新务实",注意契合当时的社会需求。②他注重课程教学的实用性和适用性,努力培养更多适合国家、社会需求的人才。

此外,教会中学因学校系国外有关教会团体所办,办学宗旨带有文化侵略性,是为了培养帝国主义的在华"代理人",其办学经费也多由国外有关教会团体提供,因此这些教会学校的人才培养目标与公立中学、国人所办的私立中学有本质区别。但在实际办学过程中,它们在客观上也培养了不少适合当时社会需求的人才,尤其是这些学校向中国政府立案后,它们的人才培养目标也在相当程度上要遵循中国政府的有关要求。这些教会中学的著名华人校长在办学中就学校的人才培养提出了一些观点,如贝满女中的管叶羽校长在1924年明确提出学校的办学目标是"让学生完成中学课业后升入燕京大学",之后他又因时因势对学校办学目标做了调整,如在20世纪20年代末,随着社会与基督教高等教育的进一步发展,他又适时调整了学校办学目标,提出了"以使女子受普通教育得有实用知能、迨毕业后能升学及应社会之需要为宗旨",在1936年又将使学生获得"实用知能"的办学目标调整为"使女子受普通教育得有常识及健全之人格"。③

基于在中学人才培养方面的认识,民国著名中学校长在执掌著名中学的过程中,普遍注重聘良师提高师资水平以提高教育教学水平,重视设施设备的改善以创造更好的教学条件,从而为培养更多更好的人才提供保障。

4.1.3 主张中西兼容和独立办学

关于如何办好一所中学,民国著名中学校长有不少个人看法与主张,但在办学方式上则都或多或少赞成学校应具有一定的办学独立性,并不同程度上坚持吸收和借鉴国外先进的办学模式与办学经验。具体来说,他们的主张主要如下(如表4-3所示):

---

① 经亨颐.经亨颐集[M].杭州:浙江大学出版社,2011:91.
② 长郡中学校史回眸[EB/OL].(2014-03-07)[2018-09-11]. http://www.cnjenerator.com/cj/xshybmore.asp?articleid=692.
③ 尹文娟.基督教与中国近代中等教育[M].上海:上海人民出版社,2007:376-377.

表 4-3 民国著名中学校长关于中学办学方式的理念

关于中学办学方式的理念	代表人物
"要革除旧教育造就新人才,就需要摆脱官府干扰""走教育独立的道路"[1],"私立学校人事稳定,计划一贯,无朝令夕改之弊端,受政治因素的影响小,可相对独立地实现办学者的办学思想"[2],"不问政治力拒干涉"[3]等,主张学校独立办学。	张伯苓、经亨颐、陈晋卿、胡元倓等
"中西结合""中学为体,西学为用"[4]"教育宗旨不可仿造,当本其国情而定"[5]等。	张伯苓、尉礼贤、高凤山等

注:[1]马建强.追寻近代中国的教育大师[M].北京:教育科学出版社,2008:59.
[2]陶旅枫,黄政海.明德学校史[M].长沙:湖南师范大学出版社,2013:13.
[3]天津市耀华中学.天津市耀华中学[M].北京:中国大百科全书出版社,2007:289.
[4]车吉心,等.齐鲁文化大辞典[M].济南:山东教育出版社,1989:286.
[5]中国人民政治协商会议天津市委员会文史资料委员会.近代天津十二大教育家[M].天津:天津人民出版社,1999:27.

一是在办学独立性上,尤以著名私立中学校长的理念认识及要求更为强烈。如天津南开中学的张伯苓校长、春晖中学的经亨颐校长、湖南明德中学的胡元倓校长等,都非常肯定独立办学的主张,并在实践中坚定不移地贯彻这一理念。其中,经亨颐对教育独立始终有清醒的认识,他认为:要革除旧教育造就新人才,就需要摆脱官府干扰,不能事事依赖政府,要走教育独立的道路;① 而私立学校受政府牵制较少,独立性较强,有利于实现教育改革的理想。为了确保春晖中学的办学独立性,他主张校长在处理学校事务上的独立性,并在学校的校董会规程中明确规定:校董会只有任免校长的权力,而不得干涉校内事务,由校长全面负责校内工作。② 明德中学校长胡元倓曾留学日本弘文学院速成师范科,他被日本教育家兴办义塾、拯救民族的义举所深深感动,就对私立学校进行了深入的研究,在此基础上形成了学校独立办学的观念。比较公立学校、私立学校的异同,他认为:"私立学校人事稳定,计划一贯,无朝令夕改之弊端,受政治因素的影响小,可相对独立地实现办学者的办学思想。"③ 因此,他此后一生都对私立学校情有独钟,坚守所在学校的私立性质不渝。在1936年时任中央研究院总干事的丁西林建议他将明德中学改为国立时,他断然拒绝说:"国立中学办法虽好,俟我身后实行",毅然坚持学校的私立性质不变。④

与此同时,南开中学的张伯苓校长、心远中学的熊育锡校长等,也都秉持独立办

① 马建强.追寻近代中国的教育大师[M].北京:教育科学出版社,2008:59.
② 陈华.名校与名校长的诞生[M].上海:华东师范大学出版社,2011:95.
③ 陶旅枫,黄政海.明德学校史[M].长沙:湖南师范大学出版社,2013:13.
④ 陶旅枫,黄政海.明德学校史[M].长沙:湖南师范大学出版社,2013:13.

学的理念,在掌校过程中坚持学校私立性质不变;同时公立的著名中学校长在办学中也注意学校办教育的独立性,不愿政府过多干预学校办学,也不许社会各界扰乱学校办学秩序。也许在一定程度上正是因为他们的这份坚持,他们所执掌的中学保持了比较纯粹的办学目的,在与社会各界保持密切联系的同时没有迷失了方向,能够在其任内获得显著发展。

二是在办学上主张融汇中西,兼容并蓄。在清末我国教育开启近代化历程之时,早期觉醒的我国知识分子就自动自觉地把"融汇中西,兼容并蓄"作为我国教育发展的历史性追求,并一直延续和贯彻到民国时期。因此,民国著名中学校长作为中国知识分子中的精英,承继了这一办学精神和理念,将其奉为圭臬。如南开中学校长张伯苓在学习西方先进办学理念与办学模式的过程中,提出"教育宗旨不可仿造,当本其国情而定"的主张,指出学习西方教育时应该学习的"只是他们的科学方法和民治的精神的使用"而不是其使用的结果,更不是完全的照搬照抄,应"按照环境的情况而加以选择",并在20世纪20年代末就提出将"土货化"作为南开学校的办学方针。① 北京汇文中学校长高凤山承继了学校"融汇中西"的办学宗旨,并在办学中更为全面深入地贯彻这一宗旨。②

在这一办学理念的指导下,民国著名中学校长在办学中大都注意对国际先进办学理念、办学模式及办学经验等的学习,在移植和借鉴这些理念、模式及经验时采取批判性的态度,取其精华剔除其糟粕,在办学中注意根据中国的国情社情和本校实际情况进行适当的调整。而这一理念及其在办学实践中的落实为民国著名中学校长执掌下的中学的快速发展有效地提供了前提与保障。

4.2 对学校组织结构的根本看法

这主要涉及学校组织结构如何构建、管理人员如何配置、学校日常管理活动如何开展等方面,民国著名中学校长在这些问题上的理念认识主要表现为以下两方面:

4.2.1 主张学校管理组织建构及人员配备以精简为要

关于中学组织机构的建构及人员的设置,民国著名中学校长的理念认识主要表现如下(如表4-4所示):

---

① 中国人民政治协商会议天津市委员会文史资料委员会.近代天津十二大教育家[M].天津:天津人民出版社,1999:27-28.
② 王丽.汇文钟声:一所中学远去的背影[M]//傅国涌.过去的中学.北京:同心出版社,2012:140-141.

表 4-4　民国著名中学校长关于中学组织结构构建及人员设置的理念

关于中学组织结构的看法	代表人物
"学校内部组织要使它能变化能活动,教育才有前途"[1],"校内校长以外,概为专任教员",校长"不是事事直接经手,多半是处在领导监督的地位"[2]等,认为中学应健全学校管理组织,配置相应的管理人员扶助校长管理学校内部事务,并要求组织结构及人员设置应注意求精、求简。	林砺儒、齐树芸、张伯苓、经亨颐、熊育钖、罗介夫、沈同一等
"由董事会负责安排和研究学校重大事宜,负责经费筹措、校长聘任。"[3]	经亨颐等
"由校长全权负责学校内部事务""校董会只有任免校长的权力,而不得干预学校内部管理事务,由校长全面负责校内工作"[4],主张校长全权负责学校一切事务,并拥有事务处理上的独立性和不受干涉。	林砺儒、张伯苓、经亨颐等
主张中学可根据需要构建部分学校管理组织与机构。[5]	熊育钖、鲁立刚等
"使用人才,要尽量使其发挥所长,避其所短"[6]等,主张保持学校人事的稳定性,不能频繁更换学校各级领导人员。	沈同一等

注:[1]经亨颐.经亨颐集[M].杭州:浙江人民出版社,2011:154.
[2]怎么做中学校长[M]//北京师范大学校史研究室.林砺儒文集.广州:广东教育出版社,1994:404.
[3]董郁奎.一代师表:经亨颐传[M].杭州:浙江人民出版社,2007:229.
[4]陈华.名校与名校长的诞生[M].上海:华东师范大学出版社,2011:95.
[5]根据部分民国著名中学校长的有关组织建设决策和组织建构活动,其至少是认同这种观点的。
[6]中国人民政治协商会议天津市委员会文史资料委员会.近代天津十二大教育家[M].天津:天津人民出版社,1999:50.

由表 4-4 可知,民国著名中学校长一般都主张中学应根据情况健全管理组织,配置相应的管理人员,协助校长管理有关学校事务,并主张学校内部的组织机构建构和管理人员的配备应以"精""简"为要,避免组织复杂和人员冗杂;他们一般认为,中学应设校长 1 人综管学校事务,在校长下根据需要设置教务处、事务处等机构,配置教务主任、事务主任等管理人员。其中值得一提的是,私立学校的民国著名中学校长如经亨颐和一些公立学校的民国著名中学校长都主张学校设立校董会,负责学校经费的筹措和校长的聘任等重大事务。以上这些理念主张说明不少民国著名中学校长都认识到:健全、合理的管理组织及其人员的科学配置是校长办学理念得到有效贯彻和落实、学校教育教学工作健康有序运行的重要保障。

以春晖中学为例,校长经亨颐认为学校发展不是校长一人的责任,应由全体教职员共同参与和负责,集中全体人员的力量和智慧共同推进学校的发展;他在春晖中学校董会规程中明确规定,由校董会负责安排和研究学校重大事宜,负责经费筹措和校长聘任,由校长全权负责学校内部事务。其中还规定,校董会只有任免校长的权力,不得干预学校内部管理事务,由校长全面负责学校内部工作及事务。① 在南开中学,张伯苓校长主持下的学校管理组织在设置上追求简洁,如他曾在1916年8月23日的修身课上所作的校务通报中,介绍了学校的管理组织设置情况:(1)校长之责任分担于校董 本校昔年曾请严范孙、卢木斋、王益孙三先生为校董。本期拟扩充校董人数,假中徐菊人先生来本校参观,现时已请其担任此事,并蒙允诺。此外,拟再邀一二人任校董职,并实行参与本校重要事务。(2)校长之下分专门、中学二主任……以后凡属中学班各事可向中学主任询问;专门班各事则问专门部主任交涉。(3)校务分掌 职员中分管理、庶务、体育三课。各有课长、课员,其余各事并由诸教员帮助,分国文、英文、图书、学会、体育、学校卫生、音乐诸股,各司其职,各理其事。②

值得一提的是,一些民国著名中学校长提出了根据学校管理需要设置相应管理组织与机构的主张,如抗战后为了尽快修复校舍,时任长郡中学校长鲁立刚通过董事会议提出成立修建委员会和筹款委员会,分别负责复校款项筹措和学校修建工作。③还有一些民国著名中学校长秉持学校人事稳定的办学理念,如南洋模范中学校长沈同一执掌学校后,承继了学校前任校长沈叔逵的很多管理理念与管理举措,在学校人事管理上,以稳定为原则,在他掌校的二十余载中,学校的领导人员变动较少,④在一定程度上保障了学校办学政策的连贯和办学秩序的相对稳定。

基于上述组织管理理念,民国著名中学校长在办学中一般都比较注重学校的管理组织建设,他们根据学校的性质、规模等具体情况规划学校的组织建构和管理人员的配置;同时要求组织建设的简洁和人员配备的精要,力求以精简的管理组织和人员配置保障办学的平稳进行、以更少的管理成本获取更好的办学成效。

4.2.2 倡导民主管理理念

民国著名中学校长在管校办学中一般都比较注重管理上的民主,一些民国著名中学校长还就学校民主管理提出了自己的观点,具体主要如下(如表4-5所示):

---

① 董郁奎.一代师表:经亨颐传[M].杭州:浙江人民出版社,2007:234.
② 张伯苓.张伯苓自述[M].文明国,编.合肥:安徽文艺出版社,2013:26-27.
③ 长郡中学校史回眸[EB/OL].(2014-03-07)[2018-09-11].http://www.cnjenerator.com/cj/xshybmore.asp? articleid=694.
④ 赵宪初.南洋模范中学校史简述[M]//中国人民政治协商会议上海市委员会文史资料工作委员会.解放前上海的学校.上海:上海人民出版社,1988:239-241.

表 4-5　民国著名中学校长关于中学民主管理的理念

关于中学民主管理的理念认识	代表人物
"学校一切事,不是校长一人号令,应大家共同商量"[1],"学校的事靠大伙出力、出主意"[2],"教师治校"[3]等,认为在学校管理中应发扬民主精神,主张吸纳教师、学生等参与学校事务管理。	林砺儒、王道元、闫翰升、齐树芸、黄人望、张伯苓、经亨颐、管叶羽等
"革新教育,必须建立一种师生员工亲密无间、密切合作的新型师生关系,必须用民主的精神进行教学管理,借以调动全校师生员工的积极性"[4],"学生不能总是靠老师扶持,那是长不成人的""应练着自己管自己"[5]等,主张民主管理教职员工和学生,密切学校与师生、师与师、师与生、生与生等之间的关系。	林砺儒、李荃、周厚枢、管叶羽、高凤山等

注:[1]中国人民政治协商会议天津市委员会文史资料委员会.近代天津十二大教育家[M].天津:天津人民出版社,1999:48.
[2]全国政协文史资料委员会.中华文史资料文库:第17卷:文化教育编[M].北京:中国文史出版社,1996:139.
[3]王远.黄人望传(188—1945)[Z]//金华市金东区政协文史资料编辑委员会.金东区名人传记:金华市金东区文史资料第2辑.2002:94.
[4]肖致治,等.扬州中学[M]//郑万钟,张铨.扬州中学.北京:中国大百科全书出版社,2009:86.
[5]陈哲文.管韵清校长逸事[M]//贝满人语编委会.教育的启示:贝满人语.北京:知识产权出版社,2008:47.

由上表可知,民国著名中学校长的民主管理理念主要是:在学校管理中倡行民主,一方面是吸纳教师以及学生参与到学校重大事项的决策中,听取他们的意见,并让师生参与到有关学校事务的管理中;另一方面是在对教师、学生的管理中倡导民主,主张将教师管理、学生管理等的部分事务交予他们自己管理,如倡导学生自治,让他们自主管理部分学生事务。

以贝满女中校长管叶羽为例,他对学校民主管理有比较全面的认识:一是他曾明确指出,"一个学校像一架机器,各种零件配合的好才能运转",主张"学校的事靠大伙出力、出主意"。① 因此,他在贝满女中的办学实践中注意建立民主制度和建立健全各种民主管理组织,吸收学校教职员工参与学校管理事务,也从而集中全体教职工的智慧。他曾在贝满女中主持成立了招生委员会、图书委员会、资助委员会等各种委员会组织,组织教师参与和负责有关学校管理事务;制定和健全各委员会组织管理规定,规范委员会的管理活动,从而以民主管理组织形式和制度保障来增强教职工的学校归属感,也充分调动他们工作的积极性与主动性。二是在学生事务管理上,管叶羽

---

① 全国政协文史资料委员会.中华文史资料文库:第17卷:文化教育编[M].北京:中国文史出版社,1996:139.

主张学生要能够自治、自理。他认为:"学生不能总是靠老师扶持,那是长不成人的",他们应该"练着自己管自己"。① 因此,他在办学过程中一贯主张让学生自己管理自己的事务,学会自治与自理,从而自主、健康成长。

在春晖中学,校长经亨颐认为,学校发展不是校长一人的责任,应由全体教职员共同参与和负起责任,应集中全员力量共同推进学校发展。因此,他在《春晖中学计划书》中对实行教员专任制作了规划,并根据浙江一师教员专任制的实施情况,结合当时全国的工资水准及地方情况,详细规定了未来春晖中学不同专任教职员工的薪资水准,由校长与教师共商学校发展大事;②同时在学校倡建了校务评议会、教职员会议、协治会、学生会等各种民主管理组织与会议,进一步完善了教职工和学生参与学校事务管理的体制与机制。此外,他在春晖中学的学生管理中倡导"人格自尊、行为自律、学习自主、生活自理"③,主张由学生自主管理有关学生事务,要求他们严格约束自我,养成良好的品格和习惯。

综上所述,这种办学中的民主管理理念成为民国著名中学校长调动所在著名中学全体人员的办学积极性、集中全体人员的智慧和办学勇气,共同实现办学理想与愿景的重要方式。也正是依借这种民主管理理念,民国著名中学校长增强了学校全体人员对他的信赖和心理支持,使他们愿意跟随并团结在校长的周围,共同为实现校长的办学理想而努力。可以说,这种民主管理理念在一定程度上增强了民国著名中学校长在办学中的影响力和领导力。

4.3 关于校长素质的看法

校长,作为学校的首要负责人,是办学组织者和管理者,也是办学理念的实施者,对应其不同的身份角色,他应具有与职务角色相关的各种素质,以适应和承当不同的角色责任。对于校长应具有什么样的素质才能"扮演"好这些职务角色,民国著名中学校长形成了一些理念,具体主要归纳如下(如表4-6所示):

---

① 陈哲文.管韵清校长逸事[M]//贝满人语编委会.教育的启示:贝满人语.北京:知识产权出版社,2008:47.
② 孙昌建.民国有个绍兴帮[M].广州:花城出版社,2012:53-54.
③ 郑建庆,方新德.上虞文化史[M].杭州:浙江人民出版社,2012:327.

表 4-6　民国著名中学校长关于校长素质的理念[1]

关于校长素质的认识	代表人物
"奉献精神"[2]"终身办教育,不做官"[3]"教育救国……此身未死,此念未泯"[4]"我是伺候学生的"[5]"官可以不做,而教育却不能不办"[6]等,认为中学校长应该具有"奉献"精神,愿意和能够为所在中学的教育事业付出。	张伯苓、经亨颐、金传书、鲁立刚、徐如愿、曹慕管、吴友孝、熊育钖、胡元倓、胡迈、夏景如、刘铨法等
"屈就精神"[7],"以有限之条件,经济之方法,希具成功"[8],"在最困难的岁月里""咬紧牙关一刻也不敢放松"[9]等,认为校长应就有"屈就"精神,不以办学条件的艰苦而气馁或放弃自己的办学理想。	林砺儒、金传书、鲁立刚、经亨颐、张伯苓、徐如愿、吴友孝、熊育钖、胡元倓、刘铨法等
"做校长的目的不是升官发财,也不是统治学校逞威风,而是教育青年,改造社会。这种工作……有赖学识去指导,用能力去实践""律身要谨严,宅心要公正"[10]"正人者,必先正己,要教育学生,必先教育自己"[11]"事必躬亲是敬其所业的第一要事"[12]等,认为中学校长应具备必要的学问、必要的管理能力、能严格要求自己等多种素质,在办学中树立个人威信。	林砺儒、崔东伯、张伯苓、熊育钖、夏景如、管叶羽、张伯达、刘铨法等
"要办好教育,为社会造就人才,就必须努力试验新制度、新办法"[13],"思想不要腐化""思想要走在时代前面"[14],"必须心平气和,以避免主观武断之弊""忌在盛怒之下不可处理事件"[15]等,认为中学校长应具有革新意识和能力,能因时因势及时做出应对。	李荃、彭国钧、经亨颐、范寿康、尉礼贤、周厚枢、王季范等
"不深入教学就很难领导好教学,不能领导好教学的校长是不合格的"[16]"不认识体育的人不应该做校长"[17]等,主张中学校长应懂得教育,对有关课程的功能等有明确认识。	林砺儒、闫翰升、齐树芸、张伯苓、李荃、严立扬、项定荣、王季范、王修、经亨颐、范寿康、曹慕管、熊育钖、张家树等
"校长事实上重要的职务是指导教员教学""辨别教员教学之优劣""教员的缺点何在？优点何在？怎样去鼓励？怎样图补救？都能够辨别清楚"[18]等,认为中学校长应能够慧眼识师、择良师、用好师和引领教师发展。	林砺儒、吴友孝、张伯苓等

注：[1]由于不是所有的民国著名中学校长都对如何做中学校长和如何管理中学提出了明确主张,而且彼时的一些著名中学校长在继任校长时因认可往任校长的一些办学理念或办学举措,也会在一定程度上继续推进原有的办学举措,因此这里在考察一些民国著名中学校长关于校长素质的理念时,在一定程度上会根据他们的有关言论、办学主张以及办学实践举措来判断他们是否秉持或认可某一理念。

[2]马建强.追寻近代中国的教育大师[M].北京:教育科学出版社,2008:59.
[3]张锡祚.先父张伯苓先生传略[M].天津:南开大学出版社,2016:81.
[4]张伯苓.张伯苓教育言论选集[M].王文俊,等编.天津:南开大学出版社,1984:8(序).
[5]杨际贤.中华百年教育家思想精粹[M].北京:中国盲文出版社,1999:154.
[6]长沙市明德中学百年校庆办.百年明德 磨血育人[M].长沙:长沙市明德中学百年校庆办,2003:115.
[7]马建强.追寻近代中国的教育大师[M].北京:教育科学出版社,2008:59.
[8]杨际贤.中华百年教育家思想精粹[M].北京:中国盲文出版社,1999:192.
[9]唐澜波.爱国教育家·张伯苓[M].武汉:武汉大学出版社,2012:46.
[10]怎么做中学校长[M]//北京师范大学校史研究室.林砺儒文集.广州:广东教育出版社,1994:402-404.
[11]张锡祚.先父张伯苓先生传略[M].天津:南开大学出版社,2016:32.
[12]全国政协文史资料委员会.中华文史资料文库:第17卷:文化教育编[M].北京:中国文史出版社,1996:145.
[13]潘洪建,刘华.扬州地方教育家研究[M].南京:南京大学出版社,2014:97.
[14]江志清.记浙江第一师范学生对反动教育当局的斗争[M]//中国人民政治协商会议浙江省委员会文史资料研究委员会.浙江文史资料选辑:第4辑.1962:84.
[15]怎么做中学校长[M]//北京师范大学校史研究室.林砺儒文集.广州:广东教育出版社,1994:410.
[16]长郡中学校史回眸[EB/OL].(2014-03-07)[2018-09-11].http://www.cnjenerator.com/cj/xshybmore.asp?articleid=694.
[17]侯杰,秦方.张伯苓 张彭春 张锡禄[M].石家庄:河北教育出版社,2004:169.
[18]怎么做中学校长[M]//北京师范大学校史研究室.林砺儒文集.广州:广东教育出版社,1994:404-405.

4.3.1 认为中学校长应具有奉献和屈就精神

由表4-6可知,民国著名中学校长认为,中学校长应具有"奉献"精神,能够不辞辛劳,为了学校的教育事业而鞠躬尽瘁,甚至不计个人得失,为所在中学的办学与发展利益而牺牲自我利益;应具有"屈就"精神,不因做中学校长生活的平淡和地位不如军政要员而不甘,也不因校长职务不能带来充足的财富而放弃教育事业,而是甘于利用有限的条件,为办好中学教育而孜孜以求。这种关于掌校办学者素质的理念认识首先是由春晖中学校长经亨颐提出的,他明确地提出中学等学校的校长应具有两种精神:第一种是奉献精神。他认为作为人,为儿孙做牛马是天性,为社会做牛马是天职;作为校长,为教育和学校的发展而鞠躬尽瘁是职务使然。因此,校长应该具有奉献精神,能够为了学校的发展和教育培养人才而不辞辛劳,甘于奉献自我。第二种是"屈就"精神。他认为,那种只待学校具有洋房、完全的设备和若干经费才愿意接掌学校的想法和行为是错误的,作为学校的"掌门人",校长应该甘于平淡的生活,敢于和乐于在困境中,以有限的条件、采取最经济的方法,竭尽全力追求学校发展的更大成就。① 因此,在春晖中学,他积极利用浙江上虞白马湖畔远离城市喧嚣的乡村环境,因地制宜布局学校,构建优美宁静的学校环境和各界学人执教、问学的文化氛围,吸引了一大批优秀人士到校任教,也吸引着各界的文人雅士到校参观交流;而他本人也为了学校的发展而积极奔走于社会各界,努力为学校争取更多的办学支持。

其他一些民国著名中学校长也提出了类似的主张,如北师附中的林砺儒校长,他在长期的教育教学实践中形成了自己的校长观,并在北师附中的办学实践中不断完善。他认为:"做校长的目的不是升官发财,也不是统治学校逞威风,而是教育青年,改造社会。这种工作不能空口说白话,而有赖学识去指导,用能力去实践。"②因此,他主张中学校长须有必要的修养,并提出修养的最低要求是"校长须用读书人"。③ 只有校长是读书人,才能更好地懂得教育和运用所学服务学校,也才能更好地将治学的态度迁移至学校管理中。南开中学校长张伯苓以"公"为准则,无私奉献教育,为了更好地办理中学,他在南开中学建校之时就与严修立下"终身办教育,不做官"的誓约④,而在从教的岁月里,他也确实一直都在努力避免从政,并数次婉拒政要们的从政邀请。

总之,不少民国著名中学校长都普遍赞同和坚持"奉献"与"屈就"的办学理念,他们在著名中学的办学过程中,常常不以职务为自己及亲人谋求利益,为了实现教育理想而一心扑在学校工作上,数年甚至数十年如一日,从不懈怠。当学校遇到经济困境或战乱纷扰时,他们积极地多方筹谋,努力维持学校办学活动。如在抗日战争胜利前后,时任浙江省立第三中学校长的金传书带领学校师生无奈地流亡在淳安、昌化一带,虽然他们经常食不果腹甚至面临断炊窘境,但他带领师生勇敢地直面困境,并积极争取到当地政府、驻军以及群众的帮助,最终带领师生安然无恙地返回湖州复校。⑤ 而在抗战期间,一些民国著名中学校长更是以自身的言行向世人真实地诠释了何为"奉献"和"屈就"精神。以心远中学校长熊育锡为例,他面对学校在战乱中不断迁徙、教无定所的窘况,提出自己"活着一天,就要办学一天"的办学决心和办学承诺,不顾年老体衰,始终跟随学校迁移各地,坚持"不管多么困难都要"将学校办下去,"要为国家培养人才",在各种艰辛中延续了心远中学的教育薪火,他却最终积劳成疾

---

① 马建强.追寻近代中国的教育大师[M].北京:教育科学出版社,2008:59.
② 怎么做中学校长[M]//北京师范大学校史研究室.林砺儒文集.广州:广东教育出版社,1994:402.
③ 怎么做中学校长[M]//北京师范大学校史研究室.林砺儒文集.广州:广东教育出版社,1994:402.
④ 张锡祚.先父张伯苓先生传略[M].天津:南开大学出版社,2016:81.
⑤ 邵钰.湖州历史文化《西吴墨韵》[M].合肥:黄山书社,2001:139.

病逝在当时学校迁址到的宁都田头。①

4.3.2 提倡中学校长以身示范、严于律己

如表4-6所示,一些民国著名中学校长主张:中学校长要对自己严要求、高标准,努力用自身的言行为师生树立榜样,从而引导他们共同向上向善和为所在学校的教育事业贡献力量。如南开中学校长张伯苓提出:"正人者,必先正己。要教育学生,必先教育自己。"②主张校长在管理学生的过程中要求从自身做起,严格约束自己,为学生树立榜样。北师附中校长林砺儒认为,校长在学校管理中最基本的是做到"律身要谨严,宅心要公正",做师生言行的楷模,同时还要注意在强调道德修养时不能过了度,以免"会用自己的夸大的自尊心构成一个躲避现实的避难所","藉口修德化人而遁入空门"。③ 他在北师附中严格要求自己,客观公正地对待师生,努力以自身的品格带动师生向善向上。天津圣功女中的夏景如校长秉持以严治校的办学理念,对作为校长的自己也力主严格要求,她在日常管校办学中不仅坚持每天亲自检查师生教与学的情况等各项管理工作的进展情况,还注意以身作则,努力做到为人师表。④

民国著名中学校长在办学中的榜样示范和修身律己的要求,为自己提出了管校办学的行为规范,也为教职工提供了行为指导,能激发他们工作的持久动力和热情,进而提高他们的自我效能感;也增强了校长的组织领导力,有助于形成以校长为核心的学校发展共同体,凝聚了学校发展的向心力。

4.3.3 主张中学校长应具有改革意识和及时应变能力

如表4-6所示,一些民国著名中学校长主张:中学校长应具有改革意识,能有效抓住改革机遇,推进所在学校的教育改革;同时校长还应具有一定的应变能力,能够因时因势甚至因循校情及时地对学校的办学目标、办学策略等做出调整。这种素质要求实际上是指:中学校长应站在教育的时代前沿,勇于改革和与时俱进。如春晖中学校长范寿康认为,形势在变,人也在变,一切都在变化,因应这种变化,学校的办学理念与教育方针等都应随之变化,即学校不能固守以往的教育方针和教育理念不变,只有这样才真正做到了"与时俱进"与"适应新潮流"。⑤ 因此,他接掌春晖中学后,将

---

① 中国人民政治协商会议宁都县委员会文史资料研究委员会.宁都县文史资料:第1辑[M].1986:54.
② 中国人民政治协商会议天津市委员会文史资料委员会.近代天津十二大教育家[M].天津:天津人民出版社,1999:32.
③ 怎么做中学校长[M]//北京师范大学校史研究室.林砺儒文集.广州:广东教育出版社,1994:403-404.
④ 中国人民政治协商会议、天津市河西区委员会文史资料委员会.河西文史资料选辑:第1辑[M].内刊资料,1996:67-68.
⑤ 顾志坤.春晖[M].长春:吉林文史出版社,2008:265.

学校的教育方针更改为"实事求是",将训育方针更改为"勤劳朴实"。贝满女中校长管叶羽也认同这种理念,他在办学中注意根据时代变化和教育发展趋势,及时调整学校的办学目标:他在1924年结合"五四"新文化运动开展以来女子受教育权益呼声的日益高涨,明确提出将贝满女中的教育目标调整为"让学生完成中学课业后升入燕京大学";在20世纪20年代末,他根据社会与基督教高等教育的进一步发展适时调整了贝满女中的办学目标,提出"以使女子受普通教育得有实用知能、迨毕业后能升学及应对社会之需要为宗旨";到了1936年,他又将使学生获得"实用知能"的办学目标调整为"使女子受普通教育得有常识及健全之人格"。① 管叶羽对学校办学目标的不断调整与变化,引领和提高了贝满女中学生的升学追求,此后贝满女中学生的大学升学率不断上升。

　　从某种意义上来说,作为学校与社会之间关系的调节者,站在中学教育改革的前沿,因时因势调节学校的教育目标、教育内容,使之与社会需要相适应,也是校长作为学校首要负责人的职责所在。② 基于校长的改革意识与能力、及时的应变能力,民国著名中学校长多能够准确把握中学教育发展的整体趋势,并顺时顺势改进学校办学策略和调整办学的战略举措,推进所在中学的较大发展。

4.3.4　主张校长要会识人用人和引导教职工进步

　　由表4-6可知,部分民国著名中学校长还主张中学校长应具有识人能力,能够识别什么样的教师是良师、什么样的人能够胜任学校有关管理工作,知道如何使用所聘教职员才能更好地促进办学效益最大化,并能够在办学中不断促进教师及管理职员的发展。如北师附中校长林砺儒认为,校长要会"辨别教员教学之优劣",能够择好师,对辨别的方法"校长非有相当把握不可。教员的缺点何在?优点何在?怎样去鼓励?怎样图补救?都能够辨别清楚";对新来的教师,为避免他们因"缺乏经验,或者人地未习"而"容易受误会而被埋没了",校长"更应当随时注意,善为指导";其中,对于刚毕业的教师,校长"应分担一份训练师资的责任","把他当作学生看待,恳挚地辅导他成材"。③ 因此在北师附中,林砺儒非常注意教师业务能力的提升。扬州中学校长周厚枢指出:"学校求良师,较国家求才尤难",认为校长"必须虚心访求贤能共同合作,方于事有济",主张校长应广觅良师,而且应虚心求贤,有时还可以上门拜访。因此,为延聘到优秀教师,他常常亲自拜访或函电商洽若干次,有时甚至亲访十数次。④ 南开中学校长张伯苓认为:每个人都有所长和所短,在管校办学中要能看到教职员工

---

① 尹文娟.基督教与中国近代中等教育[M].上海:上海人民出版社,2007:376-377.
② 王铁军.校长学[M].南京:江苏教育出版社,1993:9.
③ 怎么做中学校长[M]//北京师范大学校史研究室.林砺儒文集.广州:广东教育出版社,1994:404-405.
④ 邹雨青.民国时期的留洋文人[M].北京:中国文史出版社,2016:196.

的所长与所短,尽力发挥其所长而避开其所短;同时强调学校要不断提高各种人员的素质和加强对骨干人员的培养,主张让他们在不断的实践锻炼中获得发展。① 因此,张伯苓在办学实践中注意择优良人才任教和安排有较强管理才能的人负责有关管理工作。

在上述校长识人用人观指导下,民国著名中学校长一方面增强自身的人才识别能力,能准确地判别什么样的人能成为优秀教师、什么样的人能够成为优良的组织管理人员,并依据其人才观坚持聘请优良师资到校任教、任用优秀人员负责有关管理工作;另一方面关注学校教职员的发展,给他们安排适合的工作岗位,为他们提供发展平台和空间,不断促进他们在学科专业或技能上的成长。

此外,还有不少民国著名中学校长对中学校长提出了懂教育、明晰有关学科课程功能的素质要求,对这一点,我们将在后文有关民国著名中学校长在办学内容上的根本看法中做详细阐析。

综上而言,正是得益于民国著名中学校长"奉献"与"屈就"的办学精神和他们自身所具有的文化学识、革新意识、一定的管理能力、严于律己的品格等素质,他们所在的中学在其掌校期间获得了显著发展,在困境中能够顺利渡过难关;他们执掌下的不少民国著名中学都在抗战时期成功维系了教育弦歌不辍,从而保存了学校的教育薪火。

4.4 对教师的根本看法

根据民国著名中学校长的有关文著、言论及其在办学中对中学教师的管理实践,他们关于中学教师及其管理的理念与认识主要表现如下(如表4-7所示):

表4-7 民国著名中学校长关于教师的理念

对办学师资力量的看法	代表人物
"一个国家要维持自身的生命,至少对两种人要特别待遇……又一种是教员,为国家发展生命的"[1]"教师是决定教育成败的重要因素"[2]"要学生成才,师资队伍是决定因素"[3]等,认为教师的优劣对国家和学校都有重要影响,倡导聘请优良教师任教。	韩振华、林砺儒、李荃、周厚枢、汪懋祖、胡焕庸、吴元涤、项定荣、鲁立刚、张伯苓、范寿康、曹慕管、熊育钖、胡元倓、张伯达等

---

① 中国人民政治协商会议天津市委员会文史资料委员会.近代天津十二大教育家[M].天津:天津人民出版社,1999:50.

续表

对办学师资力量的看法	代表人物
"监督教师识别教师,不必客气""可转任的专任"[4],"教育者须具高尚之品性"[5],"规定一个最短的试用期限,非经过这个年限,不得授职"[6],"教师以言教人,不如以身教人"[7],"有怎样的教师便有怎样的学生""教师对于学生的声熏气染以及求学、做人、治事都必有深远的影响"[8]等,主张严格教师的聘用,加强对教师教学上和品格上的要求。	林砺儒、李荃、周厚枢、王季范、鲁立刚、张伯苓、经亨颐、曹慕管、赵天麟、张嘉寿、夏景如、管叶羽等
"慎重施行退免的特权,更应当酌量情形,允许教师退任他校"[9]"国家对于教员之任用,要有相当的规定,于他们的位置,要有保障,于他们的地位,要表示尊重,于他们的生活,要有周到的维持"[10]等,提倡尊重教师,善待教师,努力改善他们的待遇。	林砺儒、周厚枢、鲁立刚、经亨颐、黄树滋、张伯苓、熊育钖等
"鼓励教师进修""研究教学方法之改进"[11],"校长要能发掘每一教师的长处而予以奖励,并给予发挥的机会""延聘教师固须慎重选择,但是既聘以后,也须不断协助辅导"[12]等,主张鼓励教师提高业务水平,促进其职业发展。	林砺儒、王道元、周厚枢、王季范、童伯章、张伯苓等

注:[1]中央教育科学研究所.林砺儒教育文选[M].北京:北京师范大学出版社,1984:9.

[2]邹雨青.民国时期的留洋文人[M].北京:中国文史出版社,2016:195.

[3]长郡中学校史回眸[EB/OL].(2014-03-07)[2018-09-11].http://www.cnjenerator.com/cj/xshybmore.asp?articleid=694.

[4]经亨颐.经亨颐集[M].杭州:浙江人民出版社,2011:154.

[5]经亨颐.乙卯毕业式训辞[J].浙江第一师范学校校友会志,1915(6).

[6]中央教育科学研究所.林砺儒教育文选[M].北京:北京师范大学出版社,1984:9-10.

[7]潘洪建,刘华.扬州地方教育家研究[M].南京:南京大学出版社,2014:93.

[8]邹雨青.民国时期的留洋文人[M].北京:中国文史出版社,2016:195.

[9]经亨颐.经亨颐集[M].杭州:浙江人民出版社,2011:154.

[10]中央教育科学研究所.林砺儒教育文选[M].北京:北京师范大学出版社,1984:8.

[11]怎么做中学校长[M]//北京师范大学校史研究室.林砺儒文集.广州:广东教育出版社,1994:405-406.

[12]邹雨青.民国时期的留洋文人[M].北京:中国文史出版社,2016:197.

根据表4-7的信息,我们可以进一步将民国著名中学校长关于教师及教师管理的理念认识归纳为对教师重要性的认识、主张严格管理教师的理念、提倡善待教师的理念三个方面。

4.4.1 认为"教师是决定教育成败的重要因素"

由表4-7可知,民国著名中学校长对教师的重要性有相当的认识,他们普遍认为学校教师的优劣与教育教学水平与学校教育质量和人才培养有至关重要的关系,同时教师的整体程度水平也间接对国家发展有重要影响,主张学校多聘用优良师资。如北师附中校长林砺儒认为要办好中学教育"必须有大量高质量的教师",他在1934年专门撰文指出:可以把中学分为准备升学的学校和训练公民的学校,则准备升学的中学的必要条件之一就是要有优秀师资,而主要以公民训练为目标的中学也必要有能"配做社会的导师"的"极其优良的教师"。① 即从两种不同中学对教师的要求分析,说明办好中学需要有高质量的教师。扬州中学校长周厚枢认为,"教师是决定教育成败的重要因素","有怎样的教师便有怎样的学生","教师对于学生的声熏气染以及求学、做人、治事都必有深远的影响"。② 主张学校应聘请学识渊博、品质高洁的良师任教。明德中学校长胡元倓认为,"学校里只要教员整齐,学生便乐于受教,进步于我形,而职员可以腾出手来从其他方面增进学生品质和健康的事业,才可以使学生进德修业,三育并进;相反,如果教员程序不一,阵容不齐,学生无尊师之心,不能受教师之益,甚至引起风潮,职员将会忙于边压边哄,补宜罅漏,疲于奔命,无以自圆其说,弄得职员也因而失掉信仰,转成众矢之的"。③ 主张不断聘请优秀教师,优化学校师资队伍。

基于对教师重要性的认识,民国著名中学校长重视教师的聘任,在任职民国著名中学校长期间竭尽所能从各界网罗智能之士到校任教,他们或从高校选聘优秀毕业生,或从高校及其他中学延聘知名教师,或是其他各界聘请硕学俊彦,努力为学校汇聚优秀师资人才,奠定了所在中学的发展之基。

4.4.2 主张严格管理教师

由表4-7可知,许多民国中学校长都认为教师是决定教育质量的关键因素,主张学校从聘任、日常管理等环节加强对教师的管理,努力使学校教师在教学上、道德品质上都能经得起实践考验。具体而言,他们严格管理教师的理念主要如下:

一是主张严格教师选聘。这就是要求从教师聘任环节着手,严格按照择师的标准选择适合的教师任教。如北师附中校长林砺儒认为,教师作为对国家发展有重要意义的人员,"不可随便雇佣",政府须"依法对全国教员有授职权",其中对于中小学教师应"规定一个最短的试用期限,非经过这个年限,不得授职"。④ 在北师附中,他严格教师的任用,在选聘教师时不仅注意从名校聘请具有真才实学的毕业生到校任教,⑤如每年北师大最优秀的毕业生都会被选派到附中任教;还注意从高校聘请各领

---

① 从批评中学新法令说到未来的改造[M]//中央教育科学研究所.林砺儒教育文选.北京:北京师范大学出版社,1984:62-64.
② 邹雨青.民国时期的留洋文人[M].北京:中国文史出版社,2016:195.
③ 杨际贤.中华百年教育家思想精粹[M].北京:中国盲文出版社,1999:153.
④ 中央教育科学研究所.林砺儒教育文选[M].北京:北京师范大学出版社,1984:9-10.
⑤ 安树芬.中华教育历程:下[M].北京:光明日报出版社,1997:2167.

域的教授、专家学者到校兼任相关学科教师。耀华中学校长赵天麟身体力行地坚持以质取人的择师观,他在择师时既不看介绍人的地位如何,也不以应聘之人的资历决定聘用与否,而是采取笔试与口试相结合的办法,并亲自对应聘之人进行业务考核。① 在一定程度上,这种严格的择师理念有助于从源头上提高学校的师资水平。

二是主张严格要求教师。民国著名中学校长认为,中学在日常管理中应加强对教师教学态度、能力与水平和道德品质上的要求,使他们不仅能胜任教育教学工作,而且还要能在德行上堪为人师。如北师附中的林砺儒校长对中学教师的学识要求提出了自己的看法,他认为:"必须把中学师资的学识修养提高到资本主义社会里没有也不可能有的崇高的水平。"②南开中学校长张伯苓认为:"高师毕业生当中学教师不只是凭一种专门学问与学生相讲习,而同时为少年学生的导师。"而教师的责任在于育人,因此"教师更要才华焕发,多才多艺,要晓得为教人而教书,且能由教书而教人"。③ 贝满女中校长管叶羽提出了包括校长在内的全体教职员工在学校管理中都应坚持一个基本的原则,即凡事要"以身作则,开诚布公",提倡"事必躬亲是敬其所业的第一要事",④要求广大教职员工在工作上要尽职尽责,恪尽职守,共同维护学校日常教学工作的正常、平稳进行。

此外,还有一些民国著名中学校长提倡教师专任的办学理念。他们认为教师专任制有利于使教师专心和专注于学校教育教学及学校管理等工作,能集中广大教职员的群体智慧共功于学校发展,主张学校对教师实行专任制。如春晖中学校长经亨颐认为,"教员非专任,对于职务无稳确之观念,对于学校无专任之精神,欲言人格难矣哉"⑤,主张教师专任。他曾率先提出在中等学校实行教师专任制,并拟定了17条教师专任试行法草案,在浙江一师进行了实验;1920年之后,他在筹划建立春晖之前草拟的《春晖中学计划书》中,根据之前在浙江一师教员专任制的实施情况及经验,并结合当时全国普遍的工资水准及地方情况,对春晖中学实行教员专任制作了新规划。

民国著名中学校长严格管理教师的理念,为中学的教师选聘和职间管理提供了指导,有利于优化学校师资,规范学校教师管理和维护教学工作的有序开展。

4.4.3 提倡善待教师

根据表4-7所示,一些民国著名中学校长还提倡学校善待教师:一是主张学校应不断改善教师的工作待遇,使他们甘于和乐于任教中学;二是倡导学校应鼓励教师不断提高自身的业务水平,为他们提供必要的机遇和平台,帮助他们获得职业发展。如

---

① 周俊旗.建筑·名人·城市[M].天津:天津社会科学院出版社,2012:323.
② 钟叔河,朱纯.过去的学校[M].长沙:湖南教育出版社,1982:307.
③ 黄家驹,何国华.林砺儒教育思想研究[M].广州:广东高等教育出版社,1991:38.
④ 全国政协文史资料委员会.中华文史资料文库:第17卷:文化教育编[M].北京:中国文史出版社,1996:145.
⑤ 经亨颐.经亨颐集[M].杭州:浙江大学出版社,2011:87.

北师附中校长林砺儒曾在1925年专门撰文就教师待遇问题谈了自己的看法,他认为,"国家对于教员之任用,要有相当的规定,于他们的位置,要有保障,于他们的地位,要表示尊重,于他们的生活,要有周到的维持。"① 在之后的办学中,他很重视北师附中教师的待遇问题。此外,林砺儒还提出了校长"应以身作则鼓励教员进修"的观点。② 另外,他还赞成列宁的观点:"应当把人民教师提高到从未有过的,在资产阶级社会里没有也不可能有的崇高的地位。"主张学校重视提高教师的地位、待遇。③ 扬州中学校长周厚枢认为,"校长必须虚心访求贤能共同合作,方于事有济","对于教师必须以礼相待,然后教师才能乐为所用,而且才不致见异思迁"。④ 主张校长对良师要虚心访求,并以礼相待。同时他还提出,"校长要能发掘每一教师的长处而予以奖励,并给予发挥的机会","校长延聘教师固须慎重选择,但是既聘以后,也须不断协助辅导"。⑤ 主张校长应走近教师、了解教师,发现教师的长处并给以适当的发展机会与平台,还要对他们进行业务辅导,帮助他们快速成长。

在善待教师的办学理念指导下,民国著名中学校长关注教师的福利待遇,努力改善他们的工作环境,为他们提供职业发展平台和机遇。这也充分彰显了他们对教师在学校发展中作用的充分肯定,凸显了他们在办学中坚持以人为本,有利于吸引更多优秀师资到校任教,从而不断提高他们所在学校的师资水平。

4.5 对学生的根本看法

这里主要指在办学中如何对待和处理学生与学生管理的问题。对此,民国著名中学校长形成了一系列相关理念与认识,具体如表4-8所示。

表4-8 民国著名中学校长关于学生的理念

对学生及学生管理的理念认识	代表人物
"第一关键是入学试验""招进来的新学生基本好不好,和学习成绩好不好大有关系"[1],"请托说项都是毫无意义的""若是学校真徇情,便是学校之过。若是父兄误会要人情,而作不必要的请托,便是自误其子弟,而且对不起国家"[2]等,主张严格中学招生管理,避免"请托说项"。	林砺儒、李荃、汪懋祖、项定荣、经亨颐、刘铨法等

---

① 中央教育科学研究所.林砺儒教育文选[M].北京:北京师范大学出版社,1984:8.
② 怎么做中学校长[M]//北京师范大学校史研究室.林砺儒文集.广州:广东教育出版社,1994:405.
③ 黄家驹,何国华.林砺儒教育思想研究[M].广州:广东高等教育出版社,1991:71.
④ 邹雨青.民国时期的留洋文人[M].北京:中国文史出版社,2016:195-196.
⑤ 邹雨青.民国时期的留洋文人[M].北京:中国文史出版社,2016:197.

续表

对学生及学生管理的理念认识	代表人物
"能独立研究学术,崇高人格"[3]"严师严师,师不严不如无师"[4]等,倡导严格对学生的学业管理。	王季范、张湛、张伯苓、经亨颐、熊育钖、胡元倓、管叶羽、张家树、高凤山、杭海槎等
"苏中学生应具苏中之精神""有转移环境之能力,而不为环境所屈服"[5]"具有日常生活所必备之卫生知识、体育技能,以养成日常生活的规律与运动习惯""能主持正义,反抗非理,明权达变,处事接物,凡应付生活环境所必须的人格,均各有所修养"[6]、"无论任何严格即是亲爱,无论如何束缚即是自由"[7]等,提倡严格对学生的日常纪律管理。	汪懋祖、张印通、王季范、鲁立刚、曹纯一、张伯苓、经亨颐、张嘉寿、夏景如、管叶羽、张家树、张伯达、刘铨法等
"宜警戒者警戒,可奖励者奖励"[8],"积极感化"[9]"奖励应在精神,不在物质""惩不伤其人格,奖不使成猎犬""务必体察他们的个性,诊断他们的原因,予以合理的指导"[10]"以积极指导为主""以促其反省为原则"[11]、"不能让学生为难""再怎么困难,也不能在有困难的学生身上打算盘"[12]等,提倡正确对待犯错学生,鼓励学生学业进步,关心学生生活,对陷入困境的学生给予帮助。	林砺儒、李荃、周厚枢、严立扬、崔东伯、王季范、鲁立刚、张湛、曹纯一、经亨颐、熊育钖、管叶羽、张伯达、高凤山等

注:[1]经亨颐.经亨颐集[M].杭州:浙江大学出版社,2011:200.

[2]子弟入学之请托运动[M]//中央教育科学研究所.林砺儒教育文选.北京:北京师范大学出版社,1984:15.

[3]周勇.江南名校的中国文化教育[M].北京:教育科学出版社,2008:95.

[4]陈哲文.管韵清校长逸事[M]//贝满人语编委会.教育的启示:贝满人语.北京:知识产权出版社,2008:45.

[5]胡铁军.百年苏中:卷1:三元春秋[M].苏州:苏州大学出版社,2005:50.

[6]《中国名校优良传统丛书》编委会.往事寻踪(苏州中学优良传统史料汇编)[M].北京:中国大百科全书出版社,2008:46.

[7]经亨颐.人生训练之必要[J].春晖,1925(39).

[8]经亨颐.乙卯学年终业式训词[J].浙江第一师范学校校友会志,1915(6).

[9]浙江省教育志编纂委员会.浙江省教育志[M].杭州:浙江大学出版社,2001:1075.

[10]怎么做中学校长[M]//北京师范大学校史研究室.林砺儒文集.广州:广东教育出版社,1994:406-407.

[11]全国政协文史资料委员会.中华文史资料文库:第17卷:文化教育编[M].北京:中国文史出版社,1996:142.

[12]陈哲文.管韵清校长逸事[M]//贝满人语编委会.教育的启示:贝满人语.北京:知识产权出版社,2008:45-46.

由上表可知,民国著名中学校长在学生及学生管理上的办学理念主要可以分为"严"和"宽"两个方面,以下将分别从这两方面予以阐述。

4.5.1 倡导严格管理学生

4.5.1.1 认为"招进来的新学生基本好不好,和学习成绩好不好大有关系"

一是主张严格学校招生入学。优质生源是培养优秀人才的前提之一,可以说生源质量会在相当程度上影响着学校的教育教学质量,因此民国著名中学校长都比较注意生源问题,有一些著名中学校长还明确提出了严格学校的招生考试,坚持依据考试成绩择优录取考生,避免各种人情说项的要求。如春晖中学校长经亨颐曾指出:学生管理的"第一关键是入学试验","招进来的新学生基本好不好,和学习成绩好不好大有关系",①主张学校严格招生考试。杭州高级中学的项定荣校长在认识到生源质量重要性的基础上提出严格招生的要求,他曾在制定的"杭高五年改进计划"中明确指出,学校要面向全省招生,外省学生也可报考,学校在招生上将严格按照招生标准择优录取,决不徇私情。②

二是力求避免人情请托。一些民国著名中学校长明确提出在学校招生中应严禁各种请托说项,不允许徇私情,应客观公正招生的主张。如北师附中校长林砺儒认为:"假使一个学校招生,是按情面势利去取的",这学校"便是极腐败的学校,便不堪付托子弟",而一所好的学校,"我们相信可以托子弟给它教育",它"里面办事就应有条理,断不会为情面所动",因此"请托说项都是无意义的";"若是学校真徇情,便是学校之过。若是父兄误会要人情,而作不必要的请托,便是自误其子弟,而且对不起国家"。③而且他进一步指出,请托说项就像"毒菌"与"洪水猛兽",易使学生丧失自立自强精神和滋生依附权贵的思想,造成他们人格上的缺失,也不利于学校"全人格"教育的开展与实现。④他坚决要求北师附中在招生中杜绝各种人情请托。在他的引领下,北师附中对每年招生中的请托说项,都严格根据学校规定的录取成绩,对达到录取标准的请托生予以录取,没考中的则回函予以拒绝和说明理由。

严格招生的理念为学校的招生管理工作提出了规范要求,有利于防止和减少学校招考中的徇私舞弊行为,保障了招生中的公平公正,也保证了学校的生源质量。但值得注意的是,虽然许多民国著名中学校长在实际办学中都坚持严格招生,但并非都如前所述,完全杜绝一切人情说项。以南开中学为例,学校的办学经费有相当大一部分都来自社会,尤其是军政要人,因此为了维系学校的社会关系和增加学校的经费来

---

① 经亨颐.经亨颐集[M].杭州:浙江大学出版社,2011:200.
② 杭州市教育委员会.杭州教育志[M].杭州:浙江教育出版社,1994:372.
③ 子弟入学之请托运动[M]//中央教育科学研究所.林砺儒教育文选.北京:北京师范大学出版社,1984:15.
④ 张跃双.名师风范[M].沈阳:东北大学出版社,2017:142.

源,张伯苓开辟了"试读生"制度,允许部分军政要员的子弟免试入学,如试读1年后经考试合格才能转为正式生。① 实际上,是否采取如此严苛的招生政策,是一个价值博弈的结果。

4.5.1.2 主张"严格即是亲爱""束缚即是自由"

如表4-8所示,许多民国著名中学校长都赞成严格管理学生的办学理念,他们的观点主要如下:

一是主张严格学生日常行为管理。民国著名中学校长赞同对学生加强日常行为管理,如南开中学校长张伯苓认为,中学时期是学生"发达生殖机能之时""正当此人欲发达时代,学科以外,乃有此恶魔大劫,常与此清白之心为敌为难"。② 因此,学校应严格各项学生管理制度,约束他们的行为,并通过运动等方式引导他们远离色欲诱惑,端正自身行为。春晖中学校长经亨颐认为"无论任何严格即是亲爱,无论如何束缚即是自由",③主张对学生严要求。贝满女中校长管叶羽在学生的日常行为管理上向来主"严",他曾明确强调:"严师严师,师不严不如无师。"④所以,他主张对学生要严格要求。在他管理下,贝满中学不仅严格和完善各项学生管理制度,而且注意利用各种场合和通过其他各种措施教导和提醒学生要专心学习、规范言行。

二是严格学生学业管理。中学最基本的任务就是在人才培养方面对学生进行文化教育,因此学生的学业质量是中学及其办学人应充分而且首要关注的问题。一些民国著名中学校长明确提出:中学应将学生的学业质量摆在重要位置,主张加强对学生的学业管理。如明德中学校长胡元倓重视学生的学业发展,在他的管理下,学校制定了严格的学业管理规定,甚至对中途插班读书的学生的学业质量也做了严格规定,不但要求他们参加插班生考试,还要对其离校原因、操行以及曾否留级等情况进行详细调查,然后逐一登记并填写《插班生考察表》。⑤ 以澄衷中学为例,校长曹慕管非常重视学生的学业质量,他认为学校如果对"学生不经过考试"又"怎样知道培养出什么样的人?"⑥为了保障学生的学业质量,他尤其注重对学生的学业考试,甚至超过了对文言文教学的坚持和重视。

"无规矩不成方圆"。严格管理学生的理念为民国著名中学校长所在的学校制定各项学生管理规范与制度,严格学生管理措施提供了指导,有利于民国著名中学学生

---

① 李冬君.张伯苓是怎样办南开的[M]//《南方周末》.民国传奇.南昌:二十一世纪出版社,2012:274.
② 张伯苓.张伯苓教育言论选集[M].王文俊,等编.天津:南开大学出版社,1984:43-44.
③ 经亨颐.经亨颐集[M].杭州:浙江大学出版社,2011:390.
④ 陈哲文.管韵清校长逸事[M]//贝满人语编委会.教育的启示:贝满人语.北京:知识产权出版社,2008:45.
⑤ 陶旅枫,黄政海.明德学校史[M].长沙:湖南师范大学出版社,2013:150.
⑥ 冯和法.上海澄衷中学校长曹慕管[M]//全国政协文史资料委员会.文史资料存稿选编:第24辑.北京:中国文史出版社,2002:497.

管理的制度化和规范化。

4.5.2 主张"宽"待学生

由表 4-8 可知,民国著名中学校长在办学中大都在倡导对学生的入学、学习及日常行为进行严格管理之外,还秉持以"宽"待生的办学理念,主张学校要以人为本,正确对待犯错学生,积极采取措施促进学生的学业进步,关爱学生,对陷入困境的学生予以帮助。具体来说,可以从以下两个方面来认识他们以"宽"待生的学生管理理念:

一是主张学校应鼓励学生追求学业进步。民国著名中学校长赞同或提倡学校积极采取有效举措激励学生学业上的进步。如扬州中学校长李荃认为,"国文与其他课程不同,不能以年级分高低,低年级之能自修者,其程度往往较多年级为优",因此他执掌扬州中学时,要求学校举办的作文比赛打乱年级界限,采用全校混合方式,以此来激励各年级学生潜修自励。① 长郡中学校长鲁立刚出于鼓励学生学业进步的考虑,即使面对在抗战期间穷困异常的办学窘境,依然在 1943 年想法筹款设立了奖学基金,奖励优秀学生。

二是主张"不能让学生为难"。民国著名中学校长无论是对待犯错的学生、还是陷入经济困境或政治困境的学生,抑或是关心学生在校生活方面,实际都是围绕"不让学生为难"这一基本的待生准则,努力使学生能够顺利、愉悦地完成中学学业。以贝满女中校长管叶羽为例,他一方面是主张学校"不能让学生为难"。为了帮助家庭经济困难学生顺利完成学业,学校设置"工读生"名额,让家庭经济困难学生通过在校打临工的方式抵偿学杂费,设置免费名额帮助家庭经济困难又无时间打临工的学生,还设置了缓交学杂费的名额帮助家庭一时困难的学生。在抗战胜利初期,面对经费拮据的局面,管叶羽提出"再怎么困难,也不能在有困难的学生身上打算盘"的观点,坚持执行前述各种学生扶助政策。② 一方面是宽恕对待犯错学生。如前所述,他主张对待犯错学生应"以积极指导为主""以促其反省为原则",不能一味斥责,应多讲道理多规劝,少给予记过、开除等处分,在不得已必须开除学生时也应尽可能减少处分给学生带来的影响。

民国著名中学校长提倡关爱学生,体现了以生为本、一切为了学生发展的办学精神和原则。这种理念为学校严格管理学生的"冷"增添上了一抹"暖"色调,使学生管理制度"严""宽"有济,有利于更好地管理学生和促进学生的发展。

---

① 刘承汉.鼓励固有国学[M]//郑万钟,张铨.扬州中学.北京:中国大百科全书出版社,2009:27.
② 陈哲文.管韵清校长逸事[M]//贝满人语编委会.教育的启示:贝满人语.北京:知识产权出版社,2008:45-46.

4.6　对教育教学的根本看法

这里的"教育教学"主要涵指课程、教材、教法等几个方面。民国著名中学校长关于中学课程、教材、教法等办学内容的理念认识主要如表4-9所示。

表4-9　民国著名中学校长关于教育教学的理念

关于办学内容的理念	代表人物
"教育事业应随时代之需求,而谋其进步"[1]"教育的对象是文化生长"[2]"融汇中西"[3]等,主张学校因时因势改革学制课程。	韩振华、林砺儒、张家树等
"做学问是求实用,有益于国计民生""教而社会无所用等于未教"[4],"教育如不能适应国家的需要,推进社会的先进,这种教育,实在是浪费人力、财力"[5]等,主张根据现实需要改革课程设置。	林砺儒、李荃、彭国钧、张伯苓、经亨颐、熊育钖、沈同一、张伯达、刘铨法等
"强国强身"[6],"学生应以道德,身体,知识三事为自立基础"[7],"教育里没有体育就不完全""体育比什么都重要"[8],"要矫正国人文弱的通病与挽回青年轻浮的颓风,单靠书本上和口头上的教育是无济于事的,学校能注重体育、提倡运动都是唯一的良好的办法"[9]等,认为学校应重视体育,开展丰富的体育活动。	林砺儒、闫翰升、齐树芸、李荃、严立扬、项定荣、潘凤起、彭国钧、石占元、王修、张湛、张伯苓、曹纯一、张伯苓、经亨颐、范寿康、曹慕管、吴友孝、熊育钖、李中襄、张嘉寿、张家树、刘铨法等
"书本子的教育是死教育""使他们能够直接经验道德生活、科学生活、艺术生活……就是真、善、美的生活""尤其要发挥天真烂漫,为趣味而活动的少年精神"[10],"务使学生的生活,增进健康、活泼、丰富与优美"[11]等,主张学校大力开展课外活动,丰富学生课外生活,培养和陶冶他们的兴趣和能力。	韩振华、林砺儒、王道元、齐树芸、周厚枢、童伯章、张伯苓、李中襄、张嘉寿、高凤山等
"教育家要培养进步的人格,以适应进步的社会""不负起全责陶冶学生的身心,流弊将不堪设想""中学校若不能以现代的德性培养一般青年,他们就要横溃"[12],"教育要陶冶健全有用的公民"[13],"求学何为?学为人而已"[14]等,提倡对学生进行爱国教育,加强思想道德教育或品格培养。	林砺儒、齐树芸、李荃、严立扬、彭国钧、王季范、鲁立刚、张湛、张伯苓、经亨颐、熊育钖、赵天麟、高凤山、张家树、刘铨法等

续表

关于办学内容的理念	代表人物
"学行合一""学行并重,才可免畸形发展的弊端"[15],"知所羡慕而不能行者"是"筋肉的不道德之人"[16]等,认为应加强学生的实践锻炼,增强学生的动手操作能力和社会服务能力。	曹纯一、齐树芸、张伯苓、经亨颐、熊育钖等
"教学法的研究须由中学各科教员负起责来做,才有实效"[17],"寓教于乐"[18],"新的东西都是从旧有的东西传下来的。没有旧的就没有新的"[19],坚持"注重感化与启发,反对保守与压制"[20]等,主张中学进行教学改革,鼓励改进教育教学方法。	林砺儒、王道元、李荃、周厚枢、王季范、鲁立刚、童伯章、张伯苓、经亨颐、高凤山、尉礼贤等
"由心理学的见地组织各教材,以谋各教科之'协同'""撤废从来诸教科之认为的界限,而以境遇或问题为中心组织有价值的材料"[21]等,提倡中学研究教材,改进或改革教材。	林砺儒、彭国钧、经亨颐、章育文、张家树等

注:[1]刘荣琮.民国教育人物外传[M].台北:华欣文化事业中心,1975:65.

[2]中国教育与国难[M]//中央教育科学研究所.林砺儒教育文选.北京:北京师范大学出版社,1984:102.

[3]王丽.汇文钟声:一所中学远去的背影[M]//傅国涌.过去的中学(增订本).北京:同心出版社,2012:140-141.

[4]长郡中学校史回眸[EB/OL].(2014-03-07)[2018-09-11].http://www.cnjenerator.com/cj/xshybmore.asp? articleid=692.

[5]中国人民政治协商会议江西省南昌市委员会文史资料研究委员会.南昌文史资料选辑:第8辑[M].1992:30.

[6]长郡中学校史回眸[EB/OL].(2014-03-07)[2018-09-11].http://www.cnjenerator.com/cj/xshybmore.asp? articleid=692.

[7]张伯苓.张伯苓自述[M].文明国,编.合肥:安徽文艺出版社,2013:93.

[8]张伯苓.答上海新闻报记者的谈话[M]//张伯苓教育言论选集.王文俊,等编.天津:南开大学出版社,1984:258.

[9]顾志坤.春晖[M].长春:吉林文史出版社,2008:268.

[10]侯刚.林砺儒与北京师范大学[M]//黄家驹,何国华.林砺儒教育思想研究.广州:广东高等教育出版社,1991:150.

[11]邱济隆.如何做一名好校长[M].北京:中国轻工业出版社,2010:139.

[12]黄家驹,何国华.林砺儒教育思想研究[M].广州:广东高等教育出版社,1991:37.

[13]中国教育与国难[M]//中央教育科学研究所.林砺儒教育文选.北京:北京师范大学出版社,1984:102.

[14]李永鑫,张仲清.绍兴名人传略:教育家篇[M].银川:宁夏人民出版社,2007:45.

[15]学行合一[M]//张伯苓.张伯苓教育言论选集.王文俊,等编.天津:南开大学出版社,1984:151.

[16]经亨颐.经亨颐集[M].杭州:浙江大学出版社,2011:78.

[17]怎么做中学校长[M]//北京师范大学校史研究室.林砺儒文集.广州:广东教育出版社,1994:406.

[18]张伯苓的教育思想:兼顾德、智、体[EB/OL].(2005-08-01)[2019-01-01].http://edu.sina.com.cn/l/2005-08-01/1453123912.html.

[19]王丽.汇文钟声:一所中学远去的背影[M]//傅国涌.过去的中学.北京:同心出版社,2012:142-143.

[20]张彬.经亨颐教育论著选[M].北京:人民教育出版社,1993:358.

[21]环境中心的课程改造[M]//北京师范大学校史研究室.林砺儒文集.广州:广东教育出版社,1994:561,564-565.

由表4-9可知,民国著名中学校长关于中学办学内容的理念认识主要集中在:倡导根据现实需要开设课程和安排课程内容、因时因势改革课程教学的内容与方法、开展课外活动促使学生全面发展、注重实践锻炼等方面。因此,我们主要可以从以下几个方面认识他们关于办学内容的理念。

4.6.1 倡导根据需要设置课程

一是提倡课程内容适应国家需要。面对民国时期国家贫弱遭受外辱的局面,不少民国著名中学校长都提倡中学的课程要适应国家、社会的发展需求。在心远中学,基于对鸦片战争中中国战败的沉痛和深思,校长熊育锡认为国家落后的根源在于科学与工业的落后,因此把强国的着眼点回归到教育上,他提出"教育如不能适应国家的需要,推进社会的先进,这种教育,实在是浪费人力、财力",主张心远中学注重自然科学和外语的教学。① 在南开中学,校长张伯苓在谈及中学重要性时指出,"中学课程为普通学科,人生不可少之知识,退而处世应用,进而求学专门",说明了中学作为普通学科的基础具有重要意义。② 进而他又专门指出:"非由中学之普通学科基础,断无成效可言,故学生之对于各科求全之必要。"③要求南开中学在教学上首先注重的就是为学生打下宽厚扎实的基础。

值得注意的是,教会中学的民国著名中学校长还多响应政府的号召,主张学校取消宗教课程。如贝满女中校长管叶羽曾郑重指出,"本校虽系基督教会所创立,然对宗教信仰绝不可勉强。凡课外的各项宗教集会皆可自由参加。"④旗帜鲜明地表达了他对贝满女中实施宗教的看法。他莅任伊始就果断地取消圣经课,不但将各种宗教活动都安排到课外进行,还要求学生参加"查经班""晚祷班"等各种形式的宗教活动

---

① 中国人民政治协商会议江西省南昌市委员会文史资料研究委员会.南昌文史资料选辑:第8辑[M].内刊资料 1992:30.
② 常策欧.修身班校长讲演录[J].校风,1916(36),1916(37).
③ 梁吉生,张兰普.张伯苓画传[M].成都:四川教育出版社,2011:57.
④ 全国政协文史资料委员会.中华文史资料文库:第17卷:文化教育编[M].北京:中国文史出版社,1996:140.

应遵循自愿原则,任何人不得强迫。在青岛私立礼贤中学,因主办学校的同善教会以办慈善事业而非传教为宗旨,因此学校的宗教政策比较开明,既不开设宗教科目,也不强迫学生信教。尉礼贤校长在就任该校校长期间,学校还未向中国政府立案,他却赞同比较开明的宗教政策:允许师生宗教信仰自由,也不以是否信教为聘请教师和招录学生的条件①。

倡导课程适应国家的需求既是民国著名中学校长通过教育实现教育救国理想的体现与要求,也能让他们的办学愿景更加贴近现实而易于为学校教职工接受和鼓动他们的工作热情;同时也为学校的课程改革提供了行动指南,保证了人才培养的适用性。

二是主张学校加强体育建设,增强学生的体育锻炼。由表 4-9 可知,许多民国著名中学校长都认为学校应加强体育课程的开设,主张学校开放丰富的体育活动。如春晖中学校长范寿康曾在 1929 年年底的学校秋季运动会上指出:"要矫正国人文弱的通病与挽回青年轻浮的颓风,单靠书本上和口头上的教育是无济于事的,学校能注重体育、提倡运动都是唯一的良好的办法。"②主张学校可以借助运动会促进学校体育,使学生们都能锻炼出活泼的身手和强健的身体。在南开中学,校长张伯苓结合自身的办学实践和在国内外的教育考察经历与体会,多次明确指出体育的重要性,他说:"德智体三育之中,我中国人所最缺者为体育","今日学校生徒,若非提倡运动,其软弱亦犹昔耳",③强调"学校里没有了体育,教育就不完全",④他还曾在修身课上明确地向学生指出"体育发达非啻身体之强健已也,且与各事均有连带之关系。读书佳者宜有健全身体;道德高者宜有健全身体"。⑤ 在他的主张下,南开中学大兴体育运动之风:把体育作为必修课程,要求每一年级都要开设,并把体育成绩作为学生毕业条件之一,要求体育不及格的学生不能获得毕业证书;开设丰富多彩的课外体育活动,尽可能使每位同学都能找到可参与的体育活动项目;经常定期举办各种体育比赛,调动学生的体育热情,在运动中涵养他们的团体合作精神与提高他们的协作能力。难能可贵的是,张伯苓还在发展南开学校体育的过程中,明确提出"不认识体育的人,不应该做校长",呼吁更多学校的校长重视体育,更多学校注重体育活动的开展。

注重体育的办学理念适应了当时中国亟须改善国民身体素质、强国强民的需要,

---

① 市北区文史资料研究委员会.市北文史资料:第 1 辑[M].青岛:崂山印刷厂,1989:207-208.
② 顾志坤.春晖[M].长春:吉林文史出版社,2008:268-269.
③ 中国人所最缺者为体育[M]//张伯苓.张伯苓自述.文明国,编.合肥:安徽文艺出版社,2013:178.
④ 张伯苓.答上海新闻报记者的谈话[M]//张伯苓教育言论选集.王文俊,等编.天津:南开大学出版社,1984:258.
⑤ 我校之各项政策[M]//张伯苓.张伯苓教育言论选集.王文俊,等编.天津:南开大学出版社,1984:17.

也为学校的体育课程建设提供了理论指导;同时,提倡体育运动的办学理念既是顺应了彼时注重学生德智体全面发展的教育发展趋势,也符合学生的身心发展需要。

4.6.2 主张改革课程教学

由表 4-9 可知,民国著名中学校长关于课程教学改革的理念主要有以下几点:

一是倡导白话文教学。作为中国接受了近代高等教育,尤其是受过西方先进文化"洗礼"的知识分子精英,民国著名中学校长相较他者更容易接受新的思想和文化潮流,他们中的不少人还常常是文化思潮运动中的"健儿"。契合 1919 年的"新文化运动",一些民国著名中学校长顺应这股文化潮流提出改革学校文言教学的方式,提倡用白话文教学。如经亨颐校长早在 1919 年 10 月就提出在中等学校改革国文教学,取缔文言文教学,试行白话文的主张。当时他要求在其任校长的浙江一师及其附小的国文课教学一律使用白话文教学,在后来的春晖中学也是如此要求。为有效推行白话文,他还曾亲自参与并组织教师编写了《新式标点用法》《国语法》《注音字母教授法》等国语丛书,制定了《国语教授法大纲》,指导师生使用白话文;直接选用胡适、陈独秀、李大钊、鲁迅等新文化运动旗手的优秀白话文作品作国文教学材料。作为师范大学附属学校代表的林砺儒校长在北师附中推行"三三制"的改革过程中,也大力提倡白话文教学。

但也有一些民国著名中学校长对前述推行白话文教学的观点和做法持有一些不同意见。如北京汇文中学校长高凤山认为,"新的东西都是从旧有的东西传下来的。没有旧的就没有新的。"因此,他主张学校的国文教学应文言和白话并重。① 还有一些民国著名中学校长则完全反对白话文,如澄衷中学校长曹慕管,他曾撰写文章指出,"我国各地语言复杂,纯粹靠单一的文言文把大家联系起来的",而且"语"与"文"不可能统一,② 主张学校仍采用文言文教学。苏州中学校长汪懋祖认为,虽然学文言文稍难,但"引用上之胜利","阅者作者以及印工皆较经济",且"文言音意之外,尚有形可察",③ 坚决反对白话文运动。

二是提倡研究和改进教育教学的方法。不少民国著名中学校长主张教师等研究教育与教学活动,不断改进学科教学方法,改善学生教育的方法。如北师附中的林砺儒校长根据所在学校作为师范大学附属学校有实验教学新方法、为其他学校提供示范的使命,提出:由中学各科教师研究教学方法,是"改善我国中学教学法研究严重不

---

① 王丽.汇文钟声:一所中学远去的背影[M]//傅国涌.过去的中学.北京:同心出版社,2012:142-143.
② 冯和法.上海澄衷中学校长曹慕管[M]//全国政协文史资料委员会.文史资料存稿选编:第 24 辑.北京:中国文史出版社,2002:497.
③ 霍四通.中国现代修辞学的建立:以陈望道《修辞学发凡》考释为中心[M].上海:上海人民出版社,2012:49.

足,主要依赖外来经验的现状的有效方法"①,主张中学校长应鼓励教师"研究教学方法之改进"。因此,他在北师附中办学实践中注意提倡和引导教师开展教学研究活动,改进教学效果。春晖中学校长经亨颐倡导"人格教育",提倡教育中的人格感化和教学方法的多样性,以促进学生学养和人格的发展,反对运用强制手段压制学生;对于违反纪律和犯错的学生也主张宽容对待,予以感化和教导。② 青岛私立礼贤中学校长尉礼贤在主校期间,倡导"有教无类,一视同仁"的教育理念③,要求教师在教育学生以及学科教学中,不因学生出身的高低贵贱等差异而有所差别,主张平等待生。

三是提倡研究教材,改革或改进教材。一些民国著名中学校长主张学校重视对教材的研究,因时因势以及因校制宜,积极改进或改革教材。如春晖中学校长经亨颐在办学中注重教材切合课程教学需求和学生的生活实际,还要求教材注重与时俱进,紧契时代发展趋势,积极宣传新文化和革命进步思想。为此,春晖中学注意教材的更新,不仅使用了不少自编讲义以及补充教材,其中从《新青年》《新潮》《向导》《创造季刊》以及古典文章中选编了一些内容作为补充教材。④ 北师附中校长林砺儒早在1923年就提出,中学等普通学校的各学科的教材,"皆互相关系密切,不能孑然独立",最好"由心理学的见地组织各教科,以谋各教科之'协同'",并在彼时的一段时间内应"撤废从来诸教科之人为的界限,而以境遇或问题为中心组织有价值的材料",改造当时学校教材中不适宜的部分,对于"诸教科中有价值的教材,仍应照旧保存",在实际的教学中,要达至一种教师"不是因为授与教材而授课,乃因供给学生解决目前境遇之资料而授课",学生上课"不是因某种功课时间到了上课,乃因搜集解决境遇之资料,所要来的但觉得是解决目前境遇所必需的资料",只有这样才能构建出适合需要的教材,促进课程改革成效。⑤ 后来他又根据办学实践提出,学校所用的教材应能够因随国家和社会等的变化发展,适应教育对象的发展特点和发展需求,就比如"一本历史教科书由书写完至出版,应添的新材料就不少,如果不重新搜集,就不能把握时代"⑥,因此学校教材都需要及时收集新材料进行补充更新。林砺儒在北师附中办学中积极组织各科优秀教师收集资料,编写新教材,也为其他中学的教材建设提供了样本或是参考。

此外,还有部分民国著名中学校长如林砺儒、周厚枢、汪懋祖、胡焕庸、吴元涤、郝

---

① 怎么做中学校长[M]//北京师范大学校史研究室.林砺儒文集.广州:广东教育出版社,1994:405-406.
② 孙昌建.浙江一师别传[M].杭州:浙江人民出版社,2011:11.
③ 车吉心,等.齐鲁文化大辞典[M].济南:山东教育出版社,1989:286.
④ 董郁奎.一代师表:经亨颐传[M].杭州:浙江人民出版社,2007:241.
⑤ 环境中心的课程改造[M]//北京师范大学校史研究室.林砺儒文集.广州:广东教育出版社,1994:560-561,564-565.
⑥ 怎么做中学校长[M]//北京师范大学校史研究室.林砺儒文集.广州:广东教育出版社,1994:406.

仲青、胡元俅、尉礼贤等，他们主张或是赞同学校教师进行学术研究。如北师附中校长林砺儒认为，教师"述而不作"则难以提高自己教学和教育工作水平，①主张教师在做好教育教学工作的同时，从事编写教材、总结教育教学经验、发表文章等科研工作。扬州中学校长周厚枢提倡教师不仅要教书育人，还要进行科学研究，为了确保教师能够进行科研，他不仅经常督促他们阅读书刊、关注有关教学的学术动态，还鼓励新教师多与博学多识的老教师交流和学习。②育德中学校长郝仲青推崇学术研究，为了促进师生的科研活动，他努力在学校中营造一种浓郁的学术研究氛围。③其中尤以苏州中学的汪懋祖、胡焕庸等校长为甚，如前所述，他们直接将办学目标定位为建立一所堪与高校相媲美的从事学术研究的学园（Academy），努力从各界聘请各学科的"翘楚"到校任教，还在学校创造性地打造了一个"名家演讲"栏目，定期请国内一流学者到校演讲，这些使学校的学术氛围变得浓郁，有助于师生进行科研活动；同时这些校长自身也是博学多识、较有学术成就者，如吴元涤校长，他在掌校苏州中学期间出版了3部专著、3本教科书并发表了几十篇论文④。

整体来说，这些课程教学改革理念为民国著名中学校长所在学校的课程改革提供了具体的改革目标，为学校的课程改革实践提供了指导，有助于学校课程教学改革的推进。倡导中学教师进行学术研究的办学理念，对于塑造良好的校风、提高教师的教育教学水平有较好效果。

4.6.3 认为"书本子的教育是死教育"

民国著名中学校长普遍主张学校加强课外活动建设，把其作为培养学生德智体美全面健康发展的重要途径和方式。如北师附中校长林砺儒认为"书本子的教育是死教育"，中学在灌输书本知识之外还要创造更多的条件，使学生能"直接经验道德生活、科学生活、艺术生活……换句话说，就是真、善、美的生活，而且尤其要发挥天真烂漫，为趣味而活动的少年精神"，主张丰富中学生的课外生活。⑤北平市立第四中学的首任校长王道元曾提出"学科学、学世界、学做人"的口号，主张学校要促进学生在德智体美方面全面发展；他强调指出，对于四中学生自动组成学生自治会、科学研究会、文学研究会、读书写作社、音乐会、国乐团等团体组织，应由学生根据个人兴趣随意参加，从而发展他们的特殊天才与锻炼他们做事的能力。⑥南开中学校长张伯苓

---

① 何国华.民国时期的教育[M].广州：广东人民出版社，1996：74.
② 潘洪建，刘华.扬州地方教育家研究[M].南京：南京大学出版社，2014：176-177.
③ 赵寿先，等.忆母校：国立一中第一分校[M]//保定市政协文史资料委员会.百年名校育德中学.保定：保定市政协文史资料委员会，1994：87-88.
④ 周勇.江南名校的中国文化教育[M].北京：教育科学出版社，2008：136.
⑤ 侯刚.林砺儒与北京师范大学[M]//黄家驹，何国华.林砺儒教育思想研究.广州：广东高等教育出版社，1991：150.
⑥ 邱济隆.如何做一名好校长[M].北京：中国轻工业出版社，2010：46-47.

反对死读书,认为"只知道压迫着学生读死书的学校,结果不过是造出一群'病鬼',一点用处也没有"①,要求学生应会学会用,掌握真本事;他认为学生"到学校来念书,不但是要从课本上得学问,并且还要有课外活动,从这里面得来的知识学问,比书本上好得多"。② 因此,张伯苓在南开中学非常重视课外活动,在他的领带下,学校广泛开展了戏剧、音乐、体育运动等各方面的课外活动,成立了许多学生活动社团。

民国著名中学校长对课外活动的重视,顺应了民国二三十年代中学领域普遍重视课外活动开展的潮流,也是以生为本,促进学生全面发展的重要体现,有利于丰富学生课外生活和增强他们的实践能力,促进他们的健康发展。

4.6.4 强调"培养进步的人格,以适应进步的社会"

一是倡导爱国教育。与前述"教育救国"的办学理念相照应,相当一部分民国著名中学校长都明确主张学校加强对学生的爱国教育,培养他们的爱国思想和涵养他们的爱国情操。如心远中学校长熊育钖认为"天下兴亡,匹夫有责",因此他经常要求学生留意时局,关心国事。为了促进学生的爱国教育,他不仅聘请了不少的左派人士以及共产党人到校任教,还经常把报上的各种重要时事内容粘贴在教室供学生阅读。③ 扬州中学校长李荃重视爱国教育,他认为"教育的目的就是把学生培养成为热爱祖国、报效国家的人才"④,主张把以爱国主义为核心的德育作为学校教育革新的首要目标,他在办学中经常鼓励和支持学校学生参加各种形式的爱国主义活动。

二是重视学生道德教育。民国著名中学校长普遍注重学生的道德品格教育,以期培养品格高洁的人才。如北师附中校长林砺儒认为,教育的主要任务是促进学生的人格成长,"教育家要培养进步的人格,以适应进步的社会",主张学校把人格教育,即思想品德的教育放在第一位。对此,他还在《从批评中学新法令说到未来的改造》中指出:中学如果"不负起全责陶冶学生的身心,流弊将不堪设想","中学校若不能以现代的德性培养一般青年,他们就要横溃"。⑤ 南开中学校长张伯苓认为:"教育范围,绝不限于书本教育、知识教育,而应特别注重于人格教育、道德教育。"⑥主张加强对学生的道德教育。他以"允公允能"为南开中学校训,其中所谓"公"指公德,是"为公众,摒除自私自利"⑦,即他期望学校培养出来的是具有"爱国爱群"精神、道德品质

---

① 中国人第一个劣根性是"敷衍"[M]//张伯苓.张伯苓谈教育.沈阳:辽宁人民出版社,2015:123.
② 演剧与作人[M]//张伯苓.张伯苓教育言论选集.王文俊,等编.天津:南开大学出版社,1984:238.
③ 中国人民政治协商会议江西省南昌市委员会文史资料研究委员会.南昌文史资料选辑:第 8 辑[M].1992:35.
④ 潘洪建,刘华.扬州地方教育家研究[M].南京:南京大学出版社,2014:91.
⑤ 黄家驹,何国华.林砺儒教育思想研究[M].广州:广东高等教育出版社,1991:37.
⑥ 唐澜波.爱国教育家·张伯苓[M].武汉:武汉大学出版社,2012:63.
⑦ 南开校友与中国前途:在昆明校友分会欢迎会上的讲话[M]//张伯苓.张伯苓教育言论选集.王文俊,等编.天津:南开大学出版社,1984:240.

值得称赞的人。而为了更好地提高道德教育的成效,他在教育学生时,总是善于将文雅举止与诙谐幽默相结合,将深刻的道理寓于浅显的举例或"说教"中,使学生在简单愉悦的听讲中增长品德学识。①

爱国教育与个人品格的教育,是保障学生成长为对国家和社会有用的人的必然要求。民国著名中学校长强调爱国教育和道德教育的办学理念,保证了中学办学的方向,也为中学培养什么样的人提供了实践指导。

4.6.5 认为"学行并重,才可免畸形发展的弊端"

民国著名中学校长普遍都比较关注对学生的动手操作与社会实践能力的培养。如表4-9所示,不少民国著名中学校长还明确提出,中学要加强学生的实践锻炼,不断创造条件让学生参与到力所能及的实验和社会实践活动中,使他们在活动中得到锻炼。如北师附中校长林砺儒认为,"书本子的教育是死教育",中学要在灌输书本知识之外,创造更多的条件,"使他们能够直接经验道德生活、科学生活、艺术生活……换句话说,就是真、善、美的生活,而且尤其要发挥天真烂漫,为趣味而活动的少年精神"。② 在他治校下,北师附中为学生提供了充分的动手实验的机会,③提高他们的动手操作能力;还开设平民夜校,鼓励学生课后为附近未入学儿童补习知识,④锻炼他们的实践能力。在南开中学,校长张伯苓曾在1925年12月契合陶行知的《教学合一》,在高中周会上提出"学行合一"的主张。他指出:"现在社会上的变迁很大,而多流于偏废,只重物质,不重道德。尽管'学富五车',而行为可以丝毫不顾。这种错误,我们既已觉察出来,就应极力矫正,学行并重,才可免畸形发展的弊端。所以,现在的教育者,不但是不能以'教书'、'教学生'为满足,即使他能'教学生学',还没有尽他的教之能事。他应该更进一步,'教学生行'。'行'些什么?简言之,就是行做人之道。"⑤据此,他要求教师要有为人师表的形象,在教育教学中少说空话,多做实事,影响和带动学生在品德方面向上向善,在理论知识方面注重与社会生活结合,在社会体验中增强理论知识基础;要求学校注重开设实验课程,完备试验设备,力争使每个学生都有机会亲自做实验,提高动手操作能力;开设各种社会实践课程,给学生提供各种参与社会实践、服务社会的机会,增强学生的社会参与和实践锻炼能力。

对学生实践锻炼的重视,使得民国著名中学在课堂教学之外,广泛开展各种动手操作活动和社会实践活动,让学生能够理论与实践相结合,学以致用,也让学校教育

---

① 孟健,马晓丽.先哲论教育[M].北京:国家行政学院出版社,2012:170.
② 侯刚.林砺儒与北京师范大学[M]//黄家驹,何国华.林砺儒教育思想研究.广州:广东高等教育出版社,1991:150.
③ 钱学森.钱学森讲谈录:哲学、科学、艺术:增订本[M].北京:九州出版社,2013:269.
④ 王振儒,贝璋衡.辛酉年回忆辛酉一班[M]//北京师大附中.在附中的日子:上.北京:京华出版社,2001:16.
⑤ 学行合一[M]//张伯苓.张伯苓教育言论选集.王文俊,等编.天津:南开大学出版社,1984:151.

与社会接轨,增强学生的动手能力和社会服务能力。

4.7 关于办学资源与条件的根本看法

在现实的办学实践中,中学要运营和发展除了办学人与学生外,还需要基本的办学场所、教育教学的设施与设备、运动设施设备等硬件设施设备,源源不断的财、物支援,以及必要的师资和管理人员等软件资源与条件,而这些构成了学校办学的必不可少的资源与条件。同时根据辩证唯物主义的联系观,中学作为社会构成中的一部分,不可能独立和超然于社会,而是不可避免地与社会构成体系中的其他因素发生联系。在民国时期,著名中学的前述各种办学资源与条件有相当大部分都是来自政府、各界爱心人士等的援助。因此,这里的办学条件还包括民国著名中学的各种社会关系。关于上述办学资源与条件,民国著名中学校长的理念认识主要可统计如下(如表4-10所示):

表4-10 民国著名中学校长关于办学资源与条件的理念

关于办学资源与条件的理念认识	代表人物
"学校之物质设备与精神训练,如车之两轮,鸟之两翼,相需为用,相辅相成"[1]等,主张完善学校教育教学设施设备,为学生提供优越的学习环境和条件;改善体育运动设施设备和卫生设施设备,使学生健康发展。	林砺儒、齐树芸、李荃、周厚枢、鲁立刚、项定荣、金传书、沈同一、经亨颐、范寿康、徐如愿、熊育钖、胡元倓、沈同一、刘海澜、张家树、张伯达、尉礼贤、刘铨法等
"环境与人生是很有关系的,而且很容易被他诱惑"[2]"学校里面环境布置得好,可以使少年们欣然求学"[3]等,认为学校应注重环境建设,为师生提供舒适的教与学以及进行科研的良好环境。	林砺儒、齐树芸、汪懋祖、胡焕庸、吴元涤、张伯苓、经亨颐、章育文、夏景如、高凤山等
"与社会采取密切联系……可使社会了解学校,赞助学校……共谋学校发展"[4],"美丽的鲜花,是用粪水浇灌出来的""让大军阀拿钱出来办学,总比让他们拿钱挥霍要好"[5]等,提倡学校积极向社会各界寻求帮助。	郑通和、鲁立刚、汪懋祖、金传书、张伯苓、经亨颐、范寿康、胡元倓、尉礼贤、刘铨法等

续表

关于办学资源与条件的理念认识	代表人物
"有学校必须有校友会""校友会实教育上必要之事业"[6],"利用学校人力改进社会生活,使学校与社会打成一片"[7]等,倡导与社会紧密联系,懂得回馈校友等各界爱心人士。	郑通和、鲁立刚、张伯苓、经亨颐、胡元倓、尉礼贤、刘铨法等

注:[1]扬州中学.江苏省扬州中学[M].北京:人民教育出版社,1997:57.
[2]经亨颐.青年修养问题[J].春晖,1922(3).
[3]从批评中学新法令说到未来的改造[M]//中央教育科学研究所.林砺儒教育文选.北京:北京师范大学出版社,1984:63.
[4]郑通和.我在上海中学[M]//傅国涌.过去的中学.北京:同心出版社,2012:267.
[5]唐澜波.爱国教育家·张伯苓[M].武汉:武汉大学出版社,2012:45-46.
[6]经亨颐.校友会成立大会开会辞[J].浙江第一师范学校校友会志,1913(1).
[7]郑通和.我在上海中学[M]//傅国涌.过去的中学.北京:同心出版社,2012:267.

由表4-10可知,民国著名中学校长关于学校办学资源与条件的理念认识主要聚焦在学校的教育设施设备、运动设施设备、卫生设施设备方面,学校物理环境与科研环境方面,社会人际关系方面。因此,我们可以主要从设施设备建设、环境构建、社会关系处理三方面来探讨他们的办学理念。

4.7.1 主张完善完备各种设施设备

由表4-10可知,民国著名中学校长认识到各种物质设施设备对学校教育教学的重要性,普遍比较重视学校设施设备的建设,他们主张学校不断完善和完备各种设施设备,为教育教学活动和学生发展提供良好的条件。如北师附中校长林砺儒在1930年谈及师范院校附属学校的使命时指出,"附属学校有领导所在地方普通教育"的使命,在此过程要通过"示之以模范""谋本地方普通教育之改良进步",而作为模范,其"教授管理训练设备等固要新鲜精良,而一切设施规模亦要完备,应有尽有"。① 在掌校北师附中期间,他努力完善各种设施设备,为师生提供良好的教育教学条件。北平市立第四中学校长齐树芸认为,"学校的卫生设备,影响于学生的健康很大","学校卫生,实在是民族图强的根本办法,不可不格外注意"。② 要求注意学校卫生情况,不断改良学校的卫生设备,为学生健康保驾护航。扬州中学校长周厚枢认为,"学校之物质设备与精神训练。如车之两轮,鸟之两翼,相需为用,相辅相成"。③ 主张学校不断改善各种物质设备,努力为学生提供优良的学习条件。

---

① 附属学校之使命及其与师范本部之联络[M]//中央教育科学研究所.林砺儒教育文选.北京:北京师范大学出版社,1984:20.
② 邱济隆.如何做一名好校长[M].北京:中国轻工业出版社,2010:141.
③ 扬州中学.江苏省扬州中学[M].北京:人民教育出版社,1997:57.

在这一理念指引下,民国著名中学校长所在的中学大都比较注重物质设施设备的筹建与完备,其中包括教学楼、图书室、实验室与实验仪器等教育设施设备,运动场、体育器材等体育设施设备,医务室、医药用品等基本的医疗卫生设施设备,为这些中学办学成就的取得提供了必要的物质保障。

4.7.2 倡导营造良好的校园环境

一些民国著名中学校长明确提出,中学应努力构建环境优美的校园,为师生提供舒适的教与学的校园环境;营造自由、浓郁的科研氛围,为师生提供良好的科研环境,激发他们的学习兴趣和科研动力。如北师附中校长林砺儒认为学校环境建设如何,对学生有着重要影响,他曾指出,"学校里面环境布置得好,可以使少年们欣然求学,他们后来升大学,因为已经尝到了学问的滋味,也可以继续有心研究。"①之后他又补充说明:"学校环境处处都是对着学生的一种刺激,一种暗示。如果学校环境处处都能给学生一种良好的刺激或暗示,训育的工作,可说是已解决过半。否则,学校环境处处都可惹起学生不良的感受或反响,就饶您整天训话,弄得舌敝唇焦,也没有效用。"②因此,他在执掌北师附中期间注重校园环境建设,尤其注重对师生学习及学术研究氛围的营造,使校园充满浓郁的书香气息与研究风气。北京汇文中学校长高凤山认为,"有美的环境才能有安静的心绪,有安静的心绪,才能求得丰富的知识",教育学生一定要爱校,要求他们"在校园里多栽一些树,一是留下纪念,一是美化校园"。③

正是基于对环境在学校良好学习氛围建设中的作用的认识,一些民国著名中学校长在办学中比较重视校园环境的优化,竭力充分利用各种条件改善学校物质环境,努力营造有利于学生安心学习和健康成长、教师安稳教学和自由进行学问研究的舒适的校园环境。

4.7.3 主张学校构建良好的社会关系

4.7.3.1 主张把社会当作学校发展的"保姆"

在资源相对比较贫乏的民国时期,无论是公立中学或是私立中学都仅靠政府的经费支持或学校的学费收入,都是远远不能满足正常的学校教育经费需求的,如此从外界获取资金、物质等各种办学支持就很有必要。因此,为了谋求学校的稳定和发展,民国著名中学校长一般都主张或是赞同可将社会作为重要的援手,积极寻求社会各界的帮助。如上海中学校长郑通和提出:"与社会采取密切联系","使社会了解学

---

① 从批评中学新法令说到未来的改造[M]//中央教育科学研究所.林砺儒教育文选.北京:北京师范大学出版社,1984:63.
② 怎么做中学校长[M]//北京师范大学校史研究室.林砺儒文集.广州:广东教育出版社,1994:408.
③ 北京市教育科学研究所.百年老校话今昔 新生的老校在前进:北京二十六中校史概述[M].北京:北京教育科学研究所,1986:3.

校,赞助学校,通力合作,共谋学校发展"①,主张学校积极拓展和维系社会关系,以便从社会各界获取必要的经费等各种办学支持。在南开中学,校长张伯苓更是提出了所谓的"鲜花"论,他认为"美丽的鲜花,是用粪水浇灌出来的","让大军阀拿钱出来办学,总比让他们拿钱挥霍要好"。② 主张在遇到办学困难时,积极向社会各界寻求帮助。

在这一办学理念指导下,民国著名中学校长一般都会把社会各界作为创办和发展中学的一条重要的资金募集渠道,在学校遇到资金困难时,他们多会毫不犹豫地选择向社会寻求帮助,而在私立学校则更是如此。对此,南开中学校长张伯苓曾形象地指出,"社会是南开的保姆,南开是社会的产物"③。

4.7.3.2 提倡"利用学校人力改进社会生活,使学校与社会打成一片"

良好的社会关系能够为中学发展提供必要的支撑,在教育经费异常困窘的抗战时期更是关系一些著名中学能否维系下去的关键因素。由表 4-10 可知,对于如何保持与社会的良好关系,不少民国著名中学校长都认同以下观点:学校在从社会各界获取办学支持时,要懂得感恩,尽可能回馈社会各界。其中,一些著名中学校长还提出了互助共赢的观点,如上海中学校长郑通和提出:密切联系社会,"利用学校人力改进社会生活,使学校与社会打成一片","使社会了解学校,赞助学校,通力合作,共谋学校发展";④也有一些著名中学校长主张为他人着想、呵护支援者利益,如南开中学校长张伯苓曾在南开 30 周年校庆时指出:"本校校友均系小羊,身上的毛尚短嫩,不宜下剪",主张对校友的筹款数额不宜过大;⑤还有不少著名中学校长如明德中学校长胡元倓则是通过吸收捐赠人进入校董会及以捐赠者名讳命名学校建筑等办法给予捐款人必要的社会声誉,从而保持与社会各界的密切联系。

这种维系社会关系的办学理念,为学校如何处理与社会各界的关系提供了比较切实可行的理论指导,有利于学校构建良好的社会关系,从而获取有力的办学支持。

4.8 民国著名中学校长办学理念的基本特征

根据以上对民国著名中学校长的办学理念的考察和分析,我们认为其办学理念主要具有以下基本特征:

一是契合时代需求以及国家社会需求。综观民国时期,虽然 1927 至 1937 年的

---

① 郑通和.我在上海中学[M]//傅国涌.过去的中学.北京:同心出版社,2012:267.
② 唐澜波.爱国教育家·张伯苓[M].武汉:武汉大学出版社,2012:45-46.
③ 唐澜波.爱国教育家·张伯苓[M].武汉:武汉大学出版社,2012:46.
④ 郑通和.我在上海中学[M]//傅国涌.过去的中学.北京:同心出版社,2012:267.
⑤ 梁吉生,张兰普.张伯苓画传[M].成都:四川教育出版社,2011:165.

10年间国家整体上经济、社会获得了短暂的稳定发展,但整体来说,国家处于外有各国列强侵凌日剧、内有战乱不断的困局,中学发展的大环境堪忧。在这种情况下,不少民国著名中学校长怀揣着赤诚的爱国情怀,纷纷把挽救国家和民族危亡作为自身义不容辞的责任,他们办学中或明确提出或以行动践行"教育救国"理念,以期通过教育改造中国和改变国家命运。同时,民国著名中学校长所提出的民主管理理念、中学课程教育教学理念等都迎合了彼时要求近代中学教育发展的趋势和"呼声",符合了时代的教育发展要求。

二是切合学校发展实情,具有引领性。总的来说,民国著名中学校长所提出的办学理念普遍切合了其所在学校的办学实际,如汪懋祖所提出的发展学术的办学理念切合了其所提出的把中学办成"Academy"的办学目标,胡元倓等人所提出的独立办学理念则切合了他们所在学校的私立办学特点。正是因为这些办学理念切合了民国著名中学校长所在中学的实际情况,因此它们一经提出就具有很强的引领性和号召力,为学校全体教职员指明了工作的努力方向。

三是符合教育规律和学生身心发展规律。整体上来说,民国著名中学校长所提出或倡导的办学理念基本上符合教育规律,也在很大程度上符合了彼时学生的身心发展规律以及人的成才规律,这可以从民国著名中学历届毕业生的质量窥见一斑。但值得注意的是,并非民国著名中学校长提出或提倡的所有办学理念都是适合教育规律和学生的身心发展规律的,如为了整顿学校的校风,苏州中学校长汪懋祖认同国民政府的"党化教育"主张,认为它是改良彼时校风的良策,事实上这一主张却是对学生思想的极大钳制和压抑,不利于学生的身心发展。

四是简洁明了,可操作性强。由前可知,民国著名中学校长所提出的办学理念普遍比较简洁明了,易于被学校广大教职员所理解和接受,在理解和接受办学理念的背后内隐的是对这些校长的认同和接纳;同时,这些理念所勾勒的愿景,是学校教职工相信通过奋斗,短期内就可实现的美好愿景。因此,他们愿意追随自己的校长,愿意在他的带领下,共同为推动学校发展、实现校长的办学愿景和教育理想而贡献力量和智慧。从这一意义上来说,民国著名中学校长之所以能够成功地引领他们所执掌的民国著名中学快速发展和取得显著的办学成就,在一定程度上得益于他们的办学理念。

实际上,这些办学理念在民国著名中学校长的办学实践中确实发挥了重要的效用,引领着这些校长所在的中学取得了较大的办学成就,也为他们赢得了良好的声誉。

5　民国著名中学校长办学实践探索

办学理念是指导著名中学发展的重要精神文化,是引领中学高效发展的"灵魂",而其要落到实处才能在著名中学发展中切实发挥作用。否则,再好的理念"不接地气",也等同于束之高阁。为了把自身继承或提出的办学理念落实到学校办学实践中,民国著名中学校长均在其任内积极擘画,百般筹谋,在战乱不断、时局艰危的民国时空中开辟出了一条中学良性发展的道路。整体来说,他们在促进民国著名中学的发展中所进行的办学实践尝试主要可从以下几个方面来认识。

5.1　身体力行、躬身实践

民国时期涌现出的著名中学,往往与其优秀校长的出现有密切关系。基于校长应具有"奉献"和"屈就"精神、能够以身示范和严于律己、应具有改革意识和及时应变的能力等理念的指导,民国著名中学校长热爱教育、奉献教育,在学校管理岗位上以身作则,以高尚的人格和德性规范着学校秩序、影响和促进着学校的发展。具体而言,这些著名中学校长在办学中主要有以下表现:

5.1.1　无私奉献中学教育

民国著名中学校长普遍对其所从事的中学办学事业具有满腔热情,在办学过程中,他们大都能够做到一心紧系学校发展,公而忘私。在扬州中学,校长严立扬在抗战期间接管学校,他在任 6 年,居住简陋,始终住在一所简陋的小屋中,且长期居住校内,较少回家,长期与师生同吃食堂;对子女上学所应享的公费待遇不搞特殊并提高条件要求。① 校长周厚枢在任职期间,从不用公家经费送礼或修理住宅,其宴请教师的花费一律自费,为广大师生做了榜样示范,在他的带动下,学校事务安排井然有序,呈现出一派清正祥和的气象,学校教职员因公出差都实销实报,也没有人因家庭事务劳累校工。澄衷中学校长吴友孝在"八・一三"事件发生时,面对处于水深火热中的

---

① 周东维.缅怀校长严立扬[M]//中国人民政治协商会议四川省合川县委员会文史资料委员会.合川县文史资料选辑:第 7 辑.1990:145.

学校,他忙于遣散教职工和收拾文件资料而最晚离开学校,完全无法顾及家庭;面对当时不断上涨的物价,他为了安抚在校教师使他们安心工作,不仅随物价上升幅度增加教师的工资,还从校董会以前给予自己的月薪中捐出 1000 元做自然科学的奖励基金,用该基金的孳息奖励优秀学生。① 他这种为学校发展公而忘私的精神,感动了学校师生,也赢得了政府的褒奖。

值得注意的是,虽然民国中学校长尤其是公立中学校长的薪俸等待遇较普通的中学教职员要好,相较一般社会成员,他们作为中学校长的薪俸收入一般都可以比较充裕地满足家庭的基本生活开支。但在民国时期,由于不定时出现教育经费短缺和教师薪资被拖欠的现象,民国著名中学的校长也难免会遭遇待遇无法保障的情况;尤其是在抗战时期,由于经费短缺和物价飞涨,不仅广大教职员难以维持家庭生计,民国著名中学校长也难以保障收入。(这些在前述有关民国时期著名中学校长待遇的考察中就可以明显看到)在当时那种困窘异常的情况下,要维系学校的教育弦歌实属困难,有时甚至堪比登天。而彼时不少民国著名中学校长却依然能够坚守自己的教育"初心",想尽各种办法,竭尽全力,甚至不惜贡献自身以及家族的财物,也要维系学校的存续和教育薪火的"续燃"。他们用自己的倾情奉献所在中学的教育事业的行动诠释了何为教育家的"家国情怀",也有力地说明他们是在把所任职学校的教育视为自己安身立命的志业,而非一门用以谋生和谋利的职业,②倾尽内心的热情、忠诚去奋斗。

5.1.2 严格规约自己,以德"行天下"

民国著名中学校长都比较注意规约自己,严于律己,修身立世,凡事率先垂范,以高尚的道德行为昭示周围,激励全校师生共同进步。如上海中学校长郑通和公正处事,平等待人,和师生友好融洽相处。他生活简朴,四季身着校服,住在学校宿舍,照付租金;平日即使通信邮资都是自付,而不用学校经费分文。因此,在他的带领下,上海中学治校办学成效卓著,位属当时全国中等学校示范单位。③ 广益中学校长任邦柱率先垂范,以身作则,以育天下英才为乐,把办学当成自己安身立命的事业,不拿高薪,其工资在长沙市中学校长中最低。他以校为家,每早 6 点起床到校办公,直到晚上 10 点全体学生就寝后才返回家中。繁重的工作使他英年早逝,其出殡时,"执绋者千数百人,途为之塞",有挽联上书"精神不死"。④ 明德中学校长胡元倓品格高洁,他在掌校期间兢兢业业、克己奉公,虽为学校筹募了万贯家财,却从不贪占一分一毫,始

---

① 《巴城镇镇志》编纂委员会.巴城镇志[M].上海:上海人民出版社,1991:238.
② 金生鈜.以教育为志业:教育家的精神实质[J].中国教育学刊,2011(7):1-6.
③ 郑通和[EB/OL].(2019-04-01)[2019-04-08].https://baike.baidu.com/item/%E9%83%91%E9%80%9A%E5%92%8C? fr=Aladdin.
④ 任邦柱翔实资料[EB/OL].(2014-03-18)[2017-04-05].http://www.mdhxzx.com/bxn-site/cms/page/history_detail.jsp? id=1553&page=.

终两袖清风;虽为学校筹建了数栋高楼,自己却简居在三间低矮窄小的土房子中;他生活简朴,经常在学校与师生一道在食堂吃饭,出门拜访贵客也经常安步当车。① 可以说,他的这种行为和精神有力地诠释了他所说的"磨血办教育"。

值得一提的是,一些民国著名中学校长为了更好地将其办学理念与教育理想落实到办学实践中,同时也是为了更好地管理学校,保障学校教育教学的正常进行,甚至亲自参与执行一些具体的管理任务。以常州高级中学首任校长屠宽为例,当时凡是涉及学校管理细则的制定、学校发展规模的创制等事务,他都会参与并亲自负责。② 像他这种在学校管理中承担一定事务并亲历亲为的办学行为,能够更有效地表达这些民国著名中学校长的办学目标、学校管理目标和更好地落实他们的有关办学理念到学校具体办学实践中,进而推动我国中学教育近代化的进程;一定程度上也会在无形中能够起到良好的示范作用,有利于学校管理工作的顺利、高效开展。

5.1.3 艰难中维系学校发展

在动荡的民国岁月里,中学的维持与发展会遇到难以预料和难以想象的困难,正是由于这些著名中学校长,他们在面对危机时沉着应对,在困境中坚韧不拔,才使得学校得以在艰难中弦歌不辍。具体来说主要如下:

一是在战乱中维持学校。在动荡的战乱困境中,掌校的民国著名中学校长常常不畏艰辛,想方设法带领师生四处迁徙并努力维护学校教育的开展。如长沙市长郡中学的鲁立刚校长在日寇犯湘时,亲赴安化蓝田选定校址,并及时组织师生迁校。在学校郡属各县多半沦陷,无力提供办学费用时,他四处求援告贷,使学生无一辍学。③ 广益中学校长李之迭在衡阳告急,学校被迫解散时,为了帮助近200名家乡沦陷、无家可归、生活无着的师生到处筹借粮食,甚至不惜拿出自家的田契作抵押,后又带领师生辗转蓝山,坚持办学。④ 汪伪政权时期,浦东中学的校产遭毁,不少校董被迫离开,学校经费仅靠学费维持,时任校长张嘉寿带领学校教师一道在艰难中共同维持着学校教育教学的正常进行;及至抗战胜利后,面对复校六里桥无望的惨淡窘境,张校长勉力维系浦东教育不断。⑤

二是在纠纷中维护学校。当学校面临办学场地等各方面的纠纷时,掌校的民国著名中学校长多能够竭力维护学校利益。如南洋模范中学曾在校舍问题上与交通大学发生纠葛,为了保持学校办学场所,学校领导尤其是校长多方努力并乞援于校董

---

① 杨际贤.中华百年教育家思想精粹[M].北京:中国盲文出版社,1999:153.
② 江苏省地方志编纂委员会.江苏省90人物志:3[M].南京:凤凰出版社,2008:1214.
③ 孙琦,孙海林.鲁立刚的教育实践与教育思想[J].湖南第一师范学报,2004(1).
④ 教育家李之迭[EB/OL].(2016-05-13)[2017-09-11].http://www.hnsdfz.org/a/mingshifengfan/20160510/1126.html.
⑤ 中国人民政治协商会议上海市委员会文史资料工作委员会.解放前上海的学校[M].上海:上海人民出版社,1988:216-218.

会,尽一切办法并最终保留了校舍。① 浙江省立第三中学校曾在1923年7月至1924年7月间,因为学校合并的改革举措而导致学校纠纷不断,学潮频起,在一年时间内先后更替三任校长,其中后两任甚至因为学生反对而未能到职。8月周翔出任校长后积极进行调节,使得学潮平息。② 此外,教会中学虽然因其主办人为外国教会团体而在平日的办学中会受到各种庇护,免受很多外来的不合理干扰,但在抗战时期,这些学校有时也难免会受到外来的军事干扰,而执掌他们的华人校长也多能够挺身而出,坚决维护学校利益。如上海徐汇中学校长张伯达在1944年日军征用学校时,不顾个人生命安危,极力与到校的日本军官周旋,最终为学校保留了老校舍、西校舍的底楼和大操场,③免去了学校无地上课的困境,维护了学校的利益。

三是在其他困境中勉力维持学校存续。这主要是指在除却战乱和纠纷带来的学校发展困境外,学校遭遇经费短缺等困境时,民国著名中学校长充分施展自己的能力,竭力维持学校存续及发展的情况。如在抗日战争胜利后,因在上海六里桥的校舍被炸毁而复校代价较大,浦东中学校长张嘉寿奔走两年多而请求复校依旧无望,无奈之中只能在上海东湖路勉力维持学校教育④。此外,在学校与当局政府的统治政策或统治秩序等发生冲突,而给学校造成发展危机时,民国著名中学校长一般都会积极采取有效应对措施,帮助学校摆脱困境。如广益中学曾因学校师生的爱国言行,在1913年"二次革命"失败后,遭当时督湘国民党政要汤芗铭的嫉视,被收回政府拨付的永久校舍和被停发学校津贴,被迫陷入解散危机,时任校长罗介夫为挽救学校于困境而主动辞去校长职务,离开学校。⑤

民国著名中学校长在学校陷入发展困境时的各种办学努力,使得他们所在的民国著名中学度过了艰难的办学时期,保存了学校在困境之后持续发展的薪火;也充分彰显了民国著名中学校长一心紧系中学教育,为发展中学教育而不辞辛劳的无私奉献精神。

5.2 组织建构追求精简、注重民主管理

民国著名中学校长执掌下的中学在构建内部管理机构时普遍追求精简,无论是

---

① 李雄豪.南模旧闻[EB/OL].(2015-06-19)[2017-04-18].http://www.nanmo.cn/portal/10/10-00-03/8ae270814ddc2fa2014e0a1c7fc90cf7/detail.html.
② 湖州中学校史概述[EB/OL]. http://www.hzhs.net/index.php? m=content&c=index&a=show&catid=95&id=170.
③ 庄小凤.达人:历届校友精彩文集[M].上海:华东理工大学出版社,2010:52.
④ 浦东中学校史编写组.浦东中学简史[M]//中国人民政治协商会议上海市委员会文史资料工作委员会.解放前上海的学校.上海:上海人民出版社,1988:216.
⑤ 刘磊.罗介夫与广益中学[M]//谢永红.沃土:附中人·附中情文集.长沙:湖南师范大学出版社,2015:16-17.

管理岗位还是管理人员都"因陋就简",充分体现出求简求精的精神;同时还倡导民主管理,注意建立各种民主管理组织。具体来说主要表现如下:

5.2.1 组织建设求简求精

一是追求管理组织的健全和简洁。民国著名中学都把办学重点放在聘请优秀教师、完善教学设备上,而非在建立臃肿的管理机构和聘用冗杂的事务人员上。其中的私立中学以及教会中学一般都设立董事会作为独立的管理机构,由校长、社会教育或实业知名人士、当地教育主管部门的相关负责人组成,专门负责学校教育方针及计划的制定、教育经费的筹措与预决算、重大人事变更等。除此之外,无论公立中学、私立中学还是教会中学的组织结构仅简要设置校长、训育或教务主任、工勤岗位,负责中学日常管理事务。如北平市立第四中学校长齐树芸在1925年接任校长后,对学校的组织机构进行了变更,其中在校长之下只设了教务主任、训育主任、事务主任分管学校有关事务。①

二是精简管理人员。如前所述,民国著名中学校长主持下的中学的管理组织一般设置简洁,管理岗位比较精简,相应地管理人员也较少。如江苏省扬州中学的事务人员就极为精少,全校分为高中初中两部,但仅有事务员2人、会计1人、文书1人、教务训育之助理2人,合计为6人。校工不足10人,而当时绝大多数师生都住宿校内,也都依靠这些工友服务。学校中如有特别繁杂之事务需要处理时,则由全体师生及校长共同分担。工友之工作限于学校事务,没有用学校工友为校长或教师的家庭工作的。② 这种精简管理人员的做法不仅节省了管理成本,也充分地人尽其用,节约了人力资源。

三是鼓励教师兼任。民国著名中学的管理岗位一般都由其专任教师兼任,由专人专任的一般是诸如学校伙食经营之类的后勤工作。因此,民国著名中学校长同时担任教学工作属常态,教师兼任管理工作就更是如此。如上海中学教师王禹图曾一面任教地理,一面主持学生训导工作;南昌第二中学③教师余立诚在任教高中英语的同时,还曾兼任教务主任。

四是注重管理成效。民国著名中学虽然在内部管理机构的设置上精简,管理成效却分外彰显。一方面注意问题的及时发现、及时处置。在这些中学中,很少有管理的中间环节,许多问题在发现之时亦是解决之时,利于避免事态进一步恶化,提高了管理效率。另一方面,学生普遍比较遵守纪律,教师普遍恪尽职守爱岗敬业,鲜有师

---

① 学校管理理论与政策研究小组.中国名校品牌打造经典案例[M].呼和浩特:远方出版社,2007:23.
② 周厚枢[EB/OL].(2016-04-20)[2017-04-05].http://baike.so.com/doc/8905227-9231447.html.
③ 即1901年创办的"乐群英文学堂",曾用名"南昌熊氏私立心远英文学塾""心远中学堂""南昌熊氏私立心远中学校"等,是江西最早的私立中学。

生违规违纪现象发生,学校办学秩序整体上井井有条,校风、教风、学风比较纯正。再一方面,学校教学成果显著,培养了一批批优秀学生,有不少人成为当时各个行业内的领军人物。

需要指出的是,民国著名中学中的教会中学在20世纪20年代后,因向政府立案的需要,逐渐由华人接掌校政,与此相适应,这些著名教会中学在学校管理人员的设置上普遍作出了重大调整。以北京汇文中学为例,高凤山在1926年掌校后按当局政府的要求对学校进行了大幅度整顿,在学校管理职员构成上不仅增加华人的数目,以华人为主,而且延请国内名流出任学校校董。① 彼时著名的教会中学在管理组织及人员构成上的这些改革,在较大程度上冲击和改变了由外籍人士把控学校管理局面的传统。

5.2.2　建立健全民主管理组织

一方面是为了以精简的管理组织及人员配备实现更大的管理效益和节约学校经费,另一方面是为了充分调动广大教职员工的主人翁意识和提高他们的工作积极性,同时也是出于集中集体智慧和凝聚学校发展的向心力的考虑,民国著名中学在著名中学校长的管理下,普遍注重建立健全各种民主管理组织,吸收广大教师参与学校管理。以春晖中学为例,学校在经亨颐的倡导下成立了由校长任议长、教职员代表和学生代表出任议员的校务评议会,作为学校的最高议事机构,讨论决定校内的重大事项,还广泛设立了教职员会议、协治会等其他各种民主管理组织和会议,进一步拓展了教职员工参与学校事务管理的体制机制。

此外,不少民国著名中学校长所执掌的中学还注意吸收学生参与学校有关事务的管理。如北师附中在1923年成立评议大会,吸收学生代表参与商讨学校重大事务和制定校规,让学生也参与到学校管理中。

民主管理组织的建立与健全,不仅是民国著名中学校长学习和借鉴西方近代教育制度与模式的结果,更是在相关办学理念的指引下在办学实践中所进行的创新性探索。各种民主管理举措的实施,既提供了民主参与学校管理的渠道与途径,又提供了各种参与保障,在实际办学过程中有效地激发了所在中学的教职工与全体学生的主人翁精神,调动了他们的积极性,促进了彼时著名中学的发展。

5.3　注重师资建设,管师严爱相兼

民国著名中学都把教师作为学校发展的根本,注重优质教师队伍的建设,在管理

---

① 中国人民政治协商会议北京市东城区委员会文史资料委员会.北京市东城区文史资料选编:第2辑[M].内刊资料,1991:90.

中以师为本,尊师重师,主要表现为诚聘教师、严格管理教师、优待教师、信任教师、关爱教师。

5.3.1 诚聘良师

为了打造优秀师资队伍,民国著名中学校长都努力通过各种途径、想方设法从各处聘请水平高、素质好的教员。具体来说主要表现如下:

一是通过各种途径网罗名师。民国著名中学校长一方面是通过自身的人际关系或个人影响力为学校网罗优秀师资,如心远中学校长熊育钖曾利用他与严复的友好关系为学校招揽到北洋水师学堂毕业的高才生李岑、陈持正到校任教,较大地改善了心远中学前期的教学面貌[①];苏州中学校长汪懋祖则利用其在学术界的影响力,为苏州中学招揽了一大批学界名人,从而构建了苏州中学令人赞叹不已的雄厚师资。另一方面是通过学校教职工的人际关系为学校招揽优秀师资,如春晖中学校长经亨颐利用夏丏尊的人脉关系为学校网罗了一批良师,如朱自清、丰子恺、李叔同、朱光潜、匡互生、王任叔、杨贤江都曾到校任教。[②] 再一方面是利用校友关系或学校之间的交往等其他各种关系为学校选聘良师,如明德中学校长胡元倓经常利用校友关系要求明德学生毕业后回校服务一段时间,他还利用学校之间的关系、政府中的人际关系等为学校招揽到了郑扬新、谢祖尧、邹干于、俞慎初等优秀教师。在抗战时期,还有一些民国著名中学校长注意利用战乱所带来的"契机"网罗优秀教师到校任教,如在战乱中迁徙不定的心远中学在校长李中襄及代理校长陈颖昆的管理下,努力罗致优秀人才任教,当时曾聘请了许多附近的大专院校教授、讲师任教高中[③]。

此外,民国著名中学校长们还比较注意广邀各界名人到校演讲,从而开阔学生的学术视野和提升他们的文化素养以及思想境界。如为了激发本校师生进行学术研究的热情与兴趣,汪懋祖在苏州中学开辟了一个引人瞩目的"名人演讲"栏目,利用自身在学术界的影响力,每月都会聘请一位学界的名流人物到校进行学术演讲。[④] 而在其任内,彼时学术界、教育界的风云人物如蔡元培、胡适、顾颉刚、吴梅、陈去病、张君劢、钱大钧等都曾到苏州中学做演讲,而有的名人如胡适、吴梅等还不止一次到该校做演讲。[⑤]

二是千方百计诚聘良师。为了给学校聘请到更多的优秀教师,民国著名中学的校长可谓殚精竭虑,想尽各种办法。他们一方面是以重金聘请良师,如熊育钖校长为

---

① 中国人民政治协商会议江西省南昌市委员会文史资料研究委员会.南昌文史资料选辑:第8辑[M].内刊资料.1992:30-31.
② 张清平.永远的春晖中学[N].文汇百花周刊,2004-10-30.
③ 中国人民政治协商会议宁都县委员会文史资料研究委员会.宁都县文史资料:第1辑[M].内刊资料.1986:54-55.
④ 周勇.江南名校的中国文化教育[M].北京:教育科学出版社,2008:98.
⑤ 金德门.苏州中学校史:1035—1949[M].苏州:苏州大学出版社,1999:179-180.

了办好心远中学,不惜重金从省内外聘请名师,并在其任内先后为学校网揽到了一大批优秀教师,其中诸如李岑、陈持正、熊正玖、赵国棨等人都是当时驰名南昌市教育界的优秀教师①。另一方面是打感情牌,用真心使真情来打动人心,让良师愿意到校任教,如长沙市明德中学胡元倓校长曾为了挽留同学陈介任日语翻译,长跪不起,在湖南教育界传为佳话。② 扬州中学的周厚枢为聘请良师不辞辛劳,虚心访求贤能之人到校任教,常常为聘到了一位好老师而感到如获至宝,欣喜异常,对之极尽礼遇,还会邀请他们小聚并虚心与其交流切磋,从而使教师因其真诚与尽心礼待而感动而乐教于此。③

还有一方面就是利用各种契机聘请优秀人才到校任教。这主要是指利用知名人士到校演讲或做学术报告的机会,邀请做演讲或报告的人到校任教。以苏州中学为例,著名学者的演讲无疑给"苏中"注入了强大的学术动力,汪懋祖也充分利用了著名学者这一笔资源,吴梅、陈去病以及孟宪成等人就是在演讲结束后被汪懋祖聘请为"苏中"教员。④

民国著名中学校长对良师的青睐和竞相网罗良师的行为,最直接的效果就是为他们所在的中学汇聚了一批优秀教师,提升了这些学校的师资力量,保障和不断提高着这些学校的教育质量。如北平市立第四中学在王道元、闫翰升、齐树芸三任校长任职的 25 年间,招揽了一大批优秀教师。以其 1931 年的 44 位专任教师为例,其中有 16 位毕业于北京大学,9 位毕业于师范大学,10 位留学于美、英、法或日本,还有 9 位则是毕业于高等专科学校的艺术、体育或其他院校⑤。实际上,无论民国著名中学校长通过何种途径、采用了何种方法,为学校招揽优秀师资人才,并让这些师资人才愿意到他们所在的中学任教,其中在相当程度上也是基于他们个人魅力对各界精英的感召作用。如经亨颐之所以能在春晖中学初创时期通过各种途径和方式为学校网罗到夏丏尊、朱自清、朱光潜、匡互生、丰子恺、李叔同、刘薰宇等一批德艺双馨、思想开放和充满活力的优秀人才,与其人格魅力不无一定关系。⑥

5.3.2 严格管理教师

民国著名中学校长通过各种举措严格管理学校教师,具体来说主要表现在以下两方面:

一是严格选聘教师。教师是学校发展的根本,为了聘请到具有真才实学、品质过

---

① 中国人民政治协商会议江西省南昌市委员会文史资料研究委员会.南昌文史资料选辑:第 8 辑[M].1992:30,32.
② 胡元倓[EB/OL].(2018-08-09)[2018-10-08].http://baike.baidu.com/view/356367.htm.
③ 刘启宗.民国教育人物外传[M].台北:华欣文化事业中心,1975:65-66.
④ 周勇.江南名校的中国文化教育[M].北京:教育科学出版社,2008:98.
⑤ 李晨.北京中小学教育若干问题的回顾[M].北京:北京教育出版社,2001:18.
⑥ 马志坚.上虞五千年[M].杭州:西泠印社出版社,2013:278,284.

硬的教师,民国著名中学校长一般都会要求严格教师任用。如天津耀华中学校长赵天麟在聘请教师时,既不看介绍人的地位,也不依据应聘者的资历决定取舍,而是亲自对之进行业务考核,并采用笔试与口试相结合的方式。① 同时,为了优化教师队伍,保证和不断提高学校教学水平,一些著名中学校长到任之后不仅会补充优秀教师,还会对教师队伍进行整顿,对学校原有的教师择优留用,而差些的则予以解聘。如北京汇文中学校长高凤山上任伊始,曾解聘学校全体教职员工,然后重新择优选用,对不足的师资将以重金从别处择聘优秀教师补充。② 又如长沙市长郡中学校长鲁立刚不仅看重教师的业务能力,还很重视教师的品德状况,当他发现其内弟介绍来的一位教师业务上可胜任教学但行为不检点时,便将其解聘。③

二是严格要求教师。民国著名中学校长一般都会对教师提出严格要求:一方面是为了保障教育教学质量,对教师提出严格的教学要求。如贝满女中校长管叶羽对学校教师的教学质量提出了明确要求,提倡务实的教风,要求各科教师能够以"敬业"为标准,不断提高教育教学技能,并加强对学生各科知识的学习管理,做好教书育人工作;同时,为了保证学校教学及育人的质量,管叶羽还在学校制定了一些保证措施约束或激励教师保证和不断提高业务水平。郝仲青校长治下的河北育德中学,为保障学校的教学质量,注重教师的教学谨严和实际的教学效果,如果发现有教师不能胜任教学将予以解聘,如学校曾解聘一位清华大学毕业却不能胜任教学的国文教师。④ 另一方面是为了保证学校教师都能够堪为师表,对教师提出品质上的要求。如贝满女中重视教师的品质,要求所聘教师应品质优良,学校一旦发现教师有不足为人师表的地方,就会在下个学期予以解聘。⑤

严格的择师、管师举措,为民国著名中学校长执掌下的民国著名中学荟萃了一批学识过关、人品禁得起考验的优秀师资,也保障了这些中学的教学质量和学生的品格教育质量。

5.3.3 尊师爱师

基于对教师在学校教育发展和人才培养中的重要性的认识,民国著名中学校长在办学中竞相采取了各种有效举措,表达他们对教师尤其是优良教师的尊重和关爱。具体来说,这些举措主要可归纳为以下几点:

一是充分尊重教师。民国著名中学校长普遍比较尊重学校任课教师,把他/她们

---

① 周俊旗.建筑·名人·城市[M].天津:天津社会科学院出版社,2012:323.
② 全国政协文史资料委员会.中国文史资料文库:第17卷:文化教育编 教育[M].北京:中国文史出版社,1996:126.
③ 湖南省第一师范学校.湖南第一师范名人谱(1903—1949)[M].内刊资料,2003:308.
④ 韩正阳,刘金.育德中学治学特点[M]//中国人民政治协商会议河北省保定市委员会文史资料委员会.保定文史资料选辑:第12辑:百年名校育德中学.内刊资料.1994:109-110.
⑤ 北京市政协文史资料委员会.北京文史资料:第50辑[M].北京:北京出版社,1994:150.

作为平等相待的主体,不仅在管校治学的过程中注意听取他/她们的意见,创建教师参与学校管理的各种民主组织,还积极维护教师在学校的地位和在学生中的权威形象,不容学生有侵犯教师的言行。如明德中学校长胡元倓得知本校学生文强擅自更改时任明德中学国文教师吴芳吉先生的对联并在学校广为传扬时勃然大怒,不顾该生是至交好友推荐来校的,毅然决定给予其挂牌除名的处罚,并将该处分决定告知吴芳吉老师,经吴老师劝说后遵从吴老师的意见,才改变了对文强的处罚决定。① 同时,民国著名中学校长注意吸收有能力的教师兼职学校管理工作,给他们提供适当的职位和相应的权限让他们更好地为学校服务,如心远中学校长熊育钖安排既懂教学又会管理的柳藩国、刘寿慈、李中襄等人负责学校日常的教学及事务管理工作②。

二是优待教师。民国著名中学对教师和职员实行不同的工资体制,教师的薪资普遍高于职员,其中对于优秀教师更是优礼有加,如天津耀华中学在抗战以前,对高水平的教师都予以高薪。为了请到高水平教师到校任教,民国著名中学往往不惜高薪来吸引和优待教师。如为了请到名师沈百英到校任教,上海中学校长郑通和不仅三次至其家面请,还允诺其薪水津贴较常人高三四倍,若白日无暇可以晚间上课。③ 如在南开中学,每有新教师到校,张伯苓校长总是立即接见,并给他们提供专用书斋以避免校外琐事干扰。

三是关爱教师。民国著名中学一般都比较关心教师的生活,如天津圣功女中校长夏景如就很关心教师,尤其是毕业留校的教师。她经常出席教师婚礼,为她们证婚;曾在教师家属去世时带领学生前去吊唁;曾在抗战之前两次利用假期,在北平颐和园租房,组织教师携带家属分批前去休假,每人半月。④ 民国著名中学校长还大都比较关心教师的业务成长,如育德中学的王国光校长重视对新教师的业务培养,他曾一连四天进教室听取新聘到校的教师吴鹤九讲课,并在课后给其提出中肯的指导意见,他的行为激励了吴老师,使得吴老师从此积极钻研教材与教学,走上了名师的成长道路。⑤

四是保护陷入危难困境的教师的权益。一方面是维护教师的正当权益不受或少受侵害,如当明德中学某董事因高中部某物理教师拒绝给其子加分至及格而要求学校解聘该教师,进而引发了全校师生的罢课风潮,校长胡迈回校后毅然拒绝该董事的要求,并坚持让他的孩子留级。⑥ 另一方面是保护遭遇政治迫害的教师,如贝满女中

---

① 徐林.明德岁月[M].长沙:湖南师范大学出版社,2013;11.
② 中国人民政治协商会议江西省南昌市委员会文史资料研究委员会.南昌文史资料选辑:第8辑[M].内刊资料.1992;32.
③ 盛隆熙.记上海中学的老师[M]//傅国涌.过去的中学.北京:同心出版社,2012;268.
④ 张绍祖.圣功学校校长夏景如[N].天津老年时报,2009-12-14.
⑤ 薄恢亚.难忘的母校[M]//中国人民政治协商会议河北省保定市委员会文史资料委员会.保定文史资料选辑:第12辑:百年名校育德中学[M].内刊资料.1994;42-43.,1994;42-43.
⑥ 徐林.明德岁月[M].长沙:湖南师范大学出版社,2013;37-38.

校长管叶羽曾断然拒绝国民党当局向他索要进步师生"黑名单"的要求,对当局政府逮捕具有地下党员身份的学校教师陈琏表示十分愤慨。① 南开中学的张伯苓校长曾在 1927 年 5 月帮助在学校任教的范文澜离校从而摆脱天津警备司令部的逮捕。②

民国著名中学校长的上述一系列尊师爱师的举措,保证了教师的各种权益,有利于调动他们的工作积极性,使他们甘于和乐于在这些学校工作,从而也在某种意义上有利于保证这些学校优秀师资的稳定。

5.4 管理学生宽严相济

在严格管理学生的办学理念指导下,民国著名中学校长普遍非常重视学生管理,他们的学生管理举措主要表现如下:

5.4.1 严格管理学生

一是严格招收学生。为了保证学校的生源质量,不少民国著名中学校长普遍会要求所在的中学严把考试招生关。如北师附中规定了严格的录取条件,要求学生必须通过入学考试、体格检查、心理测试,并达到学校要求的录取条件才得以录取。福州一中在校长戴锡樟主校期间,延续以往严格招生的惯例,学校每年向社会公开招录学生时,录取要求十分严苛,使得考生只有英语、汉语、算学三科平均成绩达到 70 以上时,才有可能被录取。③ 另一方面,这些学校虽然在招生过程中主要针对当地学业优秀的学子,但为了保证生源质量,也会接收异地学生优质生源,如贝满女中 1914 年的在校生中有不少是保定、通县和北京或外省的公理会女子小学升上来的。澄衷学堂初始设立目的是教育宁波贫寒子弟,但随着其规模和名气的增大,招收的学生便不再限于宁波人。再一方面,有不少民国著名中学校长还要求学校尽力避免各种人情说项,如北师附中校长林砺儒要求学校无论权贵子弟、名流后代或是平民子弟,都要一视同仁,依规公平公正录取,严禁各种请托说项。④ 苏州中学校长汪懋祖主张严格招生,他曾在 1928 年派人前往无锡调查被传言可能是因为时任学校国文教师钱穆为其泄题才考上苏中的钱伟长,⑤以证真伪,从而保证学校生源质量。这些严格的招生管理举措,保证了民国著名中学校长所在学校的生源质量,进而又为其办学成就的取得做了必要的前提准备。

---

① 李爽麟,蒋雯.一所教会学校:贝满女中[M]//北京市政协文史资料委员会.北京文史资料:第 50 辑.北京:北京出版社,1994:148-149.
② 梁吉生.张伯苓教育智慧格言[M].北京:人民教育出版社,2016:215-216.
③ 林家钟.林家钟诗文选集[M].福州:中国民主同盟福州市委员会文史支部,1998:220.
④ 张跃双.名师风范[M].沈阳:东北大学出版社,2017:142.
⑤ 钱伟长.在苏州中学求学的日子[N].光明日报,2007-11-20.

值得注意的是,在严格招生管理的同时,一些民国著名中学校长执掌校政下的民国著名中学会在一定程度上适度放宽招生条件。这主要是针对一些曾对学校发展予以较大支持的各界人士,为了回馈他们的援助而对其子弟予以入学上的照顾。如天津南开中学校长张伯苓开创了"试读生"制度,允许部分军政要员的子弟免试入学,这些"试读生"试读1年后经考试合格才能转为南开中学的正式生。而高凤山主政下的北京汇文中学则对曾为学校发展提供过重要支持或做出较大贡献的贤达志士的子弟提供保送入学的待遇,如我国工程院院士王德民因其爷爷曾为汇文学校捐巨资建设了"祥和"图书馆的缘故而获得保送入读汇文中学的资格①。这种一定条件下的适度宽松招生政策与前述严格的招生策略并不矛盾,它是在民国教育资源相对比较匮乏的情况下,学校创造性地解决发展难题或缓解发展困境的策略,在办学实践中确实维系或稳定了学校教育的正常发展,还有利于为学校营造有利的社会支持环境。

二是严格学业管理。为了敦促学生努力学习,民国著名中学校长普遍要求对学生的学业进行严格要求,他们治下的著名中学一般都会制定严格的学业管理要求,如心远中学对学生学习要求严格,为了保证学生认真学习,学校无论白天课堂还是晚上自修都要点名,而且自修时有老师在讲台上盯着学生。② 贝满女中在学业上对学生要求严格,要求学生在功课学习上课前要预习,课上要专心听讲,课后要认真复习并按规范要求完成作业;学习要有小结,学习中要加强理解和记忆,并侧重观察、思考、想象、书写、辨析等各种学习能力的训练。③ 这些著名中学一般都会对在校学生实行定期或不定期的考核,如北京汇文中学制定了严格的考试制度,学校对学生实行入学考试、平时考、月考、学期考、补考以及特考等多种形式的考试④;同时有不少著名中学还实行淘汰制度,如果学生学业考核不合格,达到清退规定则予以清退。如南开中学规定学生如若功课跟不上,无论来自何种家庭都会被"刷"出去,而个别免试入学的学生只能作旁听生,并且只要有一门功课不及格就会被淘汰。⑤ 严格的学业管理制度和规范执行力度,使得民国著名中学校长治下的学生普遍都比较专注于学业进步,因害怕学业不佳而遭受淘汰一般都不敢有所松懈。这在一定程度上也是民国著名中学校长所在学校之所以能取得卓越办学成就的原因之一,这也说明这些校长在彼时的时空下所采取的学生学业管理举措是比较有效的。

三是严格学生日常规范。在民国著名中学校长的管理下,著名中学一方面完善和制度化学生日常管理的纪律规范,如江苏省立五中1914年刊印的《管理细则》中不

---

① 宫柯.王德民传[M].北京:航空工业出版社,2016:21-22.
② 熊光炯.心远:一个教育世家的百年沧桑[M].北京:人民文学出版社,2012:47.
③ 李爽麟,蒋雯.贝满女中[M]//北京市政协文史资料委员会.杏坛忆旧.北京:北京出版社,2000:309-310.
④ 全国政协文史资料委员会.中国文史资料文库:第17卷:文化教育编[M].北京:中国文史出版社,1996:128.
⑤ 王敏之.南开是"贵族学校"吗?[M]//傅国涌.过去的中学.北京:同心出版社,2012:231.

仅制定了学生管理通则,还分列了讲堂、自修室、操场、寄宿舍、膳厅、请假、实验等16项具体翔实、易于操作的学生管理规则。① 天津圣功女中在校长夏景如的管理下,校规严格,要求学生穿白衬衫、黑裙子,上课守规矩;夏景如校长还经常在过道巡视,发现学生上课不注意听讲,下课会立即找来训斥。② 另一方面则是严格执行纪律规范,如天津耀华中学曾有八点钟关校门的制度,为了督促学生遵守这一制度准时到校上学,校长赵天麟每天早晨亲自站在学校大门口迎接师生,每次八点钟上课的铃声一响就关校门,学生如有迟到只能站在大门外等第一节课下课才能放行;赵校长还带头遵守这一"八点钟"关校门的制度,如他曾有一次迟到了,却坚持不让门房放行,而是主动在校门外等了一个小时。③ 这种对学生日常规范的严格管理,在一定意义上可以约束学生的不良行为,帮助他们规范言行、树立良好行为习惯,有利于他们的健康成长。

四是通过各种软性方式引导和约束学生。一些民国著名中学校长还注意采用演讲或宣誓等一些软性方式来引导学生规范自己的言行举止、提升学业水平,约束学生的不良习惯与不当行为,敦促他们少犯错或不犯错,鼓励他们不断向上向善。如南洋模范中学校长沈同一在每学期开学典礼时,都会率领全体学生宣誓:"我为陶冶品德而来,愿遵守校规;我为研究学术而来,愿尊敬师长;我为锻炼体魄而来,愿爱护自己。"④南开中学校长张伯苓则开创了中国中学"升旗"的先例,通过定期在学校举行升旗仪式,来增强学生的爱国情感和激发他们报国的雄心壮志。从本质上说,这种软性引导和规约学生的管理方式,是一种渗透式的、先打动学生的情感,让他们自觉自发地愿意朝着被预期的方向发展,其所带来的学生自内而外的转变对学生未来的影响也会更为持久。

总的来说,上述各种严格的学生管理举措,在规范学生言行,帮助他们养成良好的行为习惯,使他们专注于学业,不断提高学业水平上起到了重要作用。同时,这些严格管理学生的举措还有助于在学校成良好的校风,在社会上留下良好的学校形象,从而为学校赢得美誉。如南开中学的校风不仅在国内为人周知,也为到校参观的外国人所称许。⑤

5.4.2 关爱学生

在关爱学生上,民国著名中学校长治下的民国著名中学做了许多值得肯定和赞

---

① 项红专.童伯章:民初"苏南五中"盛绩的缔造者[J].中小学管理,2012(8).
② 张绍祖.圣功学校校长夏景如[N].天津老年时报,2009-12-14.
③ 资中筠.何为素质教育:忆母校天津耀华中学[M]//傅国涌.过去的中学.北京:同心出版社,2012:57.
④ 李雄豪.南模旧闻[EB/OL].(2015-06-19)[2017-04-18].http://www.nanmo.cn/portal/10/10-00-03/8ae270814ddc2fa2014e0a1c7fc90cf7/detail.html.
⑤ 唐澜波.爱国教育家·张伯苓[M].武汉:武汉大学出版社,2012:67.

许的工作。具体来说,这些工作主要可归纳为以下几个方面:

一是减免贫寒学生的在校费用。对于一些上不起学的优异寒门学子,著名中学尤其私立著名中学会免去他们的学习费用,并提供勤工俭学等各种方式给予在校伙食补贴,助其完成学业。如周恩来就读南开中学时,学校不仅免去其学费、书费与住宿费,还让其在课余时间帮助学校抄写、刻字等事情赚取费用,校长张伯苓还经常邀他到家中吃饭和谈论社会问题及国家大事。① 对贫寒学生的学业关照给予这些学生的不仅是学业上的帮助,更是精神上的慰藉,也体现了学校对他们的尊重,有助于他们成为知道关爱他人和社会、会感恩并懂回报的人。

二是关爱学生生活。在以"宽"待生的学生管理理念下,民国著名中学校长执掌的民国著名中学普遍比较关注学生的在校生活,努力为他们提供舒适的校园生活环境。如在校长沈同一的管理下,南洋模范中学关爱学生,学校在每年暑假都会把学生宿舍的所有床架铺板用热水泡煮一遍,以消灭所有臭虫及其巢穴,让生免受臭虫滋扰。② 而在抗战期间,各级学校的办学经费普遍比较紧张,许多中学的伙食费短缺,但延续下来的民国著名中学在其掌校人的带领下都会想方设法为学生提供必要的伙食,同时为了学生的营养和健康,还尽力改善伙食。

三是关注学生学业。一方面如前所述,在著名中学校长管理下,民国著名中学普遍注意聘请优秀教师到校任教和指导学生的学习。如苏州中学,在汪懋祖、胡焕庸等几位校长的掌管下,学校设法从各界聘请了一批东南地带的知名学者及具有名校背景的人如史学大师吕思勉、陈寅恪、陈垣、钱穆、国学大师吴梅等到校任教,③这些学界名流的到来为苏中学生提供了"治学"式的教学,提高了学生的学习能力。另一方面是给予学生学业上的指导和帮助,如扬州中学校长周厚枢为更好地促进学生学业进步,开创了"导师制",将学生分组,由学生自主选择一名他们崇拜的教师作为每组学生的导师,导师不仅能随时对学生提供学习指导,还能通过与学生朝夕相处增进对学生的了解,从而因材施教、潜移默化地引导学生进步。④ 一些民国著名中学校长为了避免学生受学校所处地域环境带来的文化局限性所囿,开阔他们的视野和增长他们的见识,尤其注意从学校文化建设等软件资源上予以弥补。如春晖中学校长经亨颐担心学生因学校僻处上虞一隅而孤陋寡闻,大力开办各种专题讲座,如每旬开展一次"五夜讲话",不仅动员学校教师讲演,还不定期邀聘专家名流到校讲演。⑤ 再一方面是给予优秀学生学业奖励,如北师附中在1922年的《三三制学则》中规定,对于在某科目上特别优异能够超越一学期的学生,经该学科教员核订并提交校务会议通过

---

① 张宁.穿越时空的民国课堂[M].北京:团结出版社,2013:231.
② 李雄豪.南模旧闻[EB/OL].(2015-06-19)[2017-04-18].http://www.nanmo.cn/portal/10/10-00-03/8ae270814ddc2fa2014e0a1c7fc90cf7/detail.html.
③ 周勇.江南名校的中国文化教育[M].北京:教育科学出版社,2008:103-105.
④ 潘洪建,刘华.扬州地方教育家研究[M].南京:南京大学出版社,2014:178.
⑤ 李永鑫,张仲清.绍兴名人传略:教育家篇[M].银川:宁夏人民出版社,2007:41.

后,可准许其越级肄业或改习他科,并给予该科学分;①之后又在1926年的学科成绩考查方法中规定,若学生在理化科有自由研究成绩,比如关于书籍之摘录或译述及对于某项特别研究,可在学期末另行酌量予以奖励②。此外,著名中学一般都比较注意通过图书馆建设,添置大量的图书,并鼓励学生创办各种报纸杂志等方式,帮助他们开阔视野,增长见识,提升实践能力。

值得说明的是,在日寇敌伪横行的抗战时期,有的民国著名中学校长管理下的民国著名中学,为了方便毕业班学生奔赴国统区或解放区的不同地方继续求学等原因,还会在毕业证的印制和发放上做一些改革举措。以抗战时期的苏州中学为例,在校长杭海槎的领导下,在以私立弘毅中学的名义给毕业学生发放临时毕业证之外,还曾为他们颁发其他种类的临时毕业证:如特制了用羊皮纸油印、由杭校长名字偏旁和谐音构成的"杨汉松"三字签名,并盖有省立苏州中学公章及杭校长私章的临时毕业证,以便于他们在远途跋涉到大后方上大学的过程中携带和顺利通过敌人的重重盘查;在有关政府主管机关"补呈验印"学生正式毕业证书后,由校长杭海槎为他们签名颁发临时毕业证,作为大学的报考凭证。③

四是极力保护学生。在民国时期,一些思想进步的爱国中学生因常常向他人宣传进步思想或走上街头参加游行等活动而难免会受到来自当局政府的政治诘难或羁押等处罚。对此,不少著名中学校长都会热心地给他们提供各种庇护,帮他们逃脱或减轻政治迫害。如1940年,当国民党师管区要求长郡中学开除高中部发动驱赶军训教官学潮中为首的10名学生时,时任校长鲁立刚以学生年幼无知为理由给学生推脱处罚,之后虽迫于压力开除了6位学生,但事后又设法帮他们转到其他中学就读。④苏州中学校长胡焕庸在其任期内,常常为遭受反动政府审查或拘捕的进步学生做保释或通风报信。⑤而有的著名中学校长在保护学生时态度非常坚决,必要时不遗余力甚至不惜牺牲前途,如时任浙江省立联合高中⑥校长崔东伯,在国民党当局要求开除"三月社"发起人吴士廉时,他不顾个人安危,愤然抗拒;1946年6月,为保护参加反对"开放内河航行权"而游行的学生,他拒绝浙江教育厅开除学生的要求,辞去校长职务。⑦

上述种种关爱学生的举措,从学业到生活再到生命安全,切实地落实了民国著名中学校长以"宽"待生的办学理念,彰显了学校管理者办学的人文情怀。学生在充满

---

① 朱有瓛.中国近代学制史料:第3辑:上[M].上海:华东师范大学出版社,1990:417.
② 北京师大附中.北京师大附中[M].北京:人民教育出版社,2000:81.
③ 谢波.档案馆里的江苏:《江苏经济报·江苏档案》专版100期集萃[M].南京:东南大学出版社,2015:240-41.
④ 孙海林.湖南第一师范名人谱(1903—1949)[M].长沙:湖南第一师范学校,2003:308.
⑤ 胡铁军.百年苏中:卷1:三元春秋[M].苏州:苏州大学出版社,2005:96.
⑥ 即现在的浙江省杭州高级中学。
⑦ 傅国涌.民国年间那人这事[M].厦门:厦门大学出版社,2015:217-218.

关爱的校园环境中成长,他们在感动之外,有不少人后来都成了学校办学的忠诚支持者。

5.5 积极推进课程改革,助推多育并进

在前述民国著名中学校长有关办学理念指引下,民国著名中学普遍重视学生知识基础的积淀、应用能力的提升和全面人格的形塑,反映在办学实践中,就是循着近代教育的人才培养规律和教育教学规律,积极探索各种措施改进学校教育教学,提高教学质量。这主要体现在以下四个方面:

5.5.1 改革课程体系

一是改革传统课程体系。作为新式学校,民国中学尤其是著名中学一般都比较注意对传统课程进行改革,开设丰富多彩的课外活动课程、艺术课程以及体育课程等。如南开中学本着"寓教于乐""寓德于乐"的教育心理学原理,重视戏剧的美育功能,开设戏剧课程;学校还开设了音乐课程,举办一系列音乐活动;本着"功""能"教育理念,学校重视体育、道德教育、科学实验、课外活动,开设了体育课程,每个年级每周都有两个小时以上的体育课,并且创立了多支足球、篮球队,设置了跳高、跳远、踢球、赛跑等体育项目。① 又如江苏省立第五中学组建游艺会,培养学生综合素养;上海中学除把英文作为必修课外,还开设了日语、德语、法语作为选修课。

对于民国著名中学中的教会学校,其在著名中学校长尤其是其校史上的华人著名校长掌校期间的课程改革,还涉及对作为学校传统必修课的宗教课程的处理问题。随着这些教会学校加快向中国政府立案的进程,学校在宗教课程上也相应作出了较大的改革。如北京汇文中学校长高凤山接掌校政后,对学校进行了大力整顿,其中在课程方面,他不顾学校外籍教师及外籍神职牧师的反对,先是将圣经课由必修改为选修,不久之后又予以彻底废除。② 这些著名的教会学校在宗教课程方面的改革举措,极大改变了其以往传播宗教教义和培养在华宗教"代理人"为主的状况,对人才培养上更加注重对现实社会需求的适应。这在一定程度上,应该也是彼时著名的宗教学校能够在客观上为中国培养出相当数目的优秀人才的一个原因。

二是科学选编教材。有了新式课程,就需要有一些必备的辅助教材。在这方面,南洋模范中学坚持由教师自编教材和选用社会出版的课本相结合,数理化学科则都

---

① 张伯苓的教育思想:兼顾德、智、体[EB/OL].(2005-08-01)[2019-01-01].http://edu.sina.com.cn/l/2005-08-01/1453123912.html.
② 中国人民政治协商会议北京市东城区委员会文史资料委员会.北京市东城区文史资料选编:第2辑[M].北京:北京市东城区委员会文史资料委员会,第90页.

选用英语原版的教材。① 南开中学从1927年开始不仅要求文化课要使用自编教材，还高度重视戏剧的教育功能，对其戏剧课的剧本进行严格选编。民国著名中学的教材选编活动不仅改进了本校的教材和教学，也给其他中学提供了教材参照或来源，如民国时期，扬州中学教师所编的教材及参考用书，深受业内中学的青睐，全国初高中的国文、英语及数理化等学科的教科书及参考书有十多种都是由扬州中学教师编写的，以致京沪各大书局也争邀出版该校教师编写的教材与参考用书。②

三是改革教育教学。这主要是指改革教育教学的方式与方法。由前述有关办学理念可知，民国著名中学校长提倡教师进行学术研究活动，其中首先就是要他们对各自所任教学科的教材、教学活动、教学内容等进行研究，而真正脱离开各自所任教的学科进行的纯粹的"学术研究"存在的可能性则比较小。与之相关联，此处的"改革教育教学"就是要在对有关学科的教材内容、教学活动等进行深入研究的基础上，不断根据时代需要、学生智识发展需要等各种客观情况，改进教材内容，提出新的教学方式和新的教学方法。如江苏省扬州中学校长周厚枢开拓创新，首创导师制。他将学生以每组20人左右进行分组，每组由1位导师与学生同食并同住一处，专门负责学生的训导工作和指导他们求知；③江苏省立第五中学④校长童伯章重视作文教学，积极倡导作文教学改革，创制出"一题三作"教学法；⑤长郡中学校长鲁立刚在教学上既重视课堂教学，又重视实验操作与课外研究，注重把三者密切结合起来。⑥

值得注意的是，民国著名中学校长对教师所倡导的学术研究活动并未局限于以改革学校教育教学为目的的学科教材、教学等的研究上，还涵盖了超越中学学科内容的专业研究、超越学科界限的学问研究等。他们鼓励教师根据个体兴趣或专业发展进行各种学术研究的目的，可能是为了浓郁学校的学习与研究氛围，带动广大师生进一步增强学习积极性，进而通过学习和研究开阔视野、提高智识水平；也可能是意欲借在学校所营造的学术氛围吸引更多醉心于学问研究的硕学鸿儒到校任教，不断充实学校的师资队伍和提升学校的师资水平，构筑学校改进教育教学成效和提高人才培养质量的坚实基础。其中，有一些民国著名校长自身就具有很强的学术研究能力，他们一生著述颇丰，甚至有人在就任所在著名中学校长期间依然坚持专业领域的学术探索，如苏州中学校长吴元涤在执政苏州中学期间，先后出版了《普通胚胎学》《世

---

① 李雄豪.南模旧闻[EB/OL].(2015-06-19)[2017-04-18].http://www.nanmo.cn/portal/10/10-00-03/8ae270814ddc2fa2014e0a1c7fc90cf7/detail.html.
② 李祖寿.教师以著述为乐[M]//郑万钟,张铨.扬州中学.北京:中国大百科全书出版社,2009:247.
③ 郑万钟,张铨.扬州中学[M].北京:中国大百科全书出版社,2009:37.
④ 即江苏省常州高级中学.
⑤ 项红专.童伯章:民初"苏南五中"盛绩的缔造者[J].中小学管理,2012(8).
⑥ 孙琦,孙海林.鲁立刚的教育实践与教育思想[J].湖南第一师范学报,2004(1).

界学术初阶》《生物学》《吴氏高中生物学》等著作①。

四是改进考试制度。这主要是指改革考试制度,以考试帮助学生查漏补缺,促进学生的学业进步。典型的是扬州中学在校长周厚枢的领导下创制的"复习考试制度"和"成绩展览会制度"。其中前者是指学生在寒暑假中复习过去一学期或学年所学科目、完成指定的假期读物及假期作业,在到校注册时交卷查验,并在开学两周后举行各科复习考试,将考试成绩作为下一学期或学年各该科成绩的一部分,从而督促学生熟练掌握所学知识和养成假期学习的自觉性;②后者是指举办成绩展览会,将教师的讲义、补充教材及习题和学生的笔记、练习、作文、读书札记、实验报告等陈列出来,广邀省教育厅厅长、科长等、各私立中学的校长与教师、本校教职员学生及家长与地方人士参观并给予指导。这对改进教师教学和学生的学业进步有很好的激励作用。

值得一提的是,在"五四"新文化运动之后,白话文逐渐进入中学的国文课本,有不少著名中学校长都开始主张学校的国文教学用白话文,如经亨颐校长当时就是一个力主在中等学校国文教学中推行白话文的"急先锋"。但也有一些民国著名中学校长则是比较理性地持折中的态度,坚持白话与文言并重,如北京汇文中学的高凤山校长提出,"新的东西都是从旧有的东西传下来的。没有旧的就没有新的"。③一些民国著名中学校长如前述澄衷中学校长曹慕管则坚决反对白话文教学改革,他认为文言文是联系中国各地人民的唯一语言工具,且"语"和"文"也不可能实现统一。

这些课程改革举措使民国著名中学校长掌管下的著名中学的课程设置更加科学合理,教材更加契合教育发展需求,教育教学方法更加科学有效,教育教学的内容更加充实和丰富多样,有助于开阔学生的视域,增长他们的见识和智识,进而提高学校人才培养的水平。

5.5.2 大力推进体育运动

在近代以来,体育因其能有效改善人们的体质状况而逐渐进入知识分子精英的视域,引发他们的高度关注。由前述表 4-9 所示,民国著名中学校长普遍强调体育锻炼的重要性,主张在中学开设体育课程和大力开展体育活动。因此,我们有必要着重对民国著名中学校长管理下的中学的体育开展状况进行探讨。依照前述办学理念,民国著名中学在校长领导下,主要做了以下努力④:

一是将体育运动作为教育的重要组成部分,将之置于与智育、德育同等重要的位

---

① 张耕田,陈巍.苏州民国艺文志[M].扬州:广陵书社,2005:254.
② 潘洪建,刘华.扬州地方教育家研究[M].南京:南京大学出版社,2014:179-180.
③ 王丽.汇文钟声:一所中学远去的背影[M]//傅国涌.过去的中学.北京:同心出版社,2012:142-143.
④ 建立体育场地、完善各种体育设施设备也是民国著名中学推进体育运动的举措,对此将在后文专门探讨。

置,普遍开设体育课程作为必修课程。如南开中学不仅在1915年成立了体育会负责组织学生的体育锻炼,还在1916年将体操与运动并行实施,实施"强迫"运动,要求每个学生每天都要参与一定的体育运动,还成立了"体育课"作为体育教学与体育运动的专门管理机构,开始在学校大力普及体育运动。① 除此之外,校长张伯苓经常公开强调体育的重要性,鼓励师生参加体育锻炼。

二是鼓励学校建立各种体育社团和开展丰富的体育活动。民国著名中学普遍在学生中成立各种体育团队,并引导学生在课外广泛开展各种体育活动,如管叶羽主持下的贝满女中成立了足球、篮球等球类运动队和田径及体操运动队,由学生根据个人特长及兴趣自愿参加;学校每天下午都专门安排有一定的体育活动时间,组织学生参加球类、田径、武术等活动,经常开展班际比赛,每年都举办全校运动会,还会组织学生参加北平市的校际运动会。② 运动社团的设立和体育活动的开展,不仅丰富了学生的课外生活,还锻炼了学生的身体,提高了他们的身体素质和增强了他们的团队合作能力。

此外,不少学校还对学生做出了体育成绩的考核要求,如浦东中学规定体育考核不及格的学生不能毕业,而毕业时体育成绩在丙等之下的学生不能享受学校提供的升学补贴。③ 南开中学要求学生必须习满3年体育并达到及格,否则不准毕业。④ 将体育考核成绩作为毕业条件之一,甚至作为享受其他毕业利益的前提条件,有利于激发学生的体育热情。

以上这些举措极大地改善了彼时著名中学的体育发展状况,有不少著名中学所取得的体育成绩在中学领域引人瞩目。以北平市立第四中学为例,在校长齐树芸掌校期间,学校的体育业绩喜人,其中比较突出的表现就是:学校足球队在1930年获北平市中学优胜队荣誉,在1934年取得北平市中学生运动会的团体总分第一名。⑤

5.5.3 加强思想道德教育

面对外族入侵日剧、民族危机愈剧的时代困境,民国著名中学校长在办学中普遍注重对学生的思想道德教育,以期培养出更多具有强烈爱国情感的学生,进而挽救国家和民族,甚至促进国家和民族的发展与不断强大。具体来说,他们在民国著名中学对学生所进行的思想道德教育主要表现在以下几个方面:

一是加强爱国教育。与前述"教育救国"论相对应,民国公立中学以及私立中学

---

① 梁吉生,张兰普.张伯苓画传[M].成都:四川教育出版社,2011:61.
② 黄亦平,李爽麟.毕生致力于中学教育的管叶羽校长[M]//北京市政协文史资料委员会.杏坛忆旧.北京:北京出版社,2000:341.
③ 浦东中学校史编写组.浦东中学简史[M]//中国人民政治协商会议上海市委员会文史资料工作委员会.解放前上海的学校.上海:上海人民出版社,1988:211.
④ 孙海麟.中国奥运第一人:张伯苓的故事[M].北京:人民出版社,2008:24.
⑤ 北京市政协文史资料委员会.北京文史资料精选:西城卷[M].北京:北京出版社,2006:241.

的著名校长普遍比较重视学生的爱国教育,他们纷纷采取各种举措加强对学生的爱国教育。一方面在教学中对学生进行爱国教育。如北师附中校长林砺儒注意在教学中结合时事引导学生关心国家大事,如他契合"五四"运动,结合历史、地理教学让学生了解巴黎和会中山东问题的真相,从而在引导学生明确事件真相的过程中激发他们的爱国热情。① 长郡中学校长鲁立刚则是通过在他所任教的地理学科教学中穿插对时事的剖析,抗战期间还在地理课教学中加入了对国家边疆形势、战略要地等的详细阐述,激励学生的爱国热情,并且他还常常用谭嗣同、黄兴、蔡锷等进步人士的言行来教育学生。② 另一方面利用各种演讲对学生进行爱国教育。如心远中学校长熊育锡为了激发和不断强化学生的爱国情感,他不仅会在学校演讲中告诫学生应关心时事、要有民族危机感,还经常收集报纸上刊载的重要时事内容,张贴在教室内供学生阅读。③ 长郡中学校长王季范在抗战期间经常以"明大义而有专长"晓谕学生,主张把爱国教育渗透到学生全部的学习和生活中去,从而激发学生的抗日意识与培养他们的爱国情感。④ 再一方面契合具体的爱国行动教育学生。如在1926年3月爆发的北京学生及群众强烈要求段祺瑞政府拒绝八国要求撤销天津大沽口国防设施通牒的反帝爱国大示威运动中,北师附中校长林砺儒亲率学校全体师生走上街头,挥舞旗帜和呼喊口号,声援他们的爱国运动,让学生亲身感受到了周围群众的爱国情绪,也在体验中增强了爱国责任感。⑤ 最后是通过聘任进步教师加强对学生的爱国教育。在心远中学,校长熊育锡聘任了诸如曾天宇、曾伯熊、汪觐光、朱大贞等左派人物以及共产党人到校任教,这些进步人士经常向学生宣传各种进步思想,也在一定程度上激发学生的爱国思想和陶冶他们的爱国情操。⑥ 换言之,面对家国危亡的时代困境,这些民国著名中学校长大都或以默许的态度或以积极的言行表明他们对学校师生爱国行为的肯定。如春晖中学校长黄树滋在"九一八事变"发生后民族危机加剧的情况下,就非常支持学校师生参加街头抗日宣传、抗日救亡斗争、抵制日货以及在学校组织"白马剧团"等各种爱国活动⑦。

可以说,在国家民族危亡的重要关头,只要是稍有爱国思想与认知的人,都能不

---

① 侯刚.林砺儒与北京师范大学[M]//黄家驹,何国华.林砺儒教育思想研究.广州:广东高等教育出版社,1991:150.
② 孙海林.湖南第一师范名人谱(1903—1949)[M].长沙:湖南第一师范学校,2003:61,308.
③ 中国人民政治协商会议江西省南昌市委员会文史资料研究委员会.南昌文史资料选辑:第8辑[M].1992:35.
④ 孙海林.湖南第一师范名人谱(1903—1949)[M].长沙:湖南第一师范学校,2003:308.
⑤ 张维,陆士嘉.难忘的一课——回忆参加"三·一八"游行片断[M]//北京师大附中.在附中的日子:下.北京:京华出版社,2001:23.
⑥ 中国人民政治协商会议江西省南昌市委员会文史资料研究委员会.南昌文史资料选辑:第8辑[M].1992:35.
⑦ 阮幼仙.杭初校长黄树滋先生[M]//杭州市政协文史资料委员会.杭州文史资料:第12辑 师魂初编.杭州:浙江人民出版社,1989:43.

自觉地产生爱国救国的情感。因此,当时教会学校的著名中学校长也带领师生在力所能及的范围内举行各种形式的爱国活动,如青岛私立礼贤中学校长刘铨法带领学校教师充分利用同善教会的"保护伞"与敌斗智斗勇,坚决抵制日伪推行的反动教材①。

上述诸种爱国教育举措在办学实践中确实在激发学生爱国意识,增强其爱国情感上发挥了较大作用,有一些中学学生就是因受到这种教育而在中学期间就加入了共产党等进步党派。

二是注重品格教育。在民国著名中学校长的学生德育理念指导下,民国著名中学普遍重视对学生的品格教育,以期使他们养成良好的思想道德意识与行为习惯。一方面是利用修身课等定期的训育活动对学生进行品格熏陶和教育。如明德中学每年开学时都由校长胡元倓亲自向学生讲授校训"艰苦真诚"的意义和内涵,并于每周一举行全校师生教学生活讲评例会,由校长或代理校长结合校训和师生一周的实际表现情况进行评说,深化师生对校训的理解和激发他们践行校训的自觉性。南开中学开设了修身课,主要由校长张伯苓为学生讲解优秀传统文化与中华传统美德,教育学生注重内在品格的修养,养成良好的道德品质,成为有道德涵养的人。另一方面是利用运动会等集会活动对学生进行道德品格教育。如南开中学校长张伯苓经常在各种体育比赛场合,向学生讲解体育道德要求,鼓励学生比赛要以道德为根本,以运动员的品格为重,告诫他们正当的失败比不正当的胜利更有价值,倡导他们养成"运动仁侠精神"(Sportsmanship)。②再一方面是在团体活动中涵养学生的道德品格。如南开中学还注意培养学生群团合作的集体意识,倡导学生在社会实践中增强公德心,成为具有服务他人和社会的思想的人。最后是通过榜样示范促进学生的品格发展。很多民国著名中学校长在管校办学中都比较注意通过行为示范为学生树立学习的榜样,进而带动他们向上向善,成为品格高尚的人。

上述这些有关学生思想品格培养的举措,从理论到实践、从静态到动态,使民国著名中学校长有关学生思想品格教育的办学理念落实在办学实践中,并"润物无声"地"潜"入学生的心灵,与爱国思想及情感一起,共同涵养和形塑着他们的品质与个性,引导他们逐渐成长为对国家、社会有用的人。

5.5.4 推动课外活动的开展

如前所述,民国著名中学校长普遍比较重视课外活动建设,把其作为培养学生德、智、体等方面全面健康发展的重要途径和方式。在办学实践中,他们积极采取各种措施推动课外活动的开展。

---

① 鲁海.青岛旧事[M].青岛:青岛出版社,2003:89-90.
② 梁吉生,张兰普.张伯苓画传[M].成都:四川教育出版社,2011:64-65.

一是鼓励各种课外活动社团的建立。民国著名中学校长普遍重视学生课外活动的开展,鼓励在学生中建立各种活动社团。以南开中学为例,学校除各种体育社团外还建立了有关兴趣培养、情操陶冶等类别的各种文艺团体,如国文学会、国剧社、新剧团、演讲比赛会、中乐西乐研究会等,鼓励和引导学生参加各种文艺活动,锻炼学生的群团活动能力与文艺参与能力;成立了有关学问研究的社团,鼓励学生参加学问研究活动和创办报纸杂志等,训练他们的问题探讨与习作能力。在北平市立第四中学,校长王道元鼓励学生根据个人的兴趣随意参加他们自动组成的学生自治会、科学研究会、文学研究会、读书写作社、音乐会、国乐团等各种团体组织,从而发展他们的特殊才能与锻炼他们做事的能力。有的民国著名中学校长甚至亲自参与学生课外社团组织的建立,并安排专业教师指导学生有关课外活动的开展。如常州高级中学校长童伯章在20世纪20年代初,开全国中学组建军乐队之先河,亲自在学校创建军乐队,并指派当时在校任教音乐的青年教师刘天华就任该军乐队的指挥。①

二是积极开展各种课外活动。在民国著名中学校长的有关办学理念指导下,民国著名中学普遍在前述各种体育运动之外,还积极开展其他各种课外活动,丰富学生的课外生活。以贝满女中为例,在体育运动方面,学校不仅每天下午都专门安排有一定的体育活动时间,组织学生参加球类、田径、武术等活动,经常开展班际比赛,每年都举办全校运动会,还会组织学生参加北平市的校际运动会;②在文艺活动方面,学校经常在班级间开展演讲、歌唱以及常识测验等方面的比赛,在全校初高中联合举行迎新会、毕业欢送会等。

整体上看,彼时民国著名中学课外活动的广泛开展,不仅丰富了学生的在校生活,培养了他们的活动兴趣,愉悦了他们的身心与情感,陶冶了他们的情操,还在各种群团活动中锻炼了他们的组织与协调能力,有助于他们成长为各方面协调发展的人。同时,这些课外活动的开展也在一定程度上有利于改进学校的教育教学质量,提高学校的办学成效,并在某种意义上构成了民国著名中学校长及其治下的民国著名中学扬名业内与社会各界的一种有效途径与手段。

5.5.5 加强实践锻炼

在民国著名中学校长办学理念指导下,著名中学采取了各种举措加强对学生的实践锻炼。具体主要有以下几种:

一种是开设社会实践课程。这主要是指民国著名中学为了增强学生适应社会和服务社会的能力,在学校专门开设有关社会实践课程,由课程教师带领学生走进社

---

① 宗震名,张魁雄.童伯章与音乐[M]//中国人民政治协商会议江苏省宜兴县委员会文史资料研究委员会.宜兴文史资料.第8辑.内刊资料,1985:92.

② 黄亦平,李爽麟.毕生致力于中学教育的管叶羽校长[M]//北京市政协文史资料委员会.杏坛忆旧.北京:北京出版社,2000:341.

会、了解社会,并借以锻炼其适应社会和服务社会的能力。以南开中学为例,学校注意社会实践课程的开设,以让学生接触社会、了解社会。如1926年,学校开设"社会实践"作为高中必修课,每周由教师带领学生参观天津各地的工业、商业、司法、教育、卫生等机构,然后开展座谈会,写调查报告,增强学生对社会的了解。①

  一种是充实校内实践锻炼。这主要是指在校内为学生创设各种机会,让学生不必走出校门就能够得到相应的实践锻炼。以贝满女中为例,学校一方面通过开展班级、年级以及校级的各种团体活动使他们得到锻炼,另一方面则是通过跨越班级与年级的界限,以构建姐妹班与姐妹同学的方式在高低年级、高低年纪同学之间建立联系,培养和陶冶学生团结友爱、扶助幼小的人际相处品质及精神。② 此外,学校还注意在文艺创作活动中锻炼学生的创作及其他相关能力,如通过办理贝满校刊和毕业班班刊,学生在教师的协助下分工负责撰稿、排版、校对、选印照片、联系印刷厂以及联系广告等工作③。值得称道的是,贝满女中曾由学生自治会下设的"教育局"设立了针对本校职工的"夜校",并由高中部的住校同学为该"夜校"的工友们上课。④

  一种是拓展校外实践锻炼。这主要是指为学生提供各种参与社会服务等各种实践锻炼的机会,让学生在实践锻炼的过程中接触社会、了解社会,增强为社会服务的意识和能力。以北师附中为例,学校在校长林砺儒的管理下,开设了平民夜校,鼓励学生在每日课后为附近的未入学儿童补习文化知识,从而增强社会实践能力。⑤ 在南开中学,校长张伯苓经常带领新剧社的师生到校外体验社会生活,帮助他们在游历中体悟生活,进而提高编剧与演出的水平。

  在实际办学中,不同的民国著名中学校长领导下的著名中学所采取的具体举措会有所不同,甚至会有很大差异,但殊途同归,都是为了让学生得到实践锻炼。历史证明,这些民国著名中学所采取的上述诸种举措在某种意义上是比较有成效的,当时许多民国著名中学所培养出来的学生大都能比较好地适应社会,有些学生还逐渐成为有关领域的"翘楚"。

---

 ① 张伯苓.张伯苓教育言论选集[M].王文俊,等编.天津:南开大学出版社,1984:3(前言).
 ② 李爽麟,蒋雯.贝满女中[M]//北京市政协文史资料委员会.杏坛忆旧.北京:北京出版社,2000:310.
 ③ 黄亦平,李爽麟.毕生致力于中学教育的管叶羽校长[M]//北京市政协文史资料委员会.杏坛忆旧.北京:北京出版社,2000:342.
 ④ 李爽麟,蒋雯.贝满女中[M]//北京市政协文史资料委员会.杏坛忆旧.北京:北京出版社,2000:323.
 ⑤ 汪振儒,贝璋衡.辛酉年回忆辛酉一班[M]//北京师大附中.在附中的日子:上.北京:京华出版社,2001:16.

5.6 积极筹措经费,科学管理,节约使用

民国时期中学的办学经费整体上来说是紧张的。为了维持学校的正常运转,许多著名中学在彼时执掌校务的著名中学校长的管理下,在经费管理上注重开源节流,多渠道筹集经费,科学管理节约使用经费。

5.6.1 多渠道筹措经费

民国时期著名中学的办学经费主要来源于政府拨款和社会捐款,私立中学和教会中学还会有一种稳定的经费来源,就是收取学费和图书费、体育费等,但办教育是一项耗资颇大的活动,虽有这些筹资渠道,学校也经常会陷入捉襟见肘的境地。为了保证学校办学经费的稳定与充足,民国著名中学校长都会积极拓展各种筹资渠道,争取社会资金支持。民国时期的著名私立中学在依靠向学生征缴学费获得收入的同时,会积极争取政府给予或多或少的"补贴",同时注重向社会各界的私人筹资。如张伯苓校长创办包括小学、中学、大学等系统完整的南开教育体系,需要巨额的教育资金做支撑,其中许多资金都是张伯苓千方百计地从社会上"集腋成裘"般地筹集而来,其中一部分还来自海外基金,他也因此获了个"化缘和尚"的称号。① 特殊的就是彼时著名的教会中学,它们通常都会从作为学校创办者的国外教会团体或组织获得相对比较稳定和比较充足的办学经费,但在抗战时期受战事影响,它们中的不少学校在这种稳定的国外办学资金支持方面也难免会遇到"断炊"的情况,这时就需要这些学校的校长等管理人员充分发挥个体和集体的智慧,有效地开辟出一些其他筹资渠道,维持学校生存以及发展;同时,这些著名的教会中学在某些时期,为了发展需求也会采取各种方式向社会各界公开募集资金,如天津的圣功女中,由于它是国外教徒组织所办,一般来说其经费主要来源于教会支付,但在 1939 年,为了筹建新校舍,夏景如校长也曾和校董会多方募捐,并发动学生、家长募捐。

5.6.2 科学管理、节约使用经费

由前可知,民国私立中学以及教会中学一般都设有校董会,有些公立学校也会酌情设置校董会,由其负责学校一些重大事项。而为了保障各种教育经费得到有效利用,不少民国著名中学的经费都由校董事会负责管理,经费的开支不是学校个别领导同意或批准就能决定的,而是需要经过董事会的最终审核并同意。在实践中,中学董

---

① 张伯苓[EB/OL].(2012-08-10)[2018-09-11].http://www.guoxue.com/? people=zhangboling.

事会选任的一些热心教育、品行优良、善于约束自我的中学校长,为保证经费的科学使用起到了关键作用。同时,民国著名中学一般都会聘任懂财务、廉洁自律之人掌管学校的财务工作。如南开中学校长张伯苓任用踏实、勤恳、廉洁自律的华午晴掌管南开学校会计及财务工作①,而华午晴所经手建设的南开学校校舍不仅实用、美观、结实,还节省钱财。② 可以说,对华午晴的任用不仅为南开中学以及后来的南开系列学校节约了经费尤其是建筑经费,还给张伯苓的办学实践带来了极大助益。

综上,在民国著名中学校长治校办学的过程中,校董会、品性优良又热心教育的著名中学校长、能干又廉洁自律的学校财会人员,这三者大都注意合理使用经费,尽力节约使用经费,避免经费使用中的因公徇私或铺张浪费,以保证中学的正常运转和发展。

5.7　完善设施设备,保障办学条件

基于前述有关办学资源与条件的理念认识,民国著名中学校长普遍很重视学校的设施设备建设。为了给师生提供更好的教与学的条件与环境,他们所在的著名中学都积极采取各种措施完善完备学校的设施设备,具体来说表现如下:

5.7.1　完善完备教学设施设备

为了给学生提供更好的教育教学条件,民国著名中学校长都努力改善学校的教室、实验室、图书馆等的内部设施装备。

一是完善教学设施设备。民国著名中学校长管理下的学校普遍注重教育教学设施与设备建构,如根据教育教学需要建设教学楼、布置教室。以管叶羽执掌下的贝满女中为例,学校的教室不仅根据教学需要分为供学生上大课、书法以及自习的大教室和各学科教学的小教室两种,在供各科教学使用的小教室内,除了讲台、桌椅外,四周的墙壁上都配置了黑板,可以让班中半数以上的学生同时在黑板上做题供教师讲评。③

二是努力配置实验设施设备。为了保障和不断增强学生的实践动手能力,民国著名中学校长普遍重视各种实验设施设备的完善,如春晖中学代校长章育文曾在1924年1月,明确地向经亨颐提出在学校建立一座科学馆和购置一些在当时属医学

---

① 黄钰生.早期的南开中学[M]//钟叔河,朱纯.过去的学校.长沙:湖南教育出版社,1982:245.
② 梁吉生,张兰普.张伯苓画传[M].成都:四川教育出版社,2011:41.
③ 全国政协文史资料委员会.中华文史资料文库:第17卷:文化教育编[M].北京:中国文史出版社,1996:141.

上高精尖器材的显微镜的建议①。在他们的理念主张下,他们所在的著名中学都竭力配置和改善学校的实验设施设备,以便学生能获得必要的动手操作实验的机会。以明德中学为例,学校的实验室力求设备齐全,实验所用仪器、化学药品、生物标本等都尽力购置,有些甚至是从日本、德国进口的,可以说当时学校的实验设备之齐全甚至堪与大学相媲美。而对公立学校来说,政府的教育经费是否充沛则对其包括实验设施设备在内的教育教学设施设备的完善具有重要影响,而公立中学的民国著名中学校长却普遍在困窘条件下努力完善实验设施设备等各种教育教学条件。如在20世纪二三十年代,整个北京的中学教育经费异常紧张,而北师附中校长林砺儒却想尽一切办法开设丰富的化学实验课,齐备各种化学实验课材料,供有兴趣的学生随时进行实验②。

三是注重图书建设。民国著名中学大都比较重视图书建设,为保障学生的阅读需求和开阔他们的视野,不断增加学校图书藏量。如北师附中的图书馆购置了大批图书,其中有一些书籍还是珍贵的善本、海内孤本③;明德中学的图书馆早在20世纪的二三十年代就拥有藏书78000余册,既有中外书籍,又有百多种报纸杂志;既有诸子百家书册,又有近代书刊等。值得一提的是,教会中学的民国著名中学校长也比较注意学校的图书配置。如青岛私立礼贤中学校长尉礼贤就十分重视学校的图书购置问题,他在1914年为学校建立了属于中国最早的现代图书馆之一的尊孔文社藏书楼,并购置了大量中外文藏书,为学校学生提供了学习上的助益。④

通过这些举措,民国著名中学校长不断改善和完备学校教育教学的设施设备,为师生的日常教与学提供了最基本的设施保障条件,有利于他们安心地在相对舒适的环境中进行教学或学习活动。其中,有些民国著名中学甚至因完备的教学硬件条件而在彼时中学领域颇有名气。

5.7.2 改善其他各项基础设施设备

民国著名中学校长领导下的中学还注意不断改善学校教育教学之外的其他设施设备。一是完善各种课外活动场所及设施设备。如为了增强学生课外的体育锻炼,浦东中学在运动设施方面,建有风雨操场、足球场、篮球场、排球场、垒球场、跑冰场、乒乓球房、弹子房、游泳池等,准备有单双杠、沙坑、铅球投掷区、秋千、轩轾天平板等。⑤ 二是改善食宿设施设备。如为了方便学生在校生活,贝满女中设置有专门的食堂、食宿专用茶炉与饮水室;建有专门的学生宿舍,可以满足3~4人住一间屋子,

---

① 顾志坤.春晖[M].长春:吉林文史出版社,2008:69.
② 李德伦.眷恋"附中味儿"[M]//傅国涌.过去的中学.北京:同心出版社,2012:312.
③ 李德伦.眷恋"附中味儿"[M]//傅国涌.过去的中学.北京:同心出版社,2012:312.
④ 鲁海.青岛旧事[M].青岛:青岛出版社,2003:88.
⑤ 上海市浦东中学.上海市浦东中学建校八十周年纪念刊(1907—1987)[M].1987:6.

建设了洗浴场所,配备了浴盆等洗浴设备,还为学生准备有洗衣盆和晒衣场所。① 而有的民国著名中学甚至专门筹建了教师宿舍,方便教师工作和生活。以南开中学为例,在天津办学期间,无论学校教师的家庭离学校远近都会在校内为其安排宿舍,并提供简单齐备的生活和工作用具②;在抗战时期,学校经费异常紧张,却仍然为学校教职员建筑专门的宿舍,解决他们的住宿问题。三是改善学校医疗卫生条件。如贝满女中设置了专门的校医室,并从协和高级护士学校聘请毕业护士到校就职,还与北京协和医院附属的北京市第一卫生事务所保持固定联系,由其指派专职护士到校协助处理学生日常疾病预防事务。③

此外,如前所述,部分民国著名中学校长倡导或推崇中学教师进行学术研究的理念。为了更好地促进学校师生的学术研究活动,他们所在的学校不仅倡导各科教师进行教材研究等科研活动,还鼓励学生进行科研,为此这些民国著名中学或是先后成立了各种学生研究社团,如北师附中先后成立了文学社团曦社、缦云社,创办有专门的学生刊物如《爝火》周刊。或是通过聘请各界学术能力比较强的学者到校任教,由他们的教学和研究活动带动学校师生积极参加学术研究的氛围,如苏州中学聘请钱穆、吕思勉、陈寅恪、吴梅等一批学界顶尖人物到校任教,从而为学校构建了一支学术能力强大的师资队伍。或是通过给予科研奖励激发师生的学术与科研兴趣,如北师附中1926年的《学则》中明确规定,如果学生在理化学科方面能取得自由研究成绩,比如能对有关书籍进行译述或对某项有特别研究等,可在学期末酌情给以适当的奖励。④

此外,民国著名中学校长大多还比较注重校园环境的规划与美化,这其中以南开中学校长张伯苓最为典型,他不仅从环境育人的教育理念出发,科学合理地规划校园建筑设施,如在重庆,他带领有关人员在学校种树栽花、砌看台、凿鱼池等,使沙坪坝校区俨然成为一处旅游景点。又如贝满女中校长管叶羽不仅重视校园建筑,还在初高中校园内铺设各种草坪,栽种松柏与翠竹等绿叶树木,种植玫瑰、丁香、藤萝、爬山虎等花木,在花藤架下放置石桌石凳供学生课余休息或学习使用,充分营造了一种有益学生身心健康的舒适环境。

通过上述努力,民国著名中学的基础设施一般都比较完备,有些学校还以其设施的齐备与先进在业内颇有名气。如战时的重庆南开中学,教室、礼堂、图书馆、科学馆、宿舍、食堂、运动场等一应俱全,图书仪器、运动器材比较充实。重庆南开中学因

---

① 李乃庄.可亲可爱我贝满[M]//贝满人语编委会.教育的启示:贝满人语.北京:知识产权出版社,2008:53.
② 梁吉生,张兰普.张伯苓画传[M].成都:四川教育出版社,2011:38.
③ 李迎祥.回忆贝满女中二三事[M]//贝满人语编委会.教育的启示:贝满人语.北京:知识产权出版社,2008:93.
④ 北京师大附中.北京师大附中[M].北京:人民教育出版社,2000:81.

此成为战时国内学校的典范和战后国家复兴的象征,也吸引了来渝国外人士争相到校参观。①

5.8 积极增进社会联络,助推学校发展

基于前述民国著名中学校长关于社会关系的办学理念,这些校长执掌下的民国著名中学一般都比较注重对外社会关系的拓展,将构建良好的对外关系、争取学校外部社会的广泛支持看成是促进学校发展的重要途径。具体来说,在民国著名中学校长的办学实践中,他们所在的民国著名中学主要通过以下方式积极构建良好的社会关系。

5.8.1 积极拓展社会关系

民国著名中学校长注意从各种途径积极拓展社会关系,构建有利于学校发展的外部条件。具体来说,他们主要通过以下途径建构社会关系:

一是利用校长自身的优势拓展社会关系。一方面利用校长的受教育经历或工作阅历建立学校的社会关系。民国著名中学主要通过校长或师生的人际关系来拓展和密切与社会各界的联系。其中,有的著名中学校长在执掌著名中学以前曾有政界的工作经历,如上海中学校长郑通和在抗日前后曾任国民政府甘肃省教育厅厅长、国民党第六届中央执行委员等职,广益中学校长曹孟其曾任湖南都督府秘书、国民革命军前敌总指挥部秘书;天津耀华中学校长陈晋卿在任该校校长前曾历任吴佩孚军法执行官、徐世昌时代的最高法院院长,与徐世昌、曹汝霖、梅兰芳等政界、军界、文艺界的名人多有往来。有的民国著名中学校长在出任所在著名中学的校长之前曾有海外学习经历,这种经历也可能为他们办学带来广泛的人脉资源,如在春晖中学 1922 年 9 月举行开校招生典礼时,同属浙江上虞籍、具有在日本同期留学背景的上海澄衷中学校长曹慕管专门从上海赶到白马湖参加典礼并亲自致贺词②。另一方面通过校长的家族关系建立社会联系。有的民国著名中学校长的家族具有强大的社会关系,这些关系自然也成为他们办学中可以凭借的条件。如明德中学校长胡元倓来自一个祖辈世袭相承以办学教书或走仕途之路的经学之家,在他之后的胡家人也是如此,如胡彦博留学归来后任职国民政府财政部。③ 这种囊括政界、教育界的家族背景为他办学提供了可资利用的便利关系。再一方面利用校长的其他人际来往构建学校社会关

---

① 钟叔河,朱纯.过去的学校[M].长沙:湖南教育出版社,1982:228.
② 勉夫.清末民初时期的上虞留日学生[M]//赵畅.上虞文史资料选粹.北京:中国广播电视出版社,2008:266.
③ 罗兴波.跨越时代的百位中国科学家:第 2 册[M].北京:中国科学技术出版社,2017:46.

系。民国著名中学校长的其他人际关系如这些著名校长之间常有的来往,也构成了著名中学的一种社会关系,以心远中学校长李中襄为例,他与南开中学校长张伯苓在办学期间有所往来,二人曾在1942年底国民党政要人物李纯辞世后以信函往来的方式探讨如何召开李纯的追悼会①。此外,这些著名中学校长的朋友交往等关系也会成为可供学校利用的关系,如北平市立第四中学校长齐树芸与杜威的学生蒋梦麟以及李书华等教育界知名人士交往密切,在杜威教育思想传入中国时,这些条件便为他比较系统地了解杜威及西方的教育思想提供了极大便利。②

此外,民国著名中学校长还可以通过自身在学界、教育界等的影响力,无形中为学校构建一种广泛的社会关系,从而在网罗优秀师资、筹集办学经费等方面获得更多的社会支持。

二是利用教职工及学生的关系构建社会关系。一方面利用学校教师及职员的关系拓展社会关系。这也是民国著名中学校长常用的方法。如校长经亨颐利用夏丏尊的人际关系为春晖中学网罗了一大批名师和学界知名人士到校任教。又如汪懋祖校长利用当时在校任教的胡达人与钱穆交好的关系,为苏州中学聘请来了国学大师钱穆。③另一方面利用学生构建社会关系。崇仰著名中学良好的办学质量以及著名中学校长的办学声誉,有不少政要人家和富裕人家大多都会争相送子弟到校读书,如南开中学就有不少学生来自官宦人家。这些关系的存在,对于中学发展所需的良好外部关系的维持,对学校经费的争取和筹措都有着积极的作用。民国著名中学普遍比较注重利用学生建立和密切与社会各界的联系,从而获取资金等资源支持,而对于已毕业的校友,他们虽然可能分布在全国各地,但也是学校不可或缺的重要资源,而且对一些民国著名中学如南开中学来说还是相对比较稳定的、可靠的社会关系,南开中学在抗战时期能在重庆顺利办学,很大程度上得益于校友的倾情帮助。

三是利用学校的声誉等各种资源构建社会关系。良好的社会声誉能为学校带来更多的社会支持,如前所述,良好的办学声誉既能够吸引官宦及富裕家庭子弟前来读书从而为学校带来有力的社会支持,又如苏州中学开设的"名人演讲"和浓郁的学术研究氛围,吸引着不少名人志士到校任教。而在办学经费困窘时期,一些著名中学如南开中学、明德中学能够从海外获得大额经费支持,在很大程度上也是得益于其良好的办学声誉。

通过上述各种途径,民国著名中学校长为其所在的中学构建起了广泛的社会关系,这些关系成为其所在的中学在民国时期,尤其是因战乱纷扰、教育经费短缺等因素陷入举步维艰的办学困顿时,获得办学支持的重要凭借与来源。

---

① 周利成.张伯苓全集:第7卷:公文 函电(4)[M].天津:南开大学出版社,2015:221.
② 北京市政协文史资料委员会.北京文史资料精选:西城卷[M].北京:北京出版社,2006:240.
③ 周勇.江南名校的中国文化教育[M].北京:教育科学出版社,2008:112.

5.8.2 充分利用社会关系为学校谋取利益

民国著名中学校长常常利用各种社会关系为学校争取多种发展支持，具体主要有以下几个方面：

一是为学校招揽师资。如前所述，学校可以通过各种社会关系为学校招揽优秀师资。一些民国著名中学校长也正是或通过自身的人脉资源，或借助师生的社会关系，甚至依凭自身的社会影响力，为学校招揽优秀的师资人才。以民国著名中学校长经亨颐为例，他在办学中甚是善于借用学校教职员的各种人脉关系，为所在学校网罗各领域的优秀人才到校任教，如他在浙江上虞白马湖畔建立春晖中学之初，充分利用夏丏尊的人脉关系和自身在教育界的影响力为学校延请到了朱自清、朱光潜等一大批优秀的教师，构建成了春晖中学早期快速发展所需的雄厚师资基础。

二是获得各种捐赠。如前所述，广泛的社会关系能够给学校带来各方面的社会支持，有助于学校的发展。在民国时期正是得益于社会人士的支持，民国著名中学不仅会获得社会捐赠，充实了办学经费，还会在特殊时期获得办学帮助，如在抗日期间，广益中学校长曹孟其之所以能在战火纷飞的时代困境中使学校薪火得以相传就是因为社会各界人士的救济和援助。而南开中学校长张伯苓在1937年天津南开学校被日军轰炸后坚决拥护蒋介石的抗战政策，得到了蒋介石的高度肯定，提出"南开为中国而牺牲，有中国即有南开！"并在重庆南开中学的建校中给予了相当数目的资金支持①。

三是寻求政治庇护。与政界保持一定的联系，是民国著名中学在动荡不安的民国时期寻求相应的政治庇护和获得一定的教育经费支持的有力凭借。首先是著名中学校长曾经的工作阅历或是著名中学的一些来自政要家庭的学生，都可以为学校积累或是带来一些来自政界的社会关系，从而为学校发展提供了一定的政治庇护。其次是著名中学校长以及学校教职工与政界的一些社会关系，也在一定程度上为学校发展提供了政治庇护，如明德中学校长胡元倓利用其与政界要人如谭延闿、龙璋等人因办学而建立起了密切关系，他将谭延闿等人吸纳为学校董事会董事，不仅为学校筹措办学经费提供了很大便宜，在军阀争斗不断的民国初期，也在一定程度上为学校的稳定发展提供了必要的政治保障。

值得注意的是，民国著名中学中的教会学校，由于它们属于外国教会团体所创办的教育机构，在动荡不安的民国时期尤其是抗战时期，这些学校常常从外国教会团体处获得办学经费方面的支持和提供安全、稳定的发展环境等方面的支持。如北京汇文中学、贝满女中等教会学校在民国时期的发展，在一定程度上与外国教会团体的资金支持、能较大程度地保障学校不受各种侵略势力干扰等有密切关系。以青岛私立

---

① 刘鹤守.沙坪岁月：重庆南开校园回忆录[M].北京：中国文联出版社，2003：4(序).

礼贤中学为例,时任校长刘铨法之所以能够在青岛沦陷为日本统治区后,带领全校的爱国教师坚持自主选用教材,而不用日伪指定的教材,成功抵制了一些反动教材的使用,就直接得益于该校的创办者——德国和瑞士合办的同善教会所提供的政治庇护。①

5.8.3 努力维系社会关系

为了维系和巩固学校对外的社会关系,对于给学校提供过资金、物质等援助的社会各界人士,民国著名中学校长一般都会积极采取各种方式表达学校对他们的感恩。具体来说,民国著名中学或是采取用捐赠人名字为学校建筑命名的方式来纪念捐赠人,如明德中学把学校筹建的礼堂命名为四箴堂以纪念龙璋,图书馆命名为慈卫图书馆以纪念谭延闿。或是采用回赠小礼物的方式感谢社会各界爱心人士,如明德中学校长胡元倓在1926年的义演筹款活动中,把自己签名的杭扇赠予参加义演的名票名伶作为感谢。② 或是以吸收功劳较大的捐助人作学校董事或其他管理职务的方式表达感谢,如春晖中学、明德中学、南开中学等私立中学在办学初期都曾让学校捐助大额资金的人士担任学校董事。或是通过其他方式维系社会关系,如张伯苓在南开中学开创"试读生"制度,允许一些军政要员的子女可不经考试直接入校就读。③

此外,不少民国著名中学校长都比较注重校友会的组建,在著名中学校长的管理下,民国著名中学大都对已毕业校友给予各种关心,甚至帮助他/她们解决所遇到的难题或摆脱所遭遇的困境,如贝满女中校长管叶羽曾在1924年将身份敏感的贝满女中校友李德全藏于校内,帮其躲过了段祺瑞政府的迫害④。

综上,民国著名中学校长通过各种途径为所在的中学与社会各界建立了广泛的联络,并采取有效措施巩固和维持了学校与社会各界的良好关系,在民国时期为学校争取到了诸多发展支持,保障了所在学校教育的维系与发展。就像有学者所指出的,教育家"都不会封闭在学校圈子里就教育办教育"⑤。民国著名中学校长积极拓展学校的社会关系和充分利用各种社会关系为学校争取发展支援与保障的做法,也成为他们在彼时办学上的一大亮点。

---

① 鲁海.青岛旧事[M].青岛:青岛出版社,2003:89-90.
② 陶旅枫,黄政海.明德学校史[M].长沙:湖南师范大学出版社,2013:68.
③ 张宁.穿越时空的民国课堂[M].北京:团结出版社,2013:83.
④ 黄亦平,李爽麟.重视学生全面发展的教育家:缅怀贝满女中管叶羽校长[M]//中国人民政治协商会议北京市委员会文史资料研究委员会.文史资料选编:第37辑.北京:北京出版社,1989:157.
⑤ 张晓峰.教育家精神特质研究:以民国时期著名教育家为例[J].教师教育研究,2014(5):73-80.

5.9 民国著名中学校长办学实践的基本特征

根据对民国著名中学校长的办学实践活动的考察和分析,我们认为他们的办学实践主要具有以下基本特征:

一是以办学理念为指导,积极推进办学实践。综观民国著名中学校长的办学实践举措,无不能从中找到办学理念的"影子",校长的身体力行、学校管理组织的构建、教师与学生等人员的管理、课程教学的管理、办学经费与设施设备的管理以及学校对外关系的打理,与前述的办学主体素质要求、办学组织结构理念、办学师资观、学生管理理念、办学内容的课程、教材与教法理念、办学资源与条件理念相对照。可以说他们的整个办学活动都是围绕如何贯彻落实办学理念而开展的,是在办学理念指导下的目标明确、有衡量标准规约的实践活动。这些办学举措与前述办学理念一起,构成了民国著名中学校长的完整的办学,而且这种办学是他们根植当时中国教育的土壤大胆地进行探索与创新,他们不仅因时因地进行了办学理念上的创新,还在办学实践中进行了诸多探索与创造。

二是管理"严""宽"有度,充满人性关怀。民国著名中学校长的管校办学活动,一方面,以"严"为主,严格管理师生,确保学校一切教育教学活动都能顺利进行。其中在教师管理中,对教师的教育教学能力与水平、道德品质都提出了相应的严格要求,要求他们要在业务能力上能胜任教学工作、道德品质上堪为人师;同时对他们日常教学进行严格管理,要求他们能够爱岗敬业和不断提高业务水平。在学生管理中,采取严格管理举措,如严格的学业管理和日常规范上的管理以及各种引导举措,帮助学生规范言行,养成良好的行为习惯和学习习惯、不断提高学业水平。另一方面,在管理中主"宽",充满人性关爱。其中,在教师管理上,尊重教师的主体地位,让他们参与学校管理;给教师相对优渥的薪资待遇,关心他们的生活和职业发展,并对处于困境的教师给予关照。在学生管理中,关心学生的学业发展和在校生活,积极为学生解决困难,用爱温润他们成长。对师生的关爱,充分彰显了民国著名中学校长以人为本的办学思想和理念。

三是注重课程改革的系统性,全面提高办学质量。在办学中,民国著名中学校长注重课程改革的系统性:注意从课程的构建、教材的选编、教育教学的改进、考试制度的改革等方面改革课程体系;通过开设体育课程、鼓励体育社团建立、开展各种体育活动推进体育运动,改善学生体质;加强爱国教育和思想品格教育,培养学生的爱国情感和提高他们的道德品格;鼓励各种文艺社团的建立和课外文艺活动的开展,以推动课外活动的开展,活跃他们的"第二课堂",丰富学生的课外生活和培养他们的各种业余爱好;开设各种实践课程,创设各种实践锻炼的机会,加强对学生的实践锻炼,提高他们的实践能力。可以说,民国著名中学的课程改革是全方位、系统的,而非以点带面、局部性的,是多管齐下,多方面同时推进的。这种系统性的改革思路,保障了他们办学的质量,促进办学成就的取得和学校的发展。

四是善用外力,为办学"保驾护航"。在办学实践中,民国著名中学校长善于利用各种外力,尽力提供各种办学资源和创造有利的办学条件。如基于办学组织结构理念,他们积极构建科学合理的管理组织,保障以最少的人力物力投入获取更大的管理成效和办学效益;认识到师资的重要性,他们在办学实践中注重师资建设,努力网罗良师以优化师资队伍,鼓励教师研究教学和教法以提高教师的教育教学质量,奠定学校人才培养的师资基础。基于对办学资源条件的认识,他们一方面努力完善和完备各种必要的基础设施设备,努力为学生营造更为良好的学习和生活的校园环境;另一方面则积极构建和密切与社会各界的关系,努力从社会各界获得资金等各种办学支持。这些办学举措的落实使民国著名中学校长所执掌的中学迅速发展起来,不断取得显著的办学成就,从而跃居或稳居彼时中学名校的行列。

6 民国著名中学校长总体印象观照

在民国时期,面对动荡的时局纷扰,经费经常无以为继的窘境,要办一所具有一定规模的学校实属不易,而要办好一所这样的学校更是艰难。彼时,一群中学校长秉持宏达的教育理想和坚定的办学信念,在校长职位上积极擘画,多方筹谋,促进了所在中学的显著发展,使这些中学快速发展成为省域甚至全国中学教育领域的"领头羊",也带动了整个中学教育领域的革新,助推了我国中等教育的近代化,他们也因而成为彼时的著名中学校长。然而,如何客观、全面地看待他们的办学现象,他们的办学中有哪些值得肯定的地方,他们又是如何成为著名中学校长的?这些问题都值得我们进一步省视和深思。

6.1 民国著名中学校长类型归纳

根据前述民国著名中学校长基本信息的统计分析,我们主要可将他们归纳为以下类型:

一是根据所在学校的性质,可将民国著名中学校长分为著名公立中学校长、著名私立中学校长、著名教会中学校长。根据前述信息统计,三类学校的民国著名中学校长明显表现出任期上的不同,其中公立中学的著名校长的任期普遍较教会学校的著名校长短,私立学校的著名校长的任期则呈现出一部分人任期比较长,一部分人任期比较短的情况,这说明公立中学的校长人事变动容易受政府等外界的干扰,而教会中学则受政府等的外界干扰较少,校长人事比较稳定,私立中学的校长人事变动情况居于二者之间。这种基于学校性质而带来的三类民国著名中学校长人事变动及任期上的差异,反映在他们各自的办学理念与办学实践上,又使他们呈现出以下差异:彼时著名教会中学校长在办学中更容易保持其办学独立性,保证其办学理念在办学过程中顺利得到贯彻和落实,保持教育改革和办学举措的稳定性;彼时著名公立中学校长的办学活动则容易受当局政府等外界因素的干扰,他们要保持办学独立性,使办学理念在办学活动中得到持续贯彻和落实、教育改革活动长期稳定地进行,具有一定的难度;而彼时著名私立中学校长在办学理念的落实和办学实践的开展这两方面的难易度,则介于二者之间,依他们各自任期长短及所在著名私立中学的具体情况而有所不同。

二是根据校长任期长短①,可将民国著名中学校长分为5年以下的短任期型校长、5年以上10年以下的中任期型校长和10年以上的长任期型校长。一般来说,教会中学和部分私立中学的民国著名中学校长的任期普遍较长,公立中学及部分私立中学的民国著名中学校长的任期则相对较短。任期的长短直接影响到民国著名中学校长的办学理念与办学举措是否得以在办学中充分发挥功用,影响到学校发展的稳定,进而关系到他们各自所在中学的办学成就和办学声誉。但由于把一所中学建设成著名中学非一夕之功,往往需要至少10年以上甚至更长的时间,若中学校长的人事变动较快的话,就需要几任校长的共同努力。由此,若是接连几任校长都能基本保持办学理念的一致和办学实践的连贯,也能实现该中学的显著发展;否则,无论每任校长的办学理念多么先进,办学举措多么得力,都可能会因为校长任期过短而每任校长的办学理念不一致、办学举措不协调甚至相左,造成学校"朝令夕改"、办学秩序不稳,终究不能取得或保持良好的办学业绩。以苏州中学为例,它之所以能够成为民国著名中学,不仅与首任校长汪懋祖的学者办学治教等办学理念及一系列促进学术研究的办学举措有关,还与后续几任校长承继汪懋祖的办学理念和延续他的办学举措有很大关系,正是因为几任校长在办学理念与办学举措上的一脉相承,才使得学校没有因为汪懋祖的去职而遭受特别大的损失;否则,苏州中学因校长汪懋祖而获得的欣欣向荣的发展景象可能会昙花一现,而后湮没在历史的长河中。

三是根据任职年龄,可将民国著名中学校长分为年轻型校长、中年型校长和老年型校长。任职年龄的大小,一方面可以说明民国著名中学校长就任所在著名中学的校长时是否具有必要的人生阅历尤其是工作阅历,这些阅历构成了他们在民国著名中学掌校办学时的工作经验,在一定程度上会影响到他们能否有效地把自己的办学理念切实落实到办学实践中,是否能够在突发情况下及时做出有效的应对,同时还可能会在一定程度上影响着他们在办学中能够为学校争取的外界办学支持的力度。但另一方面,年龄稍小的中青年校长则相对更有改革的冒险精神,他们更愿意接受新事物、尝试新举措,对于民国初期亟须进行近代教育改革的中学来说,有利于其尽快转化为近代新式中学和推行近代新式中学教育。根据前述图3-6关于民国著名中学校长任职年龄情况的统计分析,这些著名中学校长出任所在著名中学校长职务时的年龄主要集中在26~45岁,其中30岁以下(含30岁)的占比约28.57%,30岁以上(不含30岁)46岁以下(不含46岁)的占比约50.79%。民国著名中学校长出任所在著名中学校长时的年龄情况和他们在民国著名中学所取得的办学成就,充分说明年龄的大小在一定程度会影响到中学校长是否能接受或提出新的办学理念,能否有效、持

---

① 在此,本研究对曾两次或数次出任所在著名中学的校长的,对其每次任期分别计算时长,而非将两次或数次的任期合起来计算时长。

久地把办学理念落实到办学实践中,并积极利用校内外资源和创设有利条件支持学校办学。

四是根据校长所受高等教育情况,可以将民国著名中学校长分为受过国外高等教育的校长、未受过国外高等教育的校长,以及未受过近代高等教育的校长。根据前述有关民国著名中学校长所受高等教育情况的统计信息,只有极个别的民国著名中学校长没有近代高等教育经历,有51.6%的民国著名中学校长有国外学习或教育考察经历。国外高等教育经历以及教育考察的经历一方面为民国著名中学校长在学习国外近代教育理论与理念上提供了便利,如南开中学校长张伯苓在留美期间曾与杜威等国家知名教育大家探讨教育问题。另一方面则为他们招揽留学生到校任教或是邀请国家教育大家到校演讲提供了便利条件,如南开中学校长张伯苓等都曾利用其留学经历为学校招揽留学人才,提升了学校师资水平。其中具有国内和国外两种高等教育经历的民国著名中学校长在某种程度上能更加理性地对待一些中学教育理念和改革潮流,如北京汇文中学校长高凤山在中学白话文改革中,持折中态度,提倡白话与文言并重的办学理念①。

在此,我们仅依据所在学校的性质、任期长短、任职年龄、所受高等教育情况等标准对民国著名中学校长作了简单分类,对不同分类中的各类型校长的办学理念及办学实践做了粗略的比较。而关于民国著名中学校长分类的标准应该有多种,我们还可以探索和尝试更多的分类标准,从而更加客观、全面地认识他们在民国著名中学的办学理念与办学实践。

6.2　民国著名中学校长办学的成功经验

我们在对民国著名中学校长出掌著名中学时的年龄、任期、学习经历、工作阅历、地位情况、待遇状况等各种基本信息进行综合考察的基础上,对他们在民国著名中学办学过程中所采取的办学理念和各种办学实践进行了归纳、分析和概括。据此,我们认为他们之所以能够在民国的特殊历史时空下成功办学主要得益于他们自身所具有的优秀素养、他们所采取的办学理念的先进性和办学举措的有效性。

6.2.1　校长具有良好的办学素养

"校长是学校管理的灵魂,是学校实现教育使命的关键。"②校长的素质如何将直接影响到学校办学的成效和所能获得的社会声誉。根据前述对民国著名中学校长任

---

① 王丽.汇文钟声:一所中学远去的背影[M]//傅国涌.过去的中学.北京:同心出版社,2012:142.
② 褚宏启,刘传沛.校长管理智慧[M].北京:教育科学出版社,2011:1.

职时的各种基本信息的考察、对他们的办学理念与办学实践的考察与分析可知,民国著名中学校长主要具有以下素养:

一是较高的文化素养。民国著名中学校长大都接受了近代高等教育,取得了较高的学历,相当一部分人还曾在国外留学、考察或游历。这些高等教育学习经历不仅使他们获得了成为中学校长的资格,还使他们普遍具有较高的学识和开阔的文化视野,能够在接受近代教育思潮冲击和洗礼的过程中及时、准确地把握教育发展的趋势,进而接受或形成先进的办学理念,在办学中能高屋建瓴地提出一些比较具有说服力的办学策略。同时,国内外的受教育或考察学习经历也在一定程度上增强了他们的冒险求新的改革精神,使他们敢于在办学中积极试行新的办学理念,推行新的改革举措。

二是较强的领导力和应对能力。综观民国著名中学校长的整个办学过程,他们懂得如何调动人的积极情感,有效汇聚人力为共同教育理想而奋斗。在办学实践中,他们一方面善于将自己的教育理想或办学愿景分解为一个个明确、鼓舞人心而又让人相信通过一步步的努力可以实现的办学理念,为学校教职工规划了一个个近期、中期以及远期的教育发展"蓝图",调动全体人员的积极性,使他们愿意跟随校长共同为实现这些办学愿景而努力。另一方面,之前的教育工作或政府部门的工作经历,丰富了他们的社会阅历和管理工作经验,尤其是之前的教育工作经历更是增强了他们对教育的理解和对教育职责的体认,这些都为他们在民国著名中学的成功办学奠定了基础,有助于他们切实成为所在著名中学办学上的"引路人"。此外,他们还具有环境应对能力,如前所述,能够在诸如战争爆发、与外界发生利益纠纷等各种突发情况下,沉着应对,及时采取有效举措,带领学校克服难题,渡过各种发展危机和维护学校的利益。

三是富有改革精神和奉献精神。一方面,不仅前述高等教育经历有利于民国著名中学校长形成改革精神,而且他们出任所在著名中学的校长时普遍处于26~45岁这一富有进取精神的中青年时期,以及他们所处时代的教育发展需求,这些都促生了他们愿意和敢于尝试新理念和施行新举措的改革精神。另一方面,民国著名中学校长又具有无私奉献的精神。虽然中学校长的薪资待遇优于一般的中学教职工,但在灾乱不断、学校办学经费经常短缺的民国时期,他们的待遇常常是得不到切实保障的。但为了实现教育理想,他们常常不顾个人利益得失,甘居平凡的中学校长职位,为中学的发展殚精竭虑,如天津圣功女中校长夏景如一心扑在教育事业上而终身未婚①,他们还在办学实践中严格要求自己,躬身实践所提出的办学策略和改革举措。契合时代发展需要与教育发展趋势的先进教育理念、积极求新的改革精神和无私奉献的精神,使他们能够在办学中成为所在中学改革的领头人,对学校全体教职员发挥

---

① 校史稿编写组.新华中学校史稿:1914—2014[M].天津:天津教育出版社,2014:28.

精神与行动上的引领作用。

概言之,良好的学识、开阔的文化视野、激流勇进的改革精神以及以往的工作阅历为他们成功办学做了资质和能力上的准备;管校办学中提出或秉持的先进办学理念提出系列的办学愿景、躬身实践办学策略与改革举措为他们成功引领学校教职工办学找到行动的路径;不计个人利益得失、无私奉献教育的精神则增强了他们在办学中的感召力,有利于他们汇聚集体智慧和吸引社会各界的支持,保障成功办学的进行。同时,根据前述对这些校长任职年龄、任期的信息统计可知,他们就任民国著名中学校长时普遍处于26~45岁、正值年富力强的中青年时期,他们的任期多集中于3~9年,且多在相对平稳的历史年代出任中学校长,这使得他们有旺盛的精力和必要而充分的时间贯彻其办学理念和落实其办学举措。

6.2.2 坚持先进办学理念与得力办学举措相结合

成功办学离不开先进办学理念的指导,而先进的办学理念需要在办学实践中贯彻落实下去才能发挥其作用实现其价值。在民国著名中学的办学中,民国著名中学校长坚持将先进的办学理念与得力的办学实践相结合,实现二者的互动协调,从而更好地推动学校发展。

一是坚持以先进理念为指导。民国著名中学校长在办学的过程中重视理念的作用。如前所述,他们或根据自己的见解和国情校情提出科学可行的先进办学理念,如在办学价值取向上提出了"教育救国"或"发展学术论"等;或承继往任校长的先进办学理念进一步推进学校的教育改革与发展,不断提高人才培养的质量,如苏州中学的胡焕庸、吴元涤等校长秉承和坚守首任校长汪懋祖的一系列办学理念,使苏州中学在汪懋祖去职后仍延续他的办学理念和精神、继续实施他的一些有效的办学举措;或与时俱进改进学校办学理念,如贝满女中校长管叶羽注意根据时代的变化和教育发展的趋势及时变革和调整学校的教育目标。春晖中学校长范寿康则在承继经亨颐等往任校长的办学理念、不冲击学校既定教育框架的情况下,根据学校所处的发展阶段、所面临的形势等各种实际情况,与时俱进地提出了"实事求是"的教育方针和"勤劳朴实"的训育方针,对春晖中学初期所定的教育与训育的方针做出了修改和完善。[①] 民国著名中学校长对办学理念的重视还表现在,他们不是在办学的某一方面提出自己的或借鉴他人的办学理念,而是在学校办学的各个方面都有自己的理念认识,可以说,他们执掌下的中学的办学理念是涵盖了办学的方方面面,系统性的,共同为实现其办学价值取向服务。

二是采取得力的办学举措。民国著名中学校长在办学中,围绕办学理念的落实,依据学校具体实情以及外界环境,采取了一系列科学有效的办学举措,促进了学校的

---

① 顾志坤.春晖[M].长春:吉林文史出版社,2008:265.

显著发展。他们一方面从办学组织的建构着手,努力以精简的管理组织和精干的管理人员,以最小的管理成本取得最大的管理效益,获取更大的办学成就;另一方面以良师兴学的策略,严格聘师环节和提高对教学技能与品格的要求保障师资质量,以师为本,尊重教师关爱教师,促其业务成长和职业发展,从而调动他们工作的积极性,使师资效用最大化;在学生管理上"宽""严"相辅,严格对学生学业质量与日常行为规范的管理,敦促他们品学齐发展,同时关心学生在校生活并保护他们不受或少受侵害,采用科学举措鼓励其不断进步,努力为他们提供舒适的学校条件。再一方面,民国著名中学校长注意课程体制改革的全面性、系统性,从课程设置、教材选编、教学与教法改进、思想道德教育的加强、课外活动开展与实践锻炼的倡导,力促多育并进以促生全面发展。此外,民国著名中学校长还注意积极利用各种外在条件,为学校发展争取经费等各种办学支持,构建良好的外部办学环境,进而保障学校的稳定发展。

6.3 民国著名中学校长办学的局限性

根据民国著名中学校长在著名中学办学时所处的历史时空、他们在办学中所遭遇的各种困难和他们离职的情况,他们在当时办学的局限性主要如下:

一是校长认识上的不足。这主要表现在:一些民国著名中学校长因思想认识上的局限性,在管校办学的过程中采取了一些错误的认识和采取了一些不科学的举措,如苏州中学校长汪懋祖曾试图通过实行国民政府的"党化教育"来"整顿"学校的学风,以解决学生中出现的"仇学""贱学""顽学"等不良倾向问题[①];一些民国著名中学校长在管校办学中出现了忽视学校师生思想诉求的情况,如河北唐山一中校长曹纯一任职期间遵循国民政府要求,推行"三民主义教育",加强对师生的思想管制,限制他们传播进步思想和进行反帝爱国活动,遭到师生反对进而引发了罢课学潮,致使他被国民政府撤职[②];一些民国著名中学校长在办学中忽视了外部环境对学校办学的影响,推行了一些过于理想化的办学理念与办学举措,如苏州中学校长汪懋祖秉持"学园论",想要把中学建成堪与大学相媲美、师生自由治学和进行学术研究的学术园地,这种办学理念与当时的中学教育发展趋势不相符,在"大学区制"取消之后也与当时政府的教育政策出现了一些冲突,因此其之后试图突破规则的限制的一些办学想法和办学行为遭到了政府的否决,学校也出现了优秀师资的流失。

二是时代的动荡。民国时期,战乱不断,时局动荡,给民国著名中学校长的办学带来了极大的干扰。首先是在1927年4月之前,军阀混战不断并间杂着政权的更

---

① 汪懋祖.确定党化教育目标及实施方法以整顿学风案[N].第四中山大学教育行政周报,1927-10-31.
② 唐山市教育志编委会.唐山市教育志(1840—1990)[M].北京:教育科学出版社,1993:718.

迭。1927年4月之后,虽然进入了国民政府时期,政权相对稳定,但这一时期地方军阀或割据势力之间的明争暗斗并没有停止,国共两党之间也多次爆发战争;同时中国还面临着严重的外族入侵形势,从1931年的"九一八"事变到1945年的中日大规模战争,整整持续了14年。动荡的时局,使得民国中学很难有长期、稳定发展,有时学校能否存续都是一大难题,尤以抗日战争时期,包括民国著名中学在内的很多中学都被迫迁徙他地,学校教无定所,课程授无定时,甚至师生面临生死存亡的危机,在这种情况下民国著名中学校长又如何能够维持正常的办学活动和实践其先进的办学理念?一些民国著名中学校长甚至因战乱导致学校解散而失去校长职务。如浙江省立第三中学校长周翔在1937年冬因抗日战争爆发学校解散而终止在该校的任职。[1] 其中,在抗战时期,一些处于沦陷区的著名中学还因受日伪政府的统治而在教学上受到简单粗暴的干涉,不仅不能进行爱国教育,还必须开设日语课程,彼时的一些著名中学校长甚至因为思想进步而受到日伪政府的迫害。如天津耀华中学校长陈晋卿曾因多次保护进步学生和维护原有的校风等行为而遭日本宪兵队逮捕入狱。[2]

三是经费保障的缺乏。时局的动荡不仅会影响到学校办学活动的正常进行,有时还会严重影响到中学办学经费的来源。如在北洋政府时期,由于当局政府无暇顾及教育,各级学校尤其公立学校的教育经费经常无所着落,拖欠教职工薪俸的现象十分严重,当时作为文化重地的北京经常爆发教师和校长罢课或辞职等形式的索薪运动。[3] 在全面抗战时期,不仅公立中学的经费受到严重影响,私立中学甚至教会中学的教育经费都经常面临经费短缺、无以为继的困境,而且当时物资匮乏导致物价不断高涨,更是加剧了中学的经费困境。为了从社会各界甚至国外获得办学经费上的支持,民国著名中学校长常常被迫离开奔走在军政要人之间、甚至奔走在国外,如明德中学校长胡元倓就常年为筹谋办学经费而奔走在外,他还数次奔走海外寻求办学资助。因此,经费来源问题不仅困扰着民国著名中学校长的办学活动的正常进行,同时也使得他们有时被迫把办学精力转移到经费筹谋上面。

四是当局政府的干扰。如前所述,许多民国著名中学校长都受过近代高等教育或接受了近代新文化的熏陶,他们一般思想比较进步,有一些人如经亨颐比较热衷于进步的党派活动,如福州一中校长戴锡樟是爱国民主人士[4]。因此他们在办学中还经常会遭遇当局政府的干扰。在民国时期,经常会有一些著名中学校长因思想或行为引起当局政府不满而被撤换,如杭州高级中学校长崔东伯因不愿惩处参与"六一三"反对出卖国家主权大游行的学校学生而被国民政府免职[5];也有一些著名中学校

---

[1] 中国人民政治协商会议浙江省湖州市委员会文史资料研究委员会.湖州文史:第5辑 教育医卫史料专辑[M].1987:80.
[2] 天津市耀华中学.天津市耀华中学[M].北京:中国大百科全书出版社,2007:289.
[3] 耿申,等.北京近代教育纪事[M].北京:北京教育出版社,1991:185-186,193.
[4] 章振乾.章振乾百岁文集[M].香港:香港天马图书有限公司,2004:247.
[5] 高宁.百年名校 杭州高级中学[M].杭州:浙江教育出版社,2009:49.

长因政府干预而被迫辞职,如苏州中学校长汪懋祖的一些办学理念和举措受到政府的否定、理想不得实现而被迫辞职①。而在抗战时期,有一些民国著名中学校长能够在迁徙不定的颠沛流离中维系学校教育弦歌不辍本已相当艰辛,他们所在著名中学的办学秩序却还可能会遭到国民党当局的破坏,如彼时位于江西南城的国民党专员公署曾派特务直接到熊育钖执掌下的心远中学,将被诬为共产党嫌疑的三名高三学生捉拿并押解到上饶集中营②。同时,当局政府有关中学教育的一些规章制度及管理政策也会对民国著名中学校长的办学理念以及办学实践有所影响。如在20世纪二三十年代,政府要求私立学校、教会学校立案的政策使得不少彼时著名的教会中学改任华人为校长,陆续向中国政府立案,并按中国政府的有关要求改革学校的课程设置。

概言之,由于受到民国时期时局的动荡不安、学校教育经费来源的不稳定和当局政府的干扰等因素的影响,民国著名中学校长的办学活动在不同程度上受到影响,有时甚至学校的存续都成为难题。在这样的环境下,他们的一些办学理念和办学举措可能会在办学中得不到有效实施。

6.4 民国著名中学校长办学的启示

根据前述对民国著名中学校长成功办学的经验总结和对其所遭遇的各种限制性因素的分析,并结合他们就任民国著名中学的校长职务时的任期、年龄、学习经历、工作履历等各种基本信息,以及他们所取得的办学成就,我们主要可以从民国著名中学校长的办学现象中获得以下启示。

6.4.1 加强对校长选聘、任用的管理

一是为中学配置具有良好素养的校长。校长是引领学校发展的关键因素,校长的素养如何直接影响到学校的办学质量。我们认为,中学校长一方面应具备必要的文化素养,他们的文化学识和文化视野应能够适应校长在办学中的各种角色需要,使他们能够站得高、望得远;另一方面应具有领导力,能够胜任校长的职务角色,团结学校内部各级管理组织及其职员、学校全体教师以及学生,共同为学校发展目标而努力;再一方面应具有适当的应变能力,能够根据内外界环境的变化和突发事件的发生而及时做出有效的应对反应和采取有效的应对策略及举措;最后,校长还应具有与其职务活动目标相适应的办学精神,能够在当下纷扰的社会中保持较强的定力,不为各

---

① 周勇.江南名校的中国文化教育[M].北京:教育科学出版社,2008:102-103.
② 中国人民政治协商会议宁都县委员会文史资料研究委员会.宁都县文史资料:第1辑[M].内刊资料 1986:55.

种眼花缭乱的教育怪象而失去理性的判断,在具体的办学操作层面上才能够雷厉风行地执行,步步为营地推进。

二是加强对校长任用的管理,关注校长的待遇,促进校长的发展。一方面是肯定校长的能力,相信他们能够自主处理好有关各项教育事务,给予他们适度的办学自主权,允许他们在能力所及的范围内自主决定和处理相关事务。当下,我们在教育领域中提倡和试行"管办评分离"策略时,需要把握好"放权"的"度",既给予中学校长一定的办学自主权,让他们能够自主决策和处理学校发展的事务,同时又要注意放权的力度和权力的监督以防止权力的滥用。另一方面是给予中学校长必要而充分的任期,让他们不仅有必要的时间熟悉和适应所在学校的各项事务,还要保障其有足够长的任期以能够充分发挥出个人的能力,让他们有充足的时间成长为一位能真正引领学校快速发展的校长。再一方面要充分保障中学校长的各种待遇,不仅要制定和不断完善有关中学校长待遇的制度,还要保证将这些制度切实地予以贯彻和执行,保障中学校长有充足的薪俸待遇而不为生活所忧。最后还要注意为中学校长创造和提供各种职业发展的平台和机遇,鼓励他们不断学习和加强与外界的沟通与交流,努力提升自身的文化水平与能力素养,从而能够利用现有的平台、抓住发展机遇,获得职业发展。

6.4.2 坚持用先进理念指导学校发展

根据对民国著名中学校长上述办学理念的综合分析和这些理念在办学实践中的影响,我们可以从中获得启示:理念是学校发展的"指路明灯",在某种程度上也是学校的精神支柱,在学校发展中起着重要的引领和指导作用。学校应在理念的号召与指引下,能突破原有的障碍和陈旧的"条条框框"的束缚,有所追求、有所作为。显而易见,办学理念如此重要,应对其持什么样的态度,是一个亟待解决的问题。作为有追求的学校,应从以下几个方面来努力:

一是构建适宜学校发展的办学理念。面对当下纷繁复杂的各种办学现象,我们该何去何从?是陷于其中而顿足不前,是超然物外而视而不见听而不闻,还是头脑发昏以致"手忙脚乱"?这些都不是理智的做法,也无助于形成适合学校发展的办学理念,只会给学校的办学秩序和教育发展"添堵增乱"。对一所学校来说,首先应该因地因校制宜,根据其所处地域、师资情况、学生情况等各种校本实情,选择适宜自身的理念,并坚持不懈地贯彻落实下去,进而形成自己独特的办学风格和本土化特色。

二是秉承和发展学校办学理念。对学校来说,在觅得科学理念之后,最重要的就是要在学校管理中一以贯之,避免今天"插旗"明天"拔旗"朝令夕改的现象发生。而要做到这一点,不仅要校长坚守办学理念,还要用科学理念武装学校各级管理人员与位于教育一线的广大教师,让理念深入到从校长到基层管理组织的全体管理人员以及学校全体教育教学工作者的内心,甚至渗入和融合到他们的精神与灵魂,从而形成人人有理念、人人信奉理念、人人坚守理念的局面,凝聚学校改革与发展的向心力。

三是及时更新和完善理念。任何理念,作为一种思想认识与文化理论,其一旦形成就意味着可能会随着时间的推移、教育的发展和学校的改革等因素而面临逐渐成为部分甚至整体落后的理论与认识。因此,我们需要契合时代的潮流,与时俱进,勇于创新,采取"扬弃"的态度对待已有的理念;同时,我们还应因时因势制宜,根据学校的发展与变化及时引进新的理念,完善和改进原有的理念,使学校始终在先进理念的引领和指导下发展。

6.4.3 教师管理要做好择师、用师工作

习近平总书记曾明确指出:"教师是立教之本、兴教之源。"①教师关系到学校的发展,关系到教育的振兴,关系到国家的繁荣、民族的复兴。重视教师,加强教师管理,这是当前教育改革和发展中重中之重的问题。根据民国著名中学校长关于教师的理念认识和在办学实践中的教师管理举措,我们主要可以从以下方面努力:

一是在教师的任用中要本着教书育人的标准,选择有学识、有能力,能够胜任教学工作要求的人任教;同时还要注意教师的品德素养,选择拥护社会主义核心价值观、忠诚于党的教育事业、品德高尚、言行堪为表率者为生之师,坚决摒弃德行有亏者。从而在学校构建起一支实力雄厚、业务精湛又品行高洁的师资队伍,保障"立德树人"社会主义人才培养任务的更好完成。

二是做好教师任用工作,要根据教师个体情况安排适当的教学及管理岗位和适当的工作任务,充分发挥其所长,让教师"人有所用,用有所值";关注教师的生存与生活状况,努力不断提高教师的岗位津贴、保险等待遇和福利,让他们安于其职、乐于其业;关注教师的发展状况,通过创建适宜的工作环境、营造良好的科研等文化氛围、搭建职业发展平台、拓宽外出学习交流渠道等各种举措,促使他们不断提升业务能力,获得较理想的职业发展。

6.4.4 学生管理要有"理"有"度"

所谓"理",一是指学生管理依据和规则,要不断健全学生日常管理制度与规范,使学生管理工作在制度化、规范化的轨道内运行,有"理"可依,杜绝制度外人意的乱为、妄为;二是指学生管理还要合情合理,符合人本化的要求,即要在制度管理的基础上辅以必要的人性化措施和灵活调整举措,避免因制度规范僵硬而达不到预设的效果,使学生管理既有规矩可依又合人之常情与常理,具有适度的灵活性。

所谓"度",是指学生管理的尺度与原则,既要严格遵循相关制度管理的要求管理学生,充分彰显文本制度在学校管理中的威严与"冷"的效力,形成制度无虚置的学校

---

① 教师是立教之本兴教之源[N].中国教育报,2013-09-13(1).

管理形象；又要在学生管理中以促进学生更快更好发展为本,把握好制度实施的力度,尤其是要把握好奖励与惩戒的尺度,奖要起到促优和带劣的激励作用,惩要起到警戒与纠偏改错、促人奋发的作用,彰显文本制度和管理行为的"暖"的形象。

通过管理的"理"与"度",我们要在学生管理中做到管理有制度,执行有力度,建设管理张弛有度、管理有温度的学校。

6.4.5 科学规制校内管理组织

根据前述对民国著名中学校长办学现象的研究,科学、合理的学校管理组织是学校各项工作顺利进行和取得良好成效的重要前提和组织保障。因此,在当下的学校办学中,我们应注意对校内管理组织进行科学规制。

一是在学校管理组织的建构上要秉承精简原则,尽可能简化组织机构,尽力将管理权限划分和落实到具体的部门及人员,并尽可能选用合适的人员担任管理职务,从而避免出现当下部分学校内部管理组织所出现的巨型化、行政化及官僚化的趋势①,节约管理成本,保证和提高学校的管理成效。

二是注意"放权",适度适当地将管理权限从上而下地分予具体的管理执行组织及人员,给予受权者管理的必要权力和管理上的尊重,便利他们管理活动的开展和学校管理效益的提高;注意发挥教师和学生的积极作用,通过建立健全民主管理机制、拓展民主参与渠道,让全体教职员工和学生都有机会、有渠道参与学校管理,从而唤醒他们的学校主人翁意识,充分调动他们的主动性积极性,共同为学校发展而贡献智慧和力量。

6.4.6 推进中学办学多样化

根据前述对民国著名中学校长办学现象的研究,我们可以清晰地看到:无论是政府办的公立中学、私人或团体办的私立中学抑或外国教会团体或势力办的教会中学,都可以取得显著的办学成就,成为彼时的中学名校;无论是国家供给的办学资源、私人提供的办学资源抑或外国支援的教育资源,都可以用来支持和促进国内中学教育事业的发展;无论是在公立中学或是私立中学等性质中学的校长,只要具有能够使之胜任中学校长职务的较高的文化、能力等方面的素养,都可能通过各种努力取得卓著的办学成就,获得良好的办学声誉,成为扬名历史的著名中学校长,甚至在一定的条件下,外国人出任校长也能取得引人瞩目的办学业绩;无论中学校长采用什么样的办学理念和办学举措,只要符合时代的需求、教育发展趋势和学校的基本情况,不违背教育发展规律和学生的身心发展规律,都可能促进学校的快速发展。换言之,学校是什么样的性质并不重要,重要的是用什么样的校长管理学校、如何管理学校,以何种

---

① 程斯辉,代小芳.民国时期著名中学的管理特色初探[J].教育理论与实践,2018(2).

办学理念为指引,要办什么样的教育和培养什么样的人,以何种方式办学,采取了什么样的办学举措。

因此在当下的中学办学中,我们可以而且应该推进办学多样化,具体主要可从以下几点努力:

一是实现办学方式多样化。对我国来说,要保证中学的办学方向和人才培养目标,就必须以国家为中学办学主体,保证公立中学的主体地位不能变。在此前提下,我们可以而且应该允许私立中学、外资中学存在,形成多种性质中学共存发展的局面,共同促进我国中学教育事业的发展与繁荣。在坚持国家办学的同时,允许和鼓励国内外的个体或团体参与国内中学办学,使他们可以独立办学、也可合作办学,从而调动各方积极性,汇聚各种社会资源以及国际资源,集中各方智慧,促进我国中学教育事业的广泛和深入发展。

二是实现办学模式多样化。中学可以也应该有多种办学模式。不同类型的中学,或以升学为目标或以职业准备为目标,二者的人才培养目标不同,在教师管理、学生管理等方面的具体办学理念与办学策略自然有差异,所采取的办学举措自然相异。同时,不同地域的中学,由于地域文化传统、经济发展水平等的差异,在办学模式上会有所差别;同一地域不同生源质量的中学,根据各自学生的知识基础、学习能力水平等具体学情,相应地会在教育目标、教育策略等方面有所不同。此外,不同的中学校长的素养构成会有所差别,他们的个性特点、办学风格也不尽相同,所认同或持有的办学理念以及所采取的办学举措都会有一些区别,他们在办学中所采取或形成的办学模式自会有所差异甚至迥异。因此,中学可以也应该有多种办学模式。我们应允许和鼓励不同类型的中学、不同地域与不同生源的中学采取不同的办学方式,形成不同的办学模式;鼓励不同的校长实行不同的办学理念,采取多样的办学策略,形成不同的管理模式,创办不同风格和特色的学校。

通过各种举措实现中学的多样化发展,这既是对《中国教育改革与发展纲要》所提出的"统一性与多样性相结合""实行多种形式办学"精神的贯彻与落实,也是在当下切实推进我国中学教育人性化、个性化、特色化发展的需要,有利于我国中学教育事业的发展与繁荣,也有利于培养出更多符合国家和社会需求的多样化人才。

6.5 研究的不足与展望

回顾整个研究过程,由于本研究是对发生在民国时期的史实进行历史性的研究,彼时已经远逝,因此在文献资料收集方面难免受限,不能有效收集到所有史料;又由于年代相隔稍远,彼时见证了民国著名校长管校办学历程的人有许多已经故去,或是零星"散落"在全国各地、甚至大洋彼岸,对他们进行访谈的可能性比较小,而且由于时间过长所可能造成的记忆混乱也会影响到材料的真实性。故本研究中的文献收集再充分都是存在不足的。另外，由于笔者自身的学识、能力与学术视野的限制、时间的仓促等因素，本研究还存在一些不足之处待后续努力改进。

同时，民国著名中学校长的办学现象是一个涉及学校管理的方方面面的复杂问题，除了本研究中所涉及内容之外，还有许多方面值得我们进一步探讨。如对于民国著名中学校长管理下的民国著名中学来说，学校的教师流动状况怎样、学校师生的学术研究活动如何开展及取得了什么样的成效、如果这些学校有多位著名校长则各任校长的办学理念以及办学举措上有无变化、同类别中学的著名校长之间在办学理念以及办学实践上有何明显差异，等等，都构成了本研究的"生长点"，在未来需要我们做进一步的探讨。

参考文献

著作

[1] 阿莱达·阿斯曼.记忆中的历史:从个人经历到公共演示[M].袁斯乔,译,南京:南京大学出版社,2017.

[2] 安树芬.中华教育历程:下[M].北京:光明日报出版社,1997.

[3]《巴城镇镇志》编纂委员会.巴城镇志[M].上海:上海人民出版社,1991.

[4] 白寿彝.中国史学史[M].上海:上海人民出版社,1986.

[5] 北京日报《旧京图说》编写组.旧京图说[M].北京:北京日报出版社,2016.

[6] 北京市政协文史资料委员会.北京文史资料:第50辑[M].北京:北京出版社,1994.

[7] 北京市政协文史资料委员会.北京文史资料精选:西城卷[M].北京:北京出版社,2006.

[8] 北京师大附中.北京师大附中[M].北京:人民教育出版社,2000.

[9] 北京师大附中.在附中的日子:上[M].北京:京华出版社,2001.

[10] 北京师大附中.在附中的日子:下[M].北京:京华出版社,2001.

[11] 北京师大附中.紫藤架下:北京师大附中学生校刊文萃[M].北京:京华出版社,2001.

[12] 北京市教育科学研究所.百年老校话今昔 新生的老校在前进:北京二十六中校史概述[M].北京:北京教育科学研究所,1986.

[13] 北京师范大学校史研究室.林砺儒文集[M].广州:广东教育出版社,1994.

[14] 北京市政协文史资料委员会.杏坛忆旧[M].北京:北京出版社,2000.

[15] 贝满人语编委会.教育的启示:贝满人语[M].北京:知识产权出版社,2008.

[16] 冰心.我的童年[M].北京:北京理工大学出版社,2016.

[17] 布衣.民国校长[M].呼和浩特:远方出版社,2016.

[18] 蔡鸿源.民国法规集成:第17册[M].合肥:黄山书社,1999.

[19] 蔡鸿源.民国法规集成:第59册[M].合肥:黄山书社,1999.

[20] 长沙市明德中学百年校庆办.百年明德 磨血育人[M].长沙:长沙市明德中学百年校庆办,2003.

[21] 车吉心,等.齐鲁文化大辞典[M].济南:山东教育出版社,1989.
[22] 车丽萍,等.管理心理学[M].2版.武汉:武汉大学出版社,2016.
[23] 陈宝泉.中国近代学制变迁史[M].太原:山西人民出版社,2014.
[24] 陈春花,等.组织行为学:互联时代的视角[M].北京:机械工业出版社,2016.
[25] 陈光春.生成与失范:民国时期中学教师管理制度研究(1912—1949)[M].武汉:华中科技大学出版社,2016.
[26] 陈华.名校与名校长的诞生[M].上海:上海师范大学出版社,2011.
[27] 陈景熙.百年澄中 1915—2015[M].广州:暨南大学出版社,2015.
[28] 陈星,朱晓江.从"湖畔"到"海上":白马湖作家群的形成及流变[M].上海:上海三联书店,2009.
[29] 陈学恂.中国教育史研究:现代分卷[M].上海:华东师范大学出版社,1994.
[30] 陈元晖.中国近代教育史资料汇编·教育行政机构及教育团体[M].上海:上海教育出版社,2007.
[31] 程斯辉.中国近代大学校长研究[M].北京:人民教育出版社,2010.
[32] 程湘凡.中国教育行政[M].福州:福建教育出版社,2008.
[33] 褚宏启,刘传沛.校长管理智慧[M].北京:教育科学出版社,2011.
[34] 德雷克(Drake,T.L.),罗(Roe,W.H.).校长学[M].6版.刘润刚,译.南京:江苏教育出版社,2008.
[35] 《登封县教育志》编委会.登封县教育志[M].郑州:河南人民出版社,1988.
[36] 丁建顺.百年篆刻名家研究:以西泠印社为例[M].上海:上海人民出版社,2015.
[37] 董郁奎.一代师表:经亨颐传[M].杭州:浙江人民出版社,2007.
[38] 房列曙.中国近现代文官制度:上[M].北京:商务印书馆,2016.
[39] 傅国涌.过去的中学:增订本[M].北京:同心出版社,2012.
[40] 傅国涌.民国年间那人这事[M].厦门:厦门大学出版社,2015.
[41] 高宁.百年名校:杭州高级中学[M].杭州:浙江教育出版社,2009.
[42] 耿申,等.北京近代教育纪事[M].北京:北京教育出版社,1991.
[43] 宫柯.王德民传[M].北京:航空工业出版社,2016.
[44] 谷秀青.清末民初江苏省教育会研究[M].桂林:广西师范大学出版社,2009.
[45] 顾志坤.春晖[M].长春:吉林文史出版社,2008.
[46] 管向群.中国校长最需要的新理念[M].南京:南京大学出版社,2010.
[47] 郭荣生,张源.张伯苓先生纪念集[M].台湾:文海出版社,1975.
[48] 何国华.民国时期的教育[M].广州:广东人民出版社,1996.

[49] 河南省地方史志编纂委员会.河南省志:第50卷[M].郑州:河南人民出版社,1993.

[50] 杭州市教育委员会.杭州教育志[M].杭州:浙江教育出版社,1994.

[51] 杭州市政协文史资料委员会.杭州文史资料:第12辑 师魂初编[M].杭州:浙江人民出版社,1989.

[52] 侯杰,秦方.张伯苓 张彭春 张锡禄[M].石家庄:河北教育出版社,2004.

[53] 湖南省地方志编纂委员会.湖南名校志[M].长沙:湖南人民出版社,2000.

[54] 胡铁军.百年苏中:卷1:三元春秋[M].苏州:苏州大学出版社,2005.

[55] 黄家驹,何国华.林砺儒教育思想研究[M].广州:广东高等教育出版社,1991.

[56] 黄启兵.中国高校设置变迁的制度分析[M].福州:福建教育出版社,2007.

[57] 霍四通.中国现代修辞学的建立:以陈望道《修辞学发凡》考释为中心[M].上海:上海人民出版社,2012.

[58] 江苏省地方志编纂委员会.江苏省90人物志:3[M].南京:凤凰出版社,2008.

[59] 江苏省教育厅秘书室.江苏省现行教育法令汇编[G].南京:江苏省教育厅秘书室,1932.

[60] (国民政府)教育部参事室.教育法令[M].上海:中华书局,1947.

[61] (国民政府)教育部.教育法令汇编:第1辑[G].上海:商务印书馆,1936.

[62] (国民政府)教育部.教育法令汇编:第2辑[G].上海:商务印书馆,1937.

[63] 金德门.苏州中学校史(1035—1949)[M].苏州:苏州大学出版社,1999.

[64] 金华市金东区政协文史资料编辑委员会.金东区名人传记:金华市金东区文史资料第2辑[M].内刊资料2002.

[65] 经亨颐.经亨颐集[M].杭州:浙江大学出版社,2011.

[66] 柯小卫.当代北京教育史话[M].北京:当代中国出版社,2013.

[67] 李晨.北京中小学教育问题的回顾[M].北京:北京教育出版社,2001.

[68] 李罡.教育立法与中国现代教育制度的建立与发展[M].北京:同心出版社,2003.

[69] 李更生纪念文集编辑组.李更生纪念文集[M].南京:江苏教育出版社,1987.

[70] 李国钧,王炳照.中国教育制度通史:第7卷[M].济南:山东教育出版社,1999.

[71] 李庆臻.科学技术方法大辞典[M].北京:科学出版社,1999.

[72] 李文海.民国时期社会调查丛编:文教事业卷[M].福州:福建教育出版社,2004.

[73] 李翼.教育管理词典[M].海口:海南人民出版社,1989.
[74] 李永鑫,张仲清.绍兴名人传略:教育家篇[M].银川:宁夏人民出版社,2007.
[75] 梁吉生.允公允能 日新月异:南开大学校长张伯苓[M].济南:山东教育出版社,2003.
[76] 梁吉生.张伯苓图传[M].武汉:湖北人民出版社,2007.
[77] 梁吉生.张伯苓年谱长编:中卷[M].北京:人民教育出版社,2008.
[78] 梁吉生.张伯苓年谱长编:下卷[M].北京:人民教育出版社,2009.
[79] 梁吉生.张伯苓教育智慧格言[M].北京:人民教育出版社,2016.
[80] 梁吉生,张兰普.张伯苓私档全宗:上卷[M].北京:中国档案出版社,2009.
[81] 梁吉生,张兰普.张伯苓画传[M].成都:四川教育出版社,2011.
[82] 林德宏.哲学概论[M].南京:南京大学出版社,1997.
[83] 林家钟.林家钟诗文选集[M].福州:中国民主同盟福州市委员会文史支部,1998.
[84] 林耀华.中国历代教育家传[M].广州:科学普及出版社广州分社,1989.
[85] 刘鹤守.沙坪岁月:重庆南开校园回忆录[M].北京:中国文联出版社,2003.
[86] 刘荣宗.民国教育人物外传[M].台北:华欣文化事业中心,1975.
[87] 刘炎臣.刘炎臣文集[M].天津:天津古籍出版社,2015.
[88] 刘勇先.安康古代教育史略[M].广州:中山大学出版社,2014.
[89] 刘玉梅.近代教师群体研究:以直隶为考察中心[M].北京:人民出版社,2016.
[90] 刘志华.学校领导学[M].广州:广东高等教育出版社,2008.
[91] 龙飞,孔延庚.张伯苓与张彭春[M].天津:南开大学出版社,2016.
[92] 鲁海.青岛旧事[M].青岛:青岛出版社,2003.
[93] 罗兴波.跨越时代的百位中国科学家:第2册[M].北京:中国科学技术出版社,2016.
[94] 吕思勉.吕思勉全集:20[M].上海:上海古籍出版社,2016.
[95] 吕思勉.吕思勉全集:21[M].上海:上海古籍出版社,2016.
[96] 吕渭源,等.中外著名教育家大全[M].北京:警官教育出版社,1995.
[97] 马建强.追寻近代中国的教育大师[M].北京:教育科学出版社,2008.
[98] 马建强.民国先生[M].桂林:广西师范大学出版社,2013.
[99] 马跃美,周鸿飞.天津南开中学年鉴 2015[M].天津:天津教育出版社,2015.
[100] 马志坚.上虞五千年[M].杭州:西泠印社,2013.
[101] 孟健,马晓丽.先哲论教育[M].北京:国家行政学院出版社,2012.
[102] 缪和平,杨天平.学校管理实践哲学[M].北京:人民出版社,2006.
[103] 南方周末.民国传奇[M].南昌:二十一世纪出版社,2012.

[104] 南开大学校史编写组.南开大学校史(1919—1949)[M].天津:南开大学出版社,1989.

[105] 南开大学校长办公室.张伯苓纪念文集[M].天津:南开大学出版社,1986.

[106] 潘洪建,刘华.扬州地方教育家研究[M].南京:南京大学出版社,2014.

[107] 裴娣娜.教育研究方法导论[M].合肥:安徽教育出版社,1995.

[108] 钱学森.钱学森讲谈录:哲学、科学、艺术:增订本[M].北京:九州出版社,2013.

[109] 邱济隆.如何做一名好校长[M].北京:中国轻工业出版社,2010.

[110] 全国政协文史资料委员会.中华文史资料文库:第17卷:文化教育编[M].北京:中国文史出版社,1996.

[111] 全国政协文史资料委员会.文史资料存稿选编:第24辑[M].北京:中国文史出版社,2002.

[112] 散木.郭根日记[M].太原:三晋出版社,2012.

[113] 上海市浦东中学.上海市浦东中学建校八十周年纪念刊(1907—1987)[M].1987.

[114] 邵冲.管理学概论[M].广州:中山大学出版社,2005.

[115] 邵钰.湖州历史文化《西吴墨韵》[M].合肥:黄山书社,2001.

[116] 沈卫威."学衡派"文事[M].南京:南京大学出版社,2015.

[117] 沈雨梧.浙江师范教育[M].天津:天津古籍出版社,2002.

[118] 市北区文史资料研究委员会.市北文史资料:第1辑[M].青岛:崂山印刷厂,1989.

[119] 舒新城.民国十五年中国教育指南[M].上海:商务印书馆,1928.

[120] 舒新城.近代中国教育史料[M].北京:中国人民大学出版社,2012.

[121] 舒新城.舒新城自述[M].文明国,编.合肥:安徽文艺出版社,2013.

[122] 宋恩荣,章咸.中华民国教育法规选编[M].修订版.南京:江苏教育出版社,2005.

[123] 宋璞.张伯苓在重庆[M].重庆:重庆出版社,2004.

[124] 孙昌建.浙江一师别传[M].杭州:浙江人民出版社,2011.

[125] 孙昌建.民国有个绍兴邦[M].广州:花城出版社,2012.

[126] 孙广勇.社会转型中的中国近代教育会研究[M].武汉:华中师范大学出版社,2007.

[127] 孙海林.湖南第一师范名人谱(1903—1949)[M].长沙:湖南第一师范学校,2003.

[128] 孙海麟.中国奥运先驱张伯苓[M].北京:人民出版社,2007.

[129] 孙海麟.中国奥运第一人:张伯苓的故事[M].北京:人民出版社,2008.

[130] 孙培青.中国教育管理史[M].2版.北京:人民教育出版社,2013.

[131] 汤哲明.国画之江南[M].上海:华东师范大学出版社,2007.

[132] 唐澜波.爱国教育家·张伯苓[M].武汉:武汉大学出版社,2012.

[133] 唐山市教育志编委会.唐山市教育志(1840—1990)[M].北京:教育科学出版社,1993.

[134] 陶旅枫,黄政海.明德学校史[M].长沙:湖南师范大学出版社,2013.

[135] 陶梦和.北平生活费之分析[M].上海:商务印书馆,1930.

[136] 天津南开中学.周恩来南开中学岁月[M].北京:中央文献出版社,2017.

[137]《天津南开中学志》编修委员会.天津南开中学志[M].天津:天津教育出版社,2014.

[138] 天津市南开中学.天津市南开中学[M].北京:人民教育出版社,1998.

[139] 天津市南开中学年鉴编辑委员会.天津南开中学年鉴2011[M].天津:天津教育出版社,2011.

[140] 天津市耀华中学.天津市耀华中学[M].北京:中国大百科全书出版社,2007.

[141] 王国维,等.民国大师最重要的四十堂国史课[M].北京:石油工业出版社,2017.

[142] 王洪才.大学校长:使命·角色·选拔[M].上海:上海交通大学出版社,2009.

[143] 王木春.过去的课堂:民国名家的教育回忆[M].上海:华东师范大学出版社,2015.

[144] 王铁军.校长学[M].南京:江苏教育出版社,1993.

[145] 王鑫.重回民国上学堂[M].武汉:湖北人民出版社,2013.

[146] 王学珍,张万仓.北京高等教育文献资料选编:1861—1948[M].北京:首都师范大学出版社,2004.

[147] 王增藩,刘志祥.谢希德传[M].上海:复旦大学出版社,2005.

[148]《中国名校优良传统丛书》编委会.往事寻踪(苏州中学优良传统史料汇编)[M].北京:中国大百科全书出版社,2008.

[149] 卫刚,张发祥.扬中记忆[M].南京:东南大学出版社,2012.

[150] 文茂伟.领导学:融会中西的视角[M].北京:知识产权出版社,2013.

[151] 吴汉民.20世纪上海文史资料文库:第8辑[M].上海:上海书店出版社,1999.

[152] 吴家莹.中华民国教育政策发展史:国民政府时期(一九二五～一九四○)[M].台北:五南图书出版有限公司,1990.

[153] 肖三杏.校长的引领力[M].北京:国家行政学院出版社,2012.

[154] 肖卫兵.中国近代国立大学校长角色分析[M].福州:福建教育出版社,2013.

[155] 肖伊绯.民国达人录[M].桂林:广西师范大学出版社,2011.

[156] 校史稿编写组.新华中学校史稿:1914—2014[M].天津:天津教育出版社,2014.

[157] 谢波.档案馆里的江苏:《江苏经济报·江苏档案》专版100期集萃[M].南京:东南大学出版社,2015.

[158] 谢永红.沃土:附中人·附中情文集[M].长沙:湖南师范大学出版社,2015.

[159] 熊光炯.心远:一个教育世家的百年沧桑[M].北京:人民文学出版社,2012.

[160] 徐百柯.民国那些人[M].北京:中央编译出版社,2007.

[161] 徐百柯.民国风度[M].北京:九州出版社,2011.

[162] 徐红.教育科学研究方法[M].武汉:华中科技大学出版社,2013.

[163] 徐林.明德岁月[M].长沙:湖南师范大学出版社,2013.

[164] 徐张译注.易经[M].太原:书海出版社,2001.

[165] 许祖馨,等.上海老学堂[M].上海:文汇出版社,2010.

[166] 学校管理理论与政策研究小组.中国名校品牌打造经典案例[M].呼和浩特:远方出版社,2007.

[167] 寻霖,龚笃清.湘人著述表:2[M].长沙:岳麓书社,2010.

[168] 杨际贤.中华百年教育家思想精粹[M].北京:中国盲文出版社,1999.

[169] 杨立强,刘其奎.简明中华民国史辞典[M].郑州:河南人民出版社,1989.

[170] 杨扬.石评梅作品集[M].北京:书目文献出版社,1985.

[171] 扬州中学.江苏省扬州中学[M].北京:人民教育出版社,1997.

[172] 叶嘉莹.我的诗词道路[M].石家庄:河北教育出版社,1997.

[173] 尹文娟.基督教与中国近代中等教育[M].上海:上海人民出版社,2007.

[174] 尤学工.20世纪中国历史教育研究[M].北京:中国社会科学出版社,2014.

[175] 张彬.经亨颐教育论著选[M].北京:人民教育出版社,1993.

[176] 张彬.浙江教育史[M].杭州:浙江教育出版社,2006.

[177] 张伯苓.张伯苓教育言论选集[M].王文俊,等编.天津:南开大学出版社,1984.

[178] 张伯苓.张伯苓自述[M].文明国,编.合肥:安徽文艺出版社,2013.

[179] 张伯苓.张伯苓谈教育[M].沈阳:辽宁人民出版社,2015.

[180] 张伯苓.舞台[M].北京:中国文史出版社,2017.

[181] 张耕田,陈巍.苏州民国艺文志[M].扬州:广陵书社,2005.

[182] 张美平.民国外语教学研究[M].杭州:浙江大学出版社,2012.

[183] 张宁.穿越时空的民国课堂[M].北京:团结出版社,2013.

[184] 张绍祖.近代天津教育图志[M].天津:天津古籍出版社,2013.

[185] 张锡祚.先父张伯苓先生传略[M].天津:南开大学出版社,2016.

[186] 张跃双.名师风范[M].沈阳:东北大学出版社,2017.

[187] 章振乾.章振乾百岁文集[M].香港:香港天马图书有限公司,2004.

[188] 赵畅.上虞文史资料选粹[M].北京:中国广播电视出版社,2008.

[189] 赵峻岩.民国时期大学区制度变迁研究[M].南京:南京大学出版社,2015.

[190] 浙江省教育志编纂委员会.浙江省教育志[M].杭州:浙江大学出版社,2001.

[191] 郑建庆,方新德.上虞文化史[M].杭州:浙江人民出版社,2012.

[192] 郑万钟,张铨.扬州中学[M].北京:中国大百科全书出版社,2009.

[193] 郑振伟.1940年代的澳门教育[M].北京:中国社会科学出版社,2016.

[194] 中国老教授协会编审委员会,中国教师报.中国百年老校(Ⅲ)[M].北京:现代教育出版社,2015.

[195] 中国人民政治协商会议北京市东城区委员会文史资料委员会.北京市东城区文史资料选编:第2辑[M].北京:北京市东城区委员会文史资料委员会,年代不详.内部资料.

[196] 中国人民政治协商会议北京市委员会文史资料研究委员会.文史资料选编:第37辑[M].北京:北京出版社,1989.

[197] 中国人民政治协商会议河北省保定市委员会文史资料委员会.保定文史资料选择辑:第12辑:百年名校育德中学[M].内刊资料,1994.

[198] 中国人民政治协商会议江苏省宜兴县委员会文史资料研究委员会.宜兴文史资料:第8辑[M].1985.

[199] 中国人民政治协商会议江西省南昌市委员会文史资料研究委员会.南昌文史资料选辑:第1辑[M].南昌:中国人民政治协商会议江西省南昌市文史资料研究委员会,1983.

[200] 中国人民政治协商会议江西省南昌市委员会文史资料研究委员会.南昌文史资料选辑:第8辑[M].1992.

[201] 中国人民政治协商会议宁都县委员会文史资料研究委员会.宁都县文史资料:第1辑[M].1986.

[202] 中国人民政治协商会议青岛市委员会文史资料研究委员会.青岛文史资料:第7辑[M].1986.

[203] 中国人民政治协商会议上海市委员会文史资料工作委员会.解放前上海的学校[M].上海:上海人民出版社,1988.

[204] 中国人民政治协商会议四川省合川县委员会文史资料委员会.合川县文史资料选辑:第7辑[M].1990.

[205] 中国人民政治协商会议天津市和平区委员会文史资料委员会.天津和平文史资料选辑:第4辑[M].内部资料,1993.

[206] 中国人民政治协商会议天津市河西区委员会文史资料委员会.河西文史资料选辑:第1辑[M].1996.

[207] 中国人民政治协商会议天津市委员会文史资料委员会.近代天津十二大教育家[M].天津:天津人民出版社,1999.

[208] 中国人民政治协商会议浙江省湖州市委员会文史资料研究委员会.湖州文史:第5辑 教育医卫史料专辑[M].1987.

[209] 中国人民政治协商会议浙江省委员会文史资料研究委员会.浙江文史资料选辑:第4辑[M].1962.

[210] 中国中外名人文化研究会.中华名人格言:4[M].北京:中国文史出版社,2009.

[211] 《中华教育改革编年史》编写组.中华教育改革编年史:4[M].北京:中国教育出版社,2009.

[212] 仲靖澜,等.教育行政指导 办学宝鉴之一[M].上海:世界书局,1931.

[213] 钟叔河,朱纯.过去的学校[M].武汉:湖南教育出版社,1982.

[214] 中央教育科学研究所.林砺儒教育文选[M].北京:北京师范大学出版社,1984.

[215] 周俊旗.建筑 名人 城市[M].天津:天津社会科学院出版社,2012.

[216] 周利成.张伯苓全集:第7卷 公文 函电(4)[M].天津:南开大学出版社,2015.

[217] 周勇.江南名校的中国文化教育[M].北京:教育科学出版社,2008.

[218] 朱德全.教育研究方法[M].重庆:重庆出版社,2006.

[219] 朱德全,宋乃庆.教育统计与测评技术[M].重庆:西南大学出版社,2013.

[220] 朱有瓛.中国近代学制史料:第3辑:上[M].上海:华东师范大学出版社,1990.

[221] 庄小凤.达人——历届校友精彩文集[M].上海:华东理工大学出版社,2010.

[222] 邹雨青.民国时期的留洋文人[M].北京:中国文史出版社,2016.

期刊

[1] 常策欧.修身班校长讲演录[J].校风,1916(36),1916(37),.

[2] 程斯辉,代小芳.民国著名中学教育管理特色初探[J].教育理论与实践,2018

(2).

[3]慈鸿飞.二三十年代教师、公务员工资及生活状况考[J].近代史研究,1994(3).

[4]何成刚,李杰.民国时期中学历史教科书风波述论[J].历史教学,2005(9).

[5]黄国庭.民国时期教育学者的中学办学经历及其对教学与研究的影响[J].河北师范大学学报(教育科学版),2010(3).

[6]金生鈜.以教育为志业:教育家的精神实质[J].中国教育学刊,2011(7).

[7]经亨颐.校友会成立大会开会辞[J].浙江第一师范学校校友会志,1913(1).

[8]经亨颐.乙卯毕业式训辞[J].浙江第一师范学校校友会志,1915(6).

[9]经亨颐.乙卯学年终业式训辞[J].浙江第一师范学校校友会志,1915(6).

[10]经亨颐.青年修养问题[J].春晖,1922(3).

[11]经亨颐.人生训练之必要[J].春晖,1925(39).

[12]李柏林.民国时期中学教师的社会流动:以湖北为中心[J].湖北师范学院学报(哲学社会科学版),2011(3).

[13]李柏林.民国时期中学教师抚恤制度的演变及施行实况探析[J].湖北第二师范学院学报,2011(11).

[14]李春兰,代钦.民国时期中学混合数学教学法发展研究[J].内蒙古师范大学学报(自然科学汉文版),2007(6).

[15]李小慰.1912年—1937年北京居民的工资收入与生活状况[J].史学月刊,2007(4).

[16]李玉娜."有功教育"的宋良忱[J].党史纵横,2014(5).

[17]刘怀俊.襄阳名师陆云龙[J].湖北文理学院学报,2014(7).

[18]刘绍春.我国近代人才观的演变及启示[J].国家教育行政学院学报,2004(3).

[19]罗义俊.钱穆先生在苏州中学[J].文史杂志,1986(4).

[20]吕达.我国1922年中学课程改革及其反思(一)[J].课程·教材·教法,1990(3).

[21]吕达.我国1922年中学课程改革及其反思(二)[J].课程·教材·教法,1990(5).

[22]吕达.我国1922年中学课程改革及其反思(三)[J].课程·教材·教法,1990(6).

[23]母国光.我对大学教育的理解[J].高等教育研究,2000(4).

[24]仇云龙,张绍杰.民国时期学术型英语人才培养特色及其当下启示[J].2012(4).

[25]孙琦,孙海林.鲁立刚的教育实践与教育思想[J].湖南第一师范学报,2004

(1).

[26]汪懋祖.苏中事业之回顾与展望[J].苏中校刊,1933(86).

[27]王珏.民国教育家型校长的课程领导力特征[J].教育理论与实践,2016(11).

[28]王宪平.论张伯苓的私立教育办学思想[J].师资培训研究,2001(3).

[29]项红专.民国时期中学名校艺术教育之考察[J].美育学刊,2012(5).

[30]项红专."七部课程"理论:黄溥对民国中等教育的独特贡献[J].中小学管理,2014(3).

[31]项红专.童伯章:民初"苏南五中"盛绩的缔造者[J].中小学管理,2012(8).

[32]项红专.张伯苓学校管理的"四化"[J].中小学管理,2009(3).

[33]熊贤君.略论民国时期中学教育与大学招生考试之关系[J].河北师范大学学报(教育科学版),2013(11).

[34]学校教职员养老金及恤金条例[J].大学院公报,1928(1).

[35]张晓峰.教育家精神特质研究:以民国时期著名教育家为例[J].教师教育研究,2014(5).

[36]张永丽.民国时期普通中学的分科制与选科制研究及启示[J].江西科技师范学院学报,2012(3).

[37]赵彦,吴志玮.抗战前十年南京政府中学教育课程设置初探[J].廊坊师范学院学报,2006(3).

报纸

[1]纪念中学大革新[N].大众报,1943-01-26.

[2]纪念中学增聘教员[N].华侨报,1943-01-26.

[3]教育消息[N].华侨报,1947-04-30.

[4]教忠优待国民党同志子弟[N].世界日报,1948-08-07.

[5]钱伟长.在苏州中学求学的日子[N].光明日报,2007-11-20.

[6]汪懋祖.确定党化教育目标及实施方法以整顿学风案[N].第四中山大学教育行政周报,1927-10-31.

[7]张清平.永远的春晖中学[N].文汇百花周刊,2004-10-30.

[8]张绍祖.圣功学校校长夏景如[N].天津老年时报,2009-12-14.

[9]教师是立教之本兴教之源[N].中国教育报,2013-09-13(1).

学位论文

[1]柏荣.民国初期著名中学管理实践研究:以春晖中学和南开中学为例[D].上海:华东师范大学,2010.

[2]李松丽.南京国民政府时期中学教育研究(1927—1949)[D].保定:河北大学,2006.

[3]刘建.中国近代教育行政体制研究[D].南京:南京师范大学,2008.

[4]王伦信.清末民初时期中学教育研究[D].上海:华东师范大学,2001.

[5]王文慧.南京国民政府时期中学历史课程标准的演变[D].长沙:湖南师范大学,2016.

[6]张晓彤.民国前期普通中学学生管理问题研究(1912—1927)[D].南京:南京师范大学,2012.

[7]赵蒙.扬州中学早期(1927—1937)国文教育及其现实启示[D].扬州:扬州大学,2011.

网络资料

[1]北京四中校史概略:1931—1948[EB/OL].[2005-11-29] http://edu.sina.com.cn/y/news/2005-11-29/142348993.html.

[2]北京师大附中大事记[EB/OL][2018-06-19]http://www.bjsdfz.com/chronicle.aspx?page=2.学校官网.

[3]长郡中学校史回眸[EB/OL].[2014-03-07].http://www.cnjenerator.com/cj/xshybmore.asp?articleid=692.

[4]长郡中学校史回眸[EB/OL].[2014-03-07].http://www.cnjenerator.com/cj/xshybmore.asp?articleid=693.

[5]长郡中学校史回眸[EB/OL].[2014-03-07].http://www.cnjenerator.com/cj/xshybmore.asp?articleid=694.

[6]湖州中学校史概述[EB/OL].[2016-10-12]http://www.hzhs.net/index.php?m=content&c=index&a=show&catid=95&id=170.

[7]胡元倓[EB/OL].[2018-08-09].http://baike.baidu.com/view/356367.htm.

[8]教育家李之逵[EB/OL].[2016-05-13].http://www.hnsdfz.org/a/mingshifengfan/20160510/1126.html.

[9]李雄豪.南模旧闻[EB/OL].[2015-06-19].http://www.nanmo.cn/portal/10/10-00-03/8ae270814ddc2fa2014e0a1c7fc90cf7/detail.html.

[10]南开中学校长办公室.天津市南开中学简介[EB/OL].[2013-01-04].http://www.nkzx.cn/xxjj.

[11]启黄中学时期(1912—1926)[EB/OL].[2006-11-07].http://www.hbshgzx.com/Article/rshg/xxjj/56.html.

[12]任邦柱翔实资料[EB/OL].[2014-03-18].http://www.mdhxzx.com/bxnsite/cms/page/history_detail.jsp?id=1553&page=.

[13] 天津南开中学[EB/OL].[2016-04-08].http://baike.so.com/doc/6463974-6677664.html.

[14] 徐学清.礼贤中学史话[EB/OL].[2016-10-11].http://qdsq-sb.qingdao.gov.cn/n18810935/n18869838/161011111234236425.html.

[15] 一位"精神不死"的著名教育家:缅怀湖南私立广益中学任邦柱校长[EB/OL].[2016-05-13].http://www.hnsdfz.org/a/mingshifengfan/20160510/1128.html.

[16] 张伯苓[EB/OL].[2012-08-10].http://www.guoxue.com/? people=zhangboling.

[17] 张伯苓的教育思想:兼顾德、智、体[EB/OL].[2005-08-01].http://edu.sina.com.cn/l/2005-08-01/1453123912.html.

[18] 张绍祖.圣功学校校长夏景如[EB/OL].[2009-12-14].http://blog.sina.com.cn/s/blog_56eb6d550100g1t8.html.

[19] 郑通和[EB/OL].[2019-04-01].https://baike.baidu.com/item/%E9%83%91%E9%80%9A%E5%92%8C? fr=Aladdin.

[20] 周厚枢[EB/OL].[2016-04-20].http://baike.so.com/doc/8905227-9231447.html.

后 记

年华似水，往事如昨。忆当初，我决定挑战自己，奋力在舒适区外挣扎，热情探索未知，力争打破自己的局限，最终确定能安放灵魂的人生坐标。镜中流年，不只是通往过去，还可以窥见未来。在学术道路上，且行且思。在论文初稿改完最后一个字时，愁肠郁结又随后百感交集。推开紧闭的窗，明媚的春晖扑面而来，想美丽的珞珈山上必定会呈现一派万紫千红、人头攒动的景象吧。花花着春意，树树皆春色，而此时的我却独憔悴。

"负箧从师，不远千里。"在这块沃土之上，常怀一份莫名的敬畏。行走在樱树摇曳的校园，一座座古老的建筑映入眼帘，仰望她的高大、庄严，一股敬畏感油然而生，便会想到自己的渺小。曾有多少青年才俊背负我们民族的使命在这里完成化蛹为蝶的生命蜕变。正是在这培育慧根的众妙之地，我才有更多的机会检视、叩问、提升自己。

从学之旅，既遭遇过"行至水穷处"的"围城"和困惑，又喜逢上"坐看云起时"的"胜境"与欣喜。一路上阴晴交替，一路上"悲欣交集"。这些起伏的经历早已刻在生命的褶皱里，成为我人生宝贵财富的一个不可或缺的部分。尽管书山之攀有困难，但我依然会勇往直前并乐此不疲。

行文至此，无限感激涌上心头。承蒙导师程斯辉教授不弃，我才得以有了圆梦的机会。"师指一条路，烛照万里程。"在程老师严厉而亲切的教诲里，我领略了别致的风景，盛享到一段与众不同的学术人生。程老师敏锐的观察力、深刻的理解力、精湛的教学艺术、敏捷的捕捉问题与解决问题的能力，常让我感佩不已，也收获颇多。每每闻程老师之教，"如醍醐灌顶，甘露洒心"。在不断的"浇灌"下，资历浅薄、天生愚钝的我才慢慢地找到方向步入了"正道"。论文的写作，是一项"浩大的工程"，凝聚了程老师大量的智慧和心血，从选题到材料的收集与梳理、标题的拟定与个别语句的表达，始终伴随程老师悉心的指点和严格的把关。面对程老师，我有无尽的感激与感恩。

在曲曲折折的学术道路上蹒跚而行，教育科学研究院的老师们曾给我无私的教诲和帮助，让我开眼望见不同的世界。李保强教授、黄明东教授、蒲蕊教授、冯惠敏教授、邱均平教授、王永海教授等，你们的温爱、严谨、渊博，将是我今后为人为师的楷模。你们的言传身教，我将视为一生的珍宝，带着从这里出发。教育科学研究院的彭

后 记

宇文院长、周传彪书记、李湘东书记、刘亚敏院长、夏克辉老师、苏凡英老师、高添碧老师、朱福海老师、王郢老师等，感谢你们默默的付出和无私关爱！

感谢命运之神的眷顾，让我们从祖国的四面八方相会在风光旖旎的武大，我们成为"学习共同体"，一起上课，一起讨论，有时在"指点江山/激昂文字"之余，到馆子大快朵颐，饱尝楚地风味的美食，还一起荡舟东湖。惬意的时光转眼就逝去了，给我留下绵长的惆怅和怀念。感谢李中伟师兄、王传毅师兄、江俊伟师姐、姚金雨师姐、李汉学师兄等师门的各位师兄师姐以及熊熊、王振洲、刘宇佳、陈伟亚等各位师弟师妹，你们的照拂让我深切地感到师门的友爱、互助。也感谢李姗霖、吴亭燕、熊淦、李子彦、高阳等同学，正是有了你们的相伴，"吾道不孤"。

最后，我将感谢、感激、感恩比作一个圆，它还有一个缺口，需画上最后的一笔。感谢我曾经的领导龙平校长、任国君校长、陶进主任的鼓励及对我全家的照顾，你们的善良、仁慈让我感到春天般的温暖。我深深地感谢我的爱人乔军豫和我聪明、帅气、懂事的儿子，你们在孤独的岁月里克服生活上一系列的困难，支撑着这个完整的家，支持我完成学业。感谢生我养我的父母，虽然你们没有多少文化，但尽己所能地支持我读书，教育我诚信做人、踏实做事。在世风浇漓的当下，我没有"演变"自己。

"珞珈"是我圆梦的地方，我的身心已打上她厚厚的烙印，我知道我终究会离去，我不忍挥手，只好挥泪来表达我的眷恋和不舍。敬爱的老师们，请你们保重身体；亲爱的同学们，让我们未来再相聚。

作 者

2020 年 3 月